지은이 **김익환** 이메일 ikkim707@gmail.com/트위터 @ikkim56/블로그 ikwisdom.com

소프트웨어 경영/개발 컨설팅 회사인 에이비시텍의 대표.

경기고등학교, 서울대학교 공과대학을 졸업했고 미국 산호세 주립대학에서 전산학 학사, 스탠포드대학에서 전산학 석사를 취득했다. 카이스트 소프트웨어 대학원 겸직교수를 역임했으며 미국 실리콘밸리의 GE, Sun Microsystems, GTE Government Systems, Cadence Design Systems 등에서 약 16년간 소프트웨어 실무경력을 쌓고 세계 150여 개 기업에 인터넷 통합 메시지 솔루션을 제공하는 '스탠포드 소프트웨어(Stanford Software Corp, USA)'를 설립, 제품을 개발하고 회사를 운영했다. 2000년 한국으로 돌아와 안철수연구소의 부사장 및 최고기술경영자(CTO)를 역임했으며 국내 대기업부터 벤처기업까지 많은 소프트웨어 회사의 개발역량 향상을 위한 컨설팅을 수행했다. 저서로는 『대한민국에는 소프트웨어가 없다』(2003, 미래의 창), 『소프트웨어 개발의 모든 것』(2008, 페가수스), 『글로벌 소프트웨어를 꿈꾸다』(2010, 한빛미디어), 『글로벌 소프트웨어를 말하다』(2014, 한빛미디어)를 집필했고 역서로는 『세상을 바꾼 32개의 통찰』(2007, 크리에디트) 등이 있다.

글로벌 소프트웨어를 말하다, 지혜

초판발행 2014년 06월 05일
2쇄발행 2015년 03월 02일

지은이 김익환 / **펴낸이** 김태헌
펴낸곳 한빛미디어(주) / **주소** 서울시 마포구 양화로 7길 83 한빛미디어(주) IT출판부
전화 02-325-5544 / **팩스** 02-336-7124
등록 1999년 6월 24일 제10-1779호 / **ISBN** 978-89-6848-103-1 93000

책임편집 배용석 / **기획** / **편집** 송성근
디자인 표지 / 내지 강은영
영업 김형진, 김진불, 조유미 / **마케팅** 박상용, 서은옥 / **제작** 박성우

이 책에 대한 의견이나 오탈자 및 잘못된 내용에 대한 수정 정보는 한빛미디어(주)의 홈페이지나 아래 이메일로
알려주십시오. 잘못된 책은 구입하신 서점에서 교환해 드립니다. 책값은 뒤표지에 표시되어 있습니다.
한빛미디어 홈페이지 www.hanbit.co.kr / **이메일** ask@hanbit.co.kr

지금 하지 않으면 할 수 없는 일이 있습니다.
책으로 펴내고 싶은 아이디어나 원고를 메일(writer@hanbit.co.kr)로 보내주세요.
한빛미디어(주)는 여러분의 소중한 경험과 지식을 기다리고 있습니다.

글로벌 소프트웨어를 말하다 지혜

김익환 지음

HB 한빛미디어
Hanbit Media, Inc.

프롤로그_ "지혜의 힘을 기르자"

소프트웨어는 인류 역사상 가장 복잡한 지식 산업이다. 이 본질을 이해하지 못하는 이상 어떤 노력을 해도 글로벌 소프트웨어를 개발한다는 것은 허황된 꿈에 불과하다. 그런데 우리나라에서는 회사나 정부, 학교, 개발자 모두 소프트웨어의 본질을 정확히 이해하지 못하고 있다. 머리로는 다 안다고 할지 모르지만 실제 벌어지는 행위는 노동집약 산업의 성격이 훨씬 강하다.

필자가 실리콘밸리의 소프트웨어 업계에서 20년을 있다가 2000년 초에 한국에 왔을 때 받은 느낌은 '충격'이었다. '이렇게 하면서 어떻게 소프트웨어를 개발할 수 있을까?' 하는 생각을 했었다. 그래서 『대한민국에는 소프트웨어가 없다』(미래의 창, 2003)란 책에서 필자의 눈에 띈 문제들을 얘기했다.

그 후로 10년이 지난 지금, 그 책을 다시 봐도 10년 전의 내용이 현재에도 그대로 적용된다. 필자의 관점에서 보면 국내 소프트웨어 업계는 전혀 변화가 없었다는 얘기이다. 10년의 시간이 지나면서 그렇게 된 원인과 변화가 안 되는 원인에 대해 더 잘 이해하게 되었다. 그러나 이해는 했지만 변화할 필요가 없다고 인정한다는 것은 아니다. 정부, 학교, 회사, 개발자 모두 근본

적인 변화는 없다는 점에서는 제자리 걸음을 하고 있다. 근본적인 원인을 없애지 않고 메뉴만 바꾼다고 변하는 것은 아니다. C로 개발하다가 C++로 바꾸었다고 프로그래밍 역량이 늘어나는 것이 아닌 것처럼 근본적인 역량은 정체 상태이다.

지금까지 많은 노력을 했지만 국내 소프트웨어 업계가 변화하지 못했다면 관점을 바꿔서 보아야 현명하다. 그것이 '지혜'다. 지금 국내 소프트웨어 업계는 필자가 경험한 기간인 약 15년의 잃어버린 세월을 보내고 있다. 생각대로는 안 되고 해보려는 열정은 강하니까 사공은 더 많아질 수밖에 없다. 이론적인 정부와 학계, 여전히 눈 먼 돈 타먹기에 열심인 기업, 비법 잡상인, 엉터리 CTO 등 너무나 많은 사공들이 있어서 혼란스럽다. 단기간에 무엇인가 해결해 보겠다는 열정으로 많은 시도를 하고 있으나 결과는 좋을 수가 없다. 인재부족 탓도 해보고 프로세스 탓도 해보고 품질관리 탓도 해보고 증상이 나타나면 원인도 모르면서 증상치료를 한다고 열심이다. 그러나 현실에서의 진정한 개발역량이라고 할 수 있는 소프트웨어 공학에 대한 접근 방법이 실리콘밸리와는 너무 다르다. '소프트웨어 공학'이라는 용어 자체가 생소한 실리콘밸리와, 모든 개발자가 적어도 용어는 다 아는 국내 소프트웨어 업계를 비교해보면 뭔가 심각한 착각이 있다는 것을 알 수 있다. 장소에 따라 품성이 바뀐다는 '귤화위지'라는 중국 속담이 있다. 우리나라의 개발자가 실리콘밸리에 가면 맛있는 귤이 되고 실리콘밸리의 개발자가 우리나라에 오면 맛없는 탱자가 된다. 경영자들이 깊이 생각해볼 문제이다.

우리가 가지고 있는 생각이나 시도해 왔던 방법에서 관점을 돌려 소프트웨어에 대한 근본적인 이해가 필요하다. 그런 통찰력이 없으면 시각장애인이 길을 재촉해서 가는 것과 같다. 근거 없는 도구나 방법론의 과대선전과 유행으로 많은 시행착오를 겪고 그로 인한 기회비용을 지불하고 있다. 한 번 시행착오로 인한 기회비용을 짧게 봐서 1~2년이라고 해도 회사로서는 치명적이다. 그런 시행착오가 계속 이어지는 현재 상황에서 글로벌 경쟁은 힘들다. 늘 그래왔듯이 국내에서만 생존할 수 있을 뿐이다. 우리는 소프트웨어에 대한 본질과 지금 당면한 모든 문제에 대한 근본적인 원인을 정확히 이해해야 한다. 제1원인이다. 이게 성공을 위한 비법인 것이다.

탈무드에서 "고기를 주지 말고 고기 잡는 법을 가르쳐주라"고 했다. 그런데 고기 잡는 방법보다 더 중요한 것이 있다. 필자가 소프트웨어에 관한 책을 네 번째 쓰는 것인데 점점 더 본질에 대한 이해를 강조하는 방향으로 갔다. 필자는 우리나라에서 컨설팅을 하면서 아무리 기법을 가르친들 효과가 없다는 것을 깨달았다. 그래서 '고기를 주는 책'에서 '고기 잡는 방법을 알려주는 책'으로 갔다가 '고기를 왜 잡아야 하는가?'에 대한 근본적인 깨달음, 지혜를 이 책에서 다루었다. 결국은 최초의 원인인 '고기를 왜 잡아야 하는가?'를 깨닫지 못하면 필자가 고기 잡는 법을 얘기한다고 해봐야 공허한 지식이 되기 때문이다. 정부, 학교, 기업, 개발자의 입장에서도 먼저 근본적인 이해가 중요하다. 근본이 잘못된 상태에서는 어떤 정책을 수립해도 효과가 없다.

본서는 『글로벌 소프트웨어를 꿈꾸다』(한빛미디어, 2010)에 이은 지혜를 다룬 두 번째 책에 해당하며 이 두 권으로 충분히 내 뜻을 전했다고 본다. 앞으로는 개발자들이 좋아하는 현실적인 기법에 관한 고기 잡는 방법이 직힌 책을 쓰려고 한다. 그런 책들이 더 유용해 보일지는 모르겠지만, 그러나 지혜가 없이는 무용지물이라는 것을 깨달았으면 좋겠다. 그럼 지혜의 세계로 출발해보자.

목차

목차

지혜란 무엇인가?

01 제1원인(First Cause)을 찾아라

제1원인은 "모든 존재는 원인이 있어야 한다"는 고대 그리스 철학 때부터 있어온 명제인데 간단하게 말하면 불교의 "인과의 법칙"이며 "뿌린 대로 거두리라"는 성경 말씀, "콩 심은 데 콩 난다"는 격언이기도 하다.

어떤 현상이 일어났을 때 그 현상의 원인을 거슬러 올라가면 언젠가는 최초의 원인에 도달할 것이다. 그 최초의 원인은 '원인이 없이 스스로 발생한' 유일한 하나 즉, 우주의 탄생이나 신의 탄생이라는 종교적이고 논쟁적인 형이상학적 문제이다. 그런 궁극적인 최초 원인(Ultimate Cause)에 대한 탐구는 철학자나 종교인들에게 맡기고 여기서는 소프트웨어 회사 안의 범위에서 최초 원인을 찾아보자. 성공하든 실패하든 원인을 알아야 진정한 해결책을 찾을 수 있을 것이다. 이 주제의 특성은 지혜의 세계이기 때문에 표면적인 이해를 넘어선 심오한 통찰력을 필요로 한다.

소프트웨어 개발은 성공으로 끝나기도 하고 실패로 끝나기도 한다. 실패의 경우 최종적으로는 회사가 문을 닫는 결과까지 초래할 수 있는데 그 실패 원인을 찾아 회사가 문을 닫는 데부터 시작해서 역순으로 거슬러 올라가 보면 시장에서의 실패, 허접한 제품품질, 개발일정의 연기, 혼란스러운 코딩, 부적절한 설계, 요구사항 분석의 오류, 역량있는 개발자의 부족, 기획의 부재, 경영자의 잘못된 관리 등까지 계속 이어진다.

반대로 성공의 경우에는 실패 때와 반대되는 단어로 위로 쭉 나열하면 된다. 기획까지 포함하면 너무 광범위해지니 개발의 시작 단계부터로 한정지어

그림으로 표현하면 위와 같다.

여기에 제1원인이 보이는가? 이해하지 못하는 내용이 있더라도 여기서는 인과의 사슬에서 매우 중요한 것이라는 정도만 인식하고 넘어가면 된다.

앞쪽의 어떤 원인이라도 뒤쪽의 결과가 되므로 다음과 같은 논리가 성립한다. '병행개발' 없이 '글로벌 회사'라는 결과는 나올 수 없다. 또 '높은 연봉'을 받으려면 '분석'을 잘해야 한다. 이와 같이 제1원인의 결과로서 발생한 뒤쪽의 결과물을 보면 소프트웨어 회사에서 우리가 희망하는 많은 일들이 파생적으로 발생한다. 인과의 강도를 가볍게 볼지 모르지만 인생에서도 마찬가지로 인과의 법칙은 정말로 무서운 것이다. 좋은 원인은 꼭 보답을 받기 마련이고 잘못된 원인은 꼭 대가를 치루게 되어 있다. 나에게 좋은 일이든, 나쁜 일이든 잘 분석해 보면 과거의 원인이 꼭 있는 법이다. 나비효과와 같이 원인을 알아내기가 힘든 경우도 있지만 분명히 원인은 있다.

우리는 여기서 제1원인이 무엇인가를 분명히 기억해야 한다. 소프트웨어 개발에서 첫 번째 단계인 '분석' 단계가 잘되면 모든 것이 잘되고 분석이 잘못되면 모든 것이 잘못될 수밖에 없는 것이 엄연한 인과의 법칙이다. 뒤쪽 단계에서 할 수 있는 일에는 한계가 있다. 예를 들어 잘못 코딩해 놓았다면 세계적인 테스트팀을 데려와서 온갖 기법을 동원해서 테스트한다고 해도 별 도움이 되지 않는다. "호박 만들어 놓고 나중에 줄 긋는다고 수박되지 않는다"는 표현만큼이나 이것은 망상이다.

제1원인부터 시작해서 전반부에서 더 많은 노력을 들이는 게 실리콘밸리의 회사이고, 후반부에서 엄청나게 많은 노력을 들이는 것이 국내의 소프트웨어 회사이다. 필자의 경험으로 봤을 때 전체 투입하는 노력으로 보면 국내 소프트웨어 회사가 실리콘밸리 회사보다 훨씬 더 많은 비용과 인력을 투자한다. 하지만 후반부의 비효율적인 부분에서 많은 노력을 들이기 때문에 결과는 하늘과 땅 차이다. 콩 심어 놓은 밭에서는 팥이 나오지 않는다. 회사, 정부, 학교, 개발자 모두 이 지혜를 깨닫고 앞 부분에 중점을 두고 실행하는 것이 글로벌 회사가 되는 첫걸음이다.

02 소프트웨어는 지식 산업이다

"소프트웨어가 지식 산업인가, 아니면 노동집약 산업인가?"라는 질문을 하면 모든 사람이 정답을 맞춘다. 소프트웨어 개발은 인간의 모든 감성과 논

리를 동반하는 아주 복잡한 지식활동이다. 그런데 현실에서 그렇게 실행하며 사는 사람은 거의 없다. 정부의 정책이나 회사의 경영, 개발자의 개발방식을 잘 들여다 보면 노동집약 산업의 특성이 대부분이다. 그런 기반 아래서 수립한 정책, 경영활동, 개발방식으로 지식 산업의 좋은 결과를 기대한다는 것은 기적이다. 벽돌공이 빌딩 설계를 할 수 없는 것과 같은 이치다.

그럼 먼저 지식 산업의 특성이 무엇인지를 알아보자.

"소프트웨어는 인류역사상 가장 어려운 지식 산업이다."

소프트웨어 공학의 대가, 파나스(Parnas)

"최상의 개발자는 최하의 개발자보다 28배 뛰어나다."

자크만 프레임워크, 자크만(Zachman)

"한 명의 뛰어난 개발자가 다른 직원 100명보다 낫다."

페이스북의 창업자, 주커버그(Zukerburg)

파나스는 소프트웨어를 "인류역사상 가장 어려운 지식 산업"이라고 말했다. 그러니 소프트웨어 산업이 지식 산업 중에서도 가장 지식 산업적인 특성을 지니고 있어야 하고 노동집약적인 특성은 가장 적게 가지고 있어야 옳을 것이다. 자크만이나 주커버그 외에도 수많은 사람이 생산성의 큰 편차에 대하여 비슷한 말을 했다. 노동집약 산업이라면 개인 간에 생산성의 차이가 몇십 배씩 나지 않는다.

미국의 직업선호도 조사에 의하면 수만 개의 직업 중에서 소프트웨어 개발자는 과거 수년 동안 직업선호도 1위를 차지해 왔다. 노동집약 산업이라면 가장 선호하는 직업이 될 수는 없었을 것이다. 눈이 충혈되고 피골이 상접한 모습으로 일하는 모습으로는 직업선호도 1위가 될 수 없다. 실제로 실리콘밸리에서는 그렇게 밤새워서 일하지도 않는다. 깨끗한 정신으로 집중해서 일하는 것이 통상적이다. 벤처회사에서 며칠밤 새우고 일한 이야기는 영웅담일 뿐이다. 지식 산업에서는 그런 식으로 해서 효율이 날 수가 없다. 인간의 집중력 지속시간은 연구대상에 따라 8초에서 20분, 혹은 50분이라는 여러 가지 설이 있는데 여기서 중요한 것은 8시간 이상 일해서는 두뇌를 집중해서 일할 수 없다는 것이다. 놀면서 일하기 때문에 12시간도 일하고 밤도 새우고 할 수 있는 것이다. 이 집중력에 대해서는 〈12 개발자를 바보로 만드는 문화〉에서 다룬다.

비용평가와 가치평가는 노동집약 산업과 지식 산업의 대표적인 차이이다. 어떤 제품의 가치를 판단할 때 '누가 얼마나 걸려 만들었는가?'라는 원가산출 방식으로 제품의 가치를 산정하는 것이 노동집약 산업의 특성이다. 반면에 '고객이 느끼는 가치가 제품의 가치'인 것이 지식 산업이다. 즉, 모차르트가 하나의 곡을 하루 동안에 작곡을 하든 한 달에 걸쳐 작곡을 하든 곡의 가치와는 상관이 없다는 것이다. 그런데 가치평가를 못 하니 노동의 원가로 비용을 평가할 수밖에 없는 국내 소프트웨어 업계의 현실은, 지식 산업으로서 갖추어야 할 근본 역량이 부족함을 보여준다. 그러니 개발자 등급이라는 개념이 나오고 소프트웨어 업계에서는 천재 1명보다 바보 2명을 투입하는 것이 결

과는 나쁘더라도 비용청구는 더 많이 할 수 있는 병폐가 생긴다.

이런 잘못된 현실로 인해 조용하고 차분한 실리콘밸리의 회사와는 달리 국내 회사는 부산하다. 회의도 많고 활발하게 일하는 것 같이 보인다. 그러나 아이로니컬하게도 이것은 지식 산업의 증상이 아니라 소프트웨어를 망치는 노동집약 산업의 증상이다. 오랜 시간을 일해서 많은 결과를 얻는 것은 노동집약 산업의 특성이고, 집중력있게 현명하게 일해야 좋은 결과를 얻는 것이 지식 산업의 특성이다. 컴퓨터 앞에 앉아서 타이핑을 빨리 한다고 가치있는 좋은 프로그램이 나오는 것이 아니다. 오히려 그 반대의 결과가 나온다.

소프트웨어 기술자 등급제나 경력관리제도, 단기간 전문가 양성 등의 정부의 정책도 노동집약 산업의 특성이며 회사에서 경영자가 결과물의 가치를

판단할 수 없으니까 개발자가 일하는 시간, 출퇴근 시간으로 그들을 평가하는 것도 대표적인 노동집약 산업의 특성이다. 노동집약 산업의 방식으로 일을 시키는 경영자나 그런 정책을 수립하는 정부나 그런 방식으로 일을 하는 개발자나 다 책임을 공유하는 것이다. 그렇게 된 데는 큰 이유가 있다.

건축 시공과 같이 노동집약 산업은 관리가 쉽다. 반면에 건축 디자인은 고도의 예술이며 지식 산업이다. 그런 지식 산업은 비용산정이나 관리가 어렵다. 반면 노동 산업은 시급으로 임금을 주니 관리가 아주 쉽다. 지식 산업의 가치평가를 못 하니 관리의 편이성을 위해서 지식 산업의 요소는 다 배제하고 시간관리가 가능한 노동적인 요소를 중시하면서 소프트웨어 산업이 발전되어 왔다. 경영자나 관리자의 지식 산업에 대한 역량이 부족했던 것이다. 그래서 관리를 잘한다고 주장하는 회사는 근본적으로 소프트웨어 회사에 적합한 환경은 아니다.

결국 지식 산업을 수행하기 위한 역량이 없는 공허한 지식인 것이다. 공허한 지식은 차라리 없는 것만 못하다. 적어도 착각은 하지 않기 때문이다. 공허한 지식을 깨달은 지식으로 착각하고 잘못된 정책을 수립하고, 잘못된 경영을 하고, 잘못된 개발을 하고 있으면 가장 최악인 '초보자의 오류'에 빠지는 것이다. 또, 깨닫지 않는 이상 시행착오를 반복해서 하게 된다. 시행착오를 줄이는 유일한 방법은 지식 산업이라는 원칙을 깨뜨리지 않고 그 원칙 안에서 모든 정책을 수립해야 한다.

"잘못된 길을 멀리 가느니 안 가는 게 낫다"라는 격언이 있다. 모험과는 다르다. 모험은 잘 될 수 있는 확률이라도 있지만 원칙이 잘못된 경우는 모험이 아니라 그냥 100% 오류인 것이다. 잘못된 길을 모험이나 열정적인 노력으로 미화하지 않기를 바란다.

또 주커버그나 자크만이 말한 것처럼 지식 산업에서는 "모든 사람은 공평하지 않다"라는 전제를 깔고 있다. 성과를 노동시간으로 계산하면 안 된다. 지식활동이 창출한 결과의 가치를 가지고 평가가 되어야 하고 그런 것을 모든 사람이 인정하는 문화가 정립되어 있어야 한다. 노동 산업과 같이 숫자로 세는 평가가 아니기 때문에 어느 정도 주관적일 수 있는 만큼 불만이 생길 수 있다. 필자가 평생을 소프트웨어 업계에 있었지만 여기서 보낸 시간이 아무리 많더라도 주커버그가 몇 년 해서 만들어 낸 페이스북의 가치가 더 크다. 건축 디자인과 벽돌쌓기를 비교해 보면 지식 산업과 노동 산업의 차이를 알 수 있다. 회사 안에서도 100배 차이가 있을 수 있다는 것을 모두 다 인정할 수 있는 환경이 되지 않는다면 형평성에 대한 다수의 불만으로 인해 결국

은 모두의 피해가 된다. 그래서 지식 산업의 특성을 이해하는 정교한 인사관리가 소프트웨어 회사에서는 필수적이다.

정부가 정책을 수립할 때나, 회사에서 경영을 할 때, 학교에서 가르칠 때, 개발자가 개발할 때 지식 산업의 특성에 기반을 두고 있는지 노동집약 산업에 기반을 두고 있는지를 항상 스스로 자문해야 한다. 원칙을 벗어난 활동으로는 발전을 기대할 수 없다. 노동적인 특성에서 지식적인 특성으로 빨리 전환해야지만 글로벌 역량의 기반을 마련했다고 할 수 있다.

03 프로는 아름답다

아름다움을 추구한다고 할 때 구체적이고 정량적인 목표를 제시하기는 어렵다. 아름다움이 절대적인 것인지 아니면 상대적인 것인지에 대해 논란의 여지도 있다. 그러나 추상적인 개념이긴 하지만 대부분이 공감하는 아름다움은 존재한다. "아름다움은 현재 기준일 뿐"이라고 주장하는 사람도 있지만 과학적 연구에 따르면 아직 세뇌가 되지 않은 신생아들의 미적 기호도 성인과 비슷하다는 점에서 어느 정도 절대적인 기준이 존재한다. 처음 듣는 소리일지라도 아름다운 소리가 있고 소음이 있다.

사전 정보가 없어도 프로 축구와 동호회 축구경기를 구경해 보면 몇 초만에 구별해 낼 수 있다. 빌딩도 세계 최고의 디자이너가 디자인한 것은 아름답다. 프로의 공통점은 '아름답다'는 것이다. 반대로 어떤 분야에서든 아름답

지 않으면 프로가 아니다. 소프트웨어라고 예외가 될 수는 없다.

소프트웨어 업계에서 추구해야 할 아름다움이란 무엇인가? 단순히 정해진 프로세스를 지키고 통일된 양식을 사용한다고 아름다운 것은 아니다. 그런 것은 아름다움을 추구하기 위한 가장 기본적인 틀에 불과하다. 로봇도 할 수 있는 것이다. 현대음악에서는 고전음악 시대에 정해 놓은 틀을 지키지 않고도 얼마든지 아름다운 음악을 만들어 낸다. 초보자에게 노래를 가르칠 때는 박자와 음의 기초부터 가르친다. 가수지망생을 지도하는 스승의 한마디를 들어보자.

"소리의 울림이 조금 더 아래쪽에서 시작했으면 좋겠다.
이렇게 내도록 열심히 연습해봐"

당연히 틀에 관한 가르침이 아니다. 컴퓨터 프로그램으로 음과 박자가 맞는 음악을 연주할 수는 있지만 아름다운 음악을 연주할 수는 없다. 아름다움은 형식에 맞추는 것 외에 주관적이고 추상적이지만 대부분 공감하는 수준의 아름다움을 요구하는 것이다. '소프트웨어는 로직만 구현하면 된다'는 생각을 가지고 있으면 기초에 불과한 것이다. 분석, 설계, 구현(코딩)에서 나오는 다양한 산출물이 있는데 자기 생각을 아름답게 전달할 수 없는 산출물은 죽은 글자에 불과하다. 아름답지 않은 스파게티 코드로 결과를 만들어 낼 수도 있겠지만 이는 생각의 전달이 어려워 스스로와 다른 사람들에게까지 고통을 주는 반사회적인 행위나 다름 없다.

음악을 작곡하는 사람과 연주를 하는 사람이 다르듯이 '한 사람이 분석(작곡)도 하고 설계와 구현(연주)을 해야 한다'는 생각은 버려야 한다. 소프트웨어에서는 연주할 곡은 '소프트웨어 요구사항 분석서(Software Requirements Specification, SRS)'라는 문서로 작성된다. SRS라는 곡을 가지고 연주하는 것이 설계와 구현이다. 먼저 SRS가 아름다워야 한다. 그리고 아름다운 연주를 해야 한다.

SRS가 아름다운지 아닌지는 몇 분이면 알 수 있다. "내용도 모르면서 어떻게 아느냐"고 할지 모르지만 내용에 상관 없이 프로의 작품인지 아닌지를 판단하는 데는 몇 분이면 충분하다. 몇 분 안에 알아낼 수 없다면 아직 아름다움에 대한 판별력이 없다는 것을 의미하고 이는 곧 전문가가 아니라는 것을 의미한다.

가수인지 아닌지를 판단하는 데 노래 몇 마디만 들으면 안다. 런던 올림픽 유도 금메달리스트인 김재범은 "경기 시작 후 3초 안에 금방 이길지, 금방 질지, 혹은 오래 갈 접전인지를 알 수 있다"고 했다. 해당 분야의 전문가는 다른 사람이 그 분야에서 어느 수준인지를 금방 알 수 있다. 소프트웨어만 예외라고 생각하는 것이 착각인 것이다. 소프트웨어 업계에 있는 사람은 항상 모든 면에서 예외라고 생각하는 경향이 있는데 아직 소프트웨어 업계가 성숙하지 않았다는 명백한 증거이기도 하다.

가장 많은 개발자가 착각하는 것이 SRS의 아름다움을 문서나 코드의 형식이라고 생각하고 엄청난 집착을 보인다는 점이다. 특히 관리를 주장하는 대기업일수록 심하다. 형식이나 규칙은 대중을 관리하기 위해 필요한 것이지

궁극적 목표는 아니다. 최고 경지에 오르면 형식에 구애받지 않는다. 하지만 초보자가 스스로 달인이라고 착각하고 형식마저도 지키지 않는 것은 시작조차도 못하고 망하는 지름길이다. 매우 조심해야 할 일이다.

음악에서는 연주할 곡이 완성되지도 않은 상태에서 연주할 수 있는 방법이 없다. 그런데 국내 소프트웨어에서는 무엇을 만드는지도 잘 모르는 상태에서 만들기 시작하는 경우가 허다하다. 반쯤 작곡된 곡을 미리 연주하겠다는 것이다. 그때 사용하는 만인의 변명은 똑같다.

> "코딩을 해보기 전에는 자세한 내용을 알 수 없다."
> "되는지 안 되는지를 검증해 봐야 한다."
> "일정이 바빠서 빨리 시작해야 한다."

이게 바로 아마추어와 프로의 차이이고 아름다움과 추한 결과가 결정되는 시작점이다. 프로 골퍼와 아마추어 골퍼의 차이가, 프로는 스윙을 하기 전에 많은 시간을 들이고 아마추어 골퍼는 스윙 자세에 들어간 다음에 많은 시간을 생각한다는 점이다. 프로는 항상 앞 부분에서 많은 생각을 한다. 그게 혼란을 줄이고 아름다운 진행이 되고 아름다운 소프트웨어를 개발하는 첫걸음이다.

가끔 애자일 방법론 같은 용어가 개발자를 현혹시키기도 하지만 어떤 상황에서도 지켜야 할 원칙이 있다. 원칙이 몇 개밖에 없는 애자일 방법론이 간단해 보일지 모르지만 그 몇 개의 원칙은 철저히 지키지 않으면 무너져 버린다.

그래서 더 어려울 수도 있다. 개발방법론이나 소프트웨어 공학 이론을 잘 따라 한다고 아름다움이 보장되는 것은 물론 아니다. 비싼 악기가 아름다운 음악이 되지 않는 것과 같다. 어떤 방식을 사용하든 아름다운 분석결과물, 안정되고 예측 가능한 아름다운 프로세스, 아름다운 소스코드, 아름다운 제품으로 나타나야 한다. 혼란스럽게 시작해서는 아름다운 결과가 절대 나타나지 않는다. 소위 '날코딩'으로 모든 것을 한 방에 해결하려는 과감한 방식을 사용하기도 하지만 결과는 재앙이다. 연주하면서 곡을 작곡하는 것과 같다.

"모로 가도 서울만 가면 된다"는 속담은 결과물의 품질이 중요하지 않은 경우에 적용되는 속담이므로 소프트웨어와 같이 엉뚱한 산업에 잘못 사용해서 큰 낭패를 보지 말기 바란다.

아름다움을 숫자나 어떤 형식으로 일반화해서 나타낼 수는 없다. 그러기에는 아름다움의 종류가 너무 다양하기 때문이다. 그럼에도 불구하고 분명히 아름다움을 판단할 수 있듯이, 추상적이지만 객관적으로 인정되는 확실한 실체가 있다. 소스코드 분석기를 돌려본 결과물을 보면 초등학생도 판단이 가능하므로 아름다움의 본질에 대한 논쟁은 할 필요가 없다. 스스로 아름다움을 판단할 수 없다면 아직 초보자인 것이다. 좋은 스승의 도움 없이는 평생을 아름다움을 성취하지 못할 수도 있다. 아름다운 제품을 만드는 법을 배우는 가장 좋은 방법은 다른 모든 배움과 마찬가지로 좋은 스승과 같이 일을 하면서 배우는 것이다.

모든 프로는 시작부터 끝까지 전 과정에서 통합된 아름다움이 나타난다.

소프트웨어에서도 분석, 설계, 구현 등 어느 한 과정에서라도 아름답지 않으면 프로가 아니다. 음악과 마찬가지로 처음부터 끝까지 일체성을 유지해야 아름답다. 추함 속에서 좋은 결과를 바라는 것은 돈키호테의 착각이며 망상이다. 대개 아름다움은 좋은 결과를 가져오지만 항상 좋은 결과를 가져오는 충분조건은 아니다. 하지만 아름답지 않으면 절대 좋은 결과는 나오지 않는다. 즉, 충분조건은 아니지만 필요조건인 것이다. 훌륭한 소프트웨어를 원한다면 항상 아름다움을 추구하도록 노력하기 바란다.

04 하드웨어와 소프트웨어는 같고 나서 다르다

"하드웨어와 소프트웨어는 다르다"는 말을 많이 듣는다. 필자의 경험으로 보면 이 말이 나오는 거의 모든 경우가 '소프트웨어는 하드웨어와 다르니 내 맘대로' 하고 싶을 때 대는 핑계이다. 필자가 강연할 때 이 질문에 대해 "실리콘밸리에서와 우리나라에서 답이 달라진다"고 말한다.

먼저 '사람과 동물이 같은가?' 하는 질문을 생각해 보자. 사람과 동물은 둘 다 생물이고 언젠가는 죽는다는 점에서 같다. 하지만 사람과 동물은 다르다. 일단 염색체가 다르다. 그럼 염색체가 같은 모든 사람은 같은가? 역시 각 사람마다 다르다. 즉 "같다, 다르다"에 대한 답을 하기 위해서는 어느 수준에서 판단하는가를 얘기해야 한다. 필자가 생각하는 '같다, 다르다'의 수준을 얘기하면 "하드웨어와 소프트웨어는 사람이다. 그런데 사용하는 언어가 다르다"이다. 그만큼 가깝다는 것이다.

우리나라에서는 하드웨어와 소프트웨어가 마치 사람과 식물 정도의 차이처럼 아예 상관 없다는 식으로 얘기한다. 또 그러다가 가끔 사용하는 정책을 보면 소프트웨어에 적용해서는 안 되는 하드웨어 특성의 정책을 사용하기도 한다. 아직 하드웨어와 소프트웨어의 본질을 이해하지 못하기 때문에 따라해서는 안 될 일을 하기도 하고, 꼭 따라해야 할 일을 안 하기도 한다. 그럼 과연 어떤 것이 공통된 속성이고 어떤 점이 다른 속성인지를 살펴보자.

하드웨어의 다양한 종류인 건축공학, 기계공학, 전자공학, 심지어는 양복점과도 비교를 해보자.

글로벌 소프트웨어를 말하다

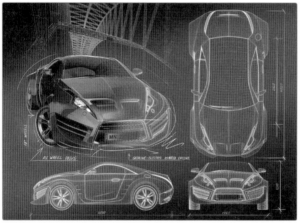

　소프트웨어 공학에서 사용하는 용어는 대부분 건축공학에서 왔다. 하지만 개념은 기계공학이나 전기공학, 심지어는 옷을 만드는 양복점에서도 같다. 가장 일반적인 개발방식인 분석, 설계, 구현, 테스팅, 유지보수의 생명주기에서 봤을 때 똑같다. 물론 구현 단계에서 사용하는 방법이 다르다. 설계에서도 다른 도구를 사용한다. 즉, 인간이 생각하는 방식은 같지만 나라에 따라 언어가 다른 것과 같다.

근본적으로 소프트웨어 개발방식은 건축에서 유래되었는데, 다른 산업도 마찬가지이지만 건축 산업에서도 많은 시간을 분석과 설계에 쓰고 높은 가치를 둔다. 고급 인력들은 다 분석과 설계에 집중된다. 그리고 소프트웨어 산업에서의 구현에 해당하는 시공에서는 전혀 다른 인력들이 투입된다. 이런 개념이 건축공학이며 기계공학이며 전자공학이다. 심지어는 양복점도 분석과 설계를 하고 마지막 재단 작업은 아무나 할 수 있는 일이기에 외주를 준다. 그러니까 대량생산은 인건비가 저렴한 나라에서 하면 된다. 다시 말해, 앞 단계의 핵심 지식집약적인 일과 뒷 단계의 노동집약적인 일을 분명히 나누고 가장 효율적인 방법으로 완성해나간다.

모든 산업이 그렇게 돌아가는데 유일하게 그렇지 않은 경우가 바로 국내의 소프트웨어 산업이다. 국내 소프트웨어 업계는 '내가 아니면 못 한다'는 엄청난 착각 아래 한 사람이 시작에서 끝까지 다 만들어 낸다. 그러면서 하는 말이 "소프트웨어는 하드웨어와 달라서 그렇게 하는 것"이라고 합리화를 한다.

여기에서 생각해야 할 점이 두 가지가 있다. 의지와 역량의 문제이다. 일인만능주의 개념에 대한 잘못된 착각으로 인한 변화 의지의 부족이 첫 번째이고, 착각에서 깨어났다고 하더라도 수행할 수 있는 역량이 있는가가 두 번째이다. 깨닫기는 했는데 역량이 없다면 공허한 깨달음이다. '닭이 먼저인가 달걀이 먼저인가' 하는 문제인데 결국은 동시에 해결해야 하는 문제이다.

여기까지가 소프트웨어와 하드웨어가 같은 부분이다. 즉, 하드웨어 산업과 같은 개념으로 이렇게 수행하기까지가 소프트웨어 개발역량의 90% 정도

를 차지한다. 나머지 다른 10%는 벽돌공 대신에 개발자를 사용하는 것이다. 물론 벽돌공도 아무나 못 하듯이 개발자도 나름대로 배운 것이 있어야 한다. 그런 인력도 필요하기 때문에 정부에서 양성한다고 해도 나쁠 것이 없다. 그런데 개발자(벽돌공)를 사용하기 위해서는 그 앞 단계에서 분석과 설계를 잘해야 하는 것이 필수이다. 다른 모든 산업과 비교해서 생각해 보면 이해가 갈 것이다. 누가 필자에게 "소프트웨어나 하드웨어나 똑같다"고 얘기한다면 일단 존경하는 느낌으로 볼 것이다. 다르다고 얘기한다면 의심의 눈초리를 보낼 것이다. 달인 아니면 초보자인데 3분만 얘기해 보면 정체를 판단할 수 있다. 거의 예외 없이 초보자로 판명난다.

건축공학에서 배울 것은 안 배우고(앞 단계의 핵심 지식집약적인 일과 뒷 단계의 노동집약적인 일을 분명히 나누고 가장 효율적인 방법으로 완성해나간다) 소위 공사판의 인부 관리방법만 배워서 소프트웨어에서 사용하려고 한다. 노동집약 산업의 핵심인 인부를 관리하는 법만 배워서 그걸 지식 산업의 핵심 부분인 분석과 설계 단계부터 시작해 소프트웨어 개발의 전 공정에서 써먹으려고 한다. 아무리 세계적인 프로젝트 관리시스템을 사용해도 잘될 리가 없다. 돈만 낭비한다. 사실 건설 산업의 시공 단계에서 사용하는 가장 정교한 프로젝트 관리시스템을 사용할 필요도 없는 곳이 소프트웨어이다. 이 주제는 또 다른 큰 주제이므로 여기서는 넘어간다.

소프트웨어와 하드웨어는 같기도 하고, 다르기도 하다. 소프트웨어의 역사가 계속되고 성숙해지면서 다른 모든 산업과 마찬가지로 수렴과 발산의 역

사를 되풀이하게 될 것이다. 지금 국내는 최초의 수렴을 향해 나아가고 있다. 최초 수렴이 끝나면 "하드웨어와 소프트웨어는 같다"는 말을 의미심장하게 할 수 있다. 그 다음은 발산을 할 것이다. 그러면 "다르다"는 말을 할 수 있다. 조금 더 깨달으면 다시 "같다"라고 말할 것이다. 실리콘밸리의 회사가 국내 소프트웨어 회사보다는 분명히 앞서 있고 최초의 수렴은 하드웨어의 좋은 점을 받아들여 소프트웨어 공학이 정립되면서 이미 오래 전에 끝났다. 이제는 발산 단계로서 소프트웨어 고유 특성을 찾아서 많은 기술이 나오고 있지만 언젠가는 모든 산업의 공통점을 찾아 서로 응용하면서 다음 단계의 수렴을 하게 될 것이다. "모든 진리는 하나로 통한다"는 말을 이해하지 못하더라도 지금은 최초의 수렴을 위해 열심히 하드웨어의 좋은 점을 배워 체득한다면 글로벌 회사가 되기 위한 기초 체력을 마련한 것이다.

05 인과관계와 상관관계의 오류

인간의 사고방식에는 허점이 많이 있다. 그 허점을 파고 드는 것이 정치인이고 궤변론자이며 선동가다. 정신을 바짝 차리지 않으면 속아 넘어가지 않을 수 없다. 그런 속지 않는 방법을 배우는 것이 논리학(Logic)인데 필자가 미국에서 교양과목으로 수강했을 때 그렇게 어려운 과목인지 몰랐다. 한마디로 '내가 다른 사람에게 사기당하지 않고 또 세뇌당하지 않고 산다는 것이 얼마나 어려운지'를 깨달은 과목이었다.

과학과 물질문명의 발전은 눈부시지만 논리적인 사고방식으로 보면 그리스 시대가 현대 시대보다 더 뛰어났다고 생각한다. 현대 사회에서는 주제가 많아지고 복잡해지면서 비논리가 활동할 수 있는 영역이 훨씬 더 커졌다. 단순해야 속이기가 어려운데 복잡해진 것이 사기꾼에게는 좋은 환경인 것이다. 사기꾼이 동서고금을 막론하고 모든 분야에서 활동하듯이 소프트웨어 업계에서도 마찬가지로 의도적인 사기는 아니더라도 비논리적인 활동이 많이 벌어지고 있다. 논리적인 사고력이 튼튼하지 않고 경험도 부족하다면 속고 있다는 사실조차도 판단하기 어려울 뿐이다. 먼저 논리와 통계를 이용해서 인과관계와 상관관계에 대해서 알아보자.

'에어컨이 많이 팔린다.'
'식중독 환자가 증가한다.'

이 둘은 같이 발생하는데 무슨 관계일까? 통계학적으로 보면 둘이 같이 증가하니 분명히 관계가 있다. 관계가 파악되어야 목적을 가지고 액션을 취할 수가 있다. 식중독 환자를 감소시키려고 하면 에어컨을 팔지 말아야 할까? 그러면 식중독 환자가 더 늘어날 것이라는 것은 상식적으로 너무 쉬운 케이스이기 때문에 속아 넘어가지 않을 것이다.

'동남풍이 자주 분다.'
'식중독 환자가 증가한다.'

이 둘도 같이 발생한다. 상식적으로 식중독 환자가 증가한다고 동남풍이 불리는 없다. 반대로 동남풍의 무엇인가가 원인이 되어 식중독 환자가 증가한다고 생각하기 시작하면 인과관계를 잘못 설정하고 식중독 환자를 없애기 위해 엉뚱한 정책을 펴게 된다. 에어컨과 식중독과 동남풍은 모두 인과관계는 아닌 것이다.

'더운 여름이 왔다.'
'에어컨이 많이 팔리고, 식중독 환자가 증가하고, 동남풍이 분다.'

여기서 인과관계는 여름이 왔기 때문에 나머지들이 다 발생하는 것이다. 통계 숫자는 모두 맞지만 연결을 위해 해석하는 데서 오류가 발생한다. 이것은 '잘못된 원인(False Cause)'이라는 비형식적 오류 중의 하나다. 정치인과 통계학자가 원하는 결론에 맞게 조작해내기도 한다. 이런 것을 전문성이 필요한 분야에서 조금만 복잡하게 섞어 놓으면 극소수의 전문가 외에는 진실을 모른다. 광우병, 줄기세포, 비타민 등을 비롯해서 국민의 행복을 위한 정책으로 들어가서 수많은 통계를 가져다가 자기에 유리하게 인과관계를 설정한다. 토론에 들어가서 상대방의 오류를 순식간에 지적하지 못하면 토론에 진다. 자신도 진실을 모르면서 토론에는 일단 이기는 경우도 많다. 그러니 보통 사람들은 옳고 그른 것을 판단하는 것이 불가능하다. 모든 생각의 체계는 논리학에서 시작되지만 논리적이기도 어렵다. 모든 사람이 마술에 속아 넘어가듯이 자신은 논리적이라고 주장하는 사람도 100% 속아 넘어가는 것이 논

리의 세계이다. 그럼 소프트웨어에서의 예를 들어 보자.

'실리콘밸리의 회사는 프로세스가 잘 되어 있다.'
'실리콘밸리의 소프트웨어는 품질이 좋다.'

이 둘의 관계는 무엇인가? '프로세스가 원인이고 품질이 결과다'라는 해석이 가장 그럴 듯해 보인다. "CMMI 인증을 높은 수준으로 받았는데 왜 안 좋아지냐"고 물으면 필자는 "잘 된다면 기적"이라고 대답한다. 인과관계가 아니기 때문이다.

'실리콘밸리의 회사는 동료검토를 한다.'
'실리콘밸리의 소프트웨어는 품질이 좋다.'

이 둘의 관계는 무엇인가? 일단 '동료검토가 원인이고 품질이 결과다'라는 해석이 가장 그럴 듯해 보인다. 눈치껏 판단하자면 다음과 같이 적으면 전혀 문제가 없어 보인다.

'실리콘밸리의 회사는 프로세스가 잘 되어 있고,
동료검토를 하니까 품질이 좋아진다.'

물론 두 가지 원인(프로세스, 동료검토)을 발생시키면 결과(품질)가 나올 것인가라는 것은 충분조건, 필요조건의 복잡성이 또 있다. 단순해 보였던

이슈가 점점 미궁에 빠져 들어간다. 하지만 일단 프로세스를 잘 정립했을 때 과연 품질이 좋아질까? 혹은 동료검토를 했을 때 과연 품질이 좋아질까?

이론적으로는 전혀 잘못된 것이 없지만 대부분의 경험자들은 그렇지 않다는 것을 알 것이다. 그렇다면 실행을 잘못했든지 아니면 '인과관계가 잘못된 것이 아닐까'하는 생각을 가져봐야 한다. 아주 약한 인과관계는 있다. 실행을 잘했으면 작은 결과는 얻을 수 있을지 모른다. 그나마 프로세스나 동료검토나 둘 다 실행을 잘하기조차도 어려운 항목이다. 부작용도 많다. 인과관계도 약하고 실행하기도 어렵다면 하지 않는 것이 답일지 모른다. 즉 아무나 흉내낸다고 좋은 결과는 나오지 않는다.

그래도 회사에서 뭔가 해보고 싶은 사람은 약한 상관관계를 강한 인과관계로 합리화시켜서 마치 그것이 해결책인 것처럼 실리콘밸리 회사의 통계를 사용하고 실행을 해본다. 그러나 원하는 결과를 얻기는 어렵다. 만약에 누군가가 필자에게 "프로세스를 잘 했더니 품질이 좋아졌다"고 말한다면 필자는 "아마 동시에 벌어진 다른 이유가 있었을 것"이라고 답할 것이다.

이 답을 하는 이유는 인과관계가 매우 약하다는 것이다. 이 관계는 상관관계가 훨씬 강하다. 그럼 두 상관관계의 진짜 원인은 무엇일까? 그것이 궁금하면 〈01 제1원인을 찾아라〉를 다시 보기 바란다. 첫 단계에서 분석을 잘하면 모든 것이 해결된다. 진리는 한 곳으로 통한다. 다만 들어가는 통로가 다를 뿐이다.

미국 속담에서는 잘못된 인과관계를 "Barking up the wrong tree"라고 부른다. '엉뚱한 데다 짖어댄다'는 뜻이다. 데이빗 호킨스는 저서인 『의식

혁명』에서 "우리들은 이성에 따라 행동했다고 말하지만 사실은 초보적인 패턴을 작동시켰을 때가 대부분"이라고 했다. 또 인류의 평균의식 수치에 대해 "200을 기준으로 200보다 낮으면 선동에 휩쓸리고, 200보다 높으면 선동에 휩쓸리지 않는다"고 말했다. 옛 속담에서도 이 의식 수준의 경계를 개와 사자로 구분했는데 "개는 그들이 던지는 돌을 쫓아다니지만, 사자는 더 이상 돌은 거들떠보지 않고 돌을 던진 자를 문다"고 했다. 우리는 적어도 인간으로서 개가 아닌 사자만큼은 인과관계를 구별할 줄 알아야 한다. 그럼 다음은 무슨 관계일까?

'코딩을 열심히 한다.'
'훌륭한 개발자가 된다.'

예상 외로 이 둘은 인과관계가 없다. 아무리 코딩을 열심히 평생 해도 훌륭한 개발자는 되지 않는다. 건축현장에서 인부생활을 30년 이상 해도 건축가가 되지는 못한다. 훌륭한 개발자가 되기 위해서는 다른 것이 필요하다.

'과속하는 사람은 커피를 즐겨 먹는다.'

통계학에서 나오는 가장 기본적인 오류이다. 보통 사람이 커피를 더 즐겨 먹을 수도 있다. 즉, 모든 사람이 커피를 즐겨 마신다. 전혀 인과관계도 없고 상관관계도 없는 통계를 이용해서 감정으로 선동할 때 정치인들이 즐겨 사용

하는 수법이다. '관계없는 결론(Irrelevant Conclusion)'이라는 비형식적 오류 중의 하나이다. 그럼 소프트웨어에서의 예를 들어 보자.

'지식관리시스템(KMS)을 설치했더니 지식공유가 잘 된다.'

지식관리시스템은 문서 등 회사의 지식을 체계적으로 관리하기 위해서 회사에서 사용하는 기반시스템 중의 하나이다. 아주 그럴듯해 보이지만 의외로 소프트웨어 회사에서 지식관리시스템과 지식공유는 거의 관계가 없다. 지식관리시스템은 소프트웨어가 아닌 다른 산업에서는 효율적으로 사용될 수 있다. 이 점은 하드웨어와 소프트웨어 산업이 다른 점이기도 하다. 이것을 깨달았다면 이미 최고 전문가라 할 수 있다. 소프트웨어 회사는 지식을 공유하기 위해서 지식관리시스템을 사용할 필요가 없고 이슈관리시스템이나 위키 등으로 해결한다. 그게 비용도 적게 들고 훨씬 더 효율적이다. 필자는 실리콘밸리 회사에서 지식관리시스템을 사용하는 경우를 본 적이 없다. 전혀 오류없어 보이는, '지식관리시스템(KMS)을 설치했더니 지식공유가 잘 된다'는 믿음 때문에 많은 회사가 지식관리시스템을 설치하고, 개발자 간에 커뮤니케이션이 잘 될 것이라 희망한다. 불행히도 그런 결과는 절대 오지 않는다. 사용하느라고 관리비용이 더 많이 들어 설치 전보다 더 부정적인 영향을 미친다. 소프트웨어 회사가 잘 되기를 바라면서 시스템에 투자하는 것은 대부분 인과관계가 없는 경우이다. 영업사원의 말에 현혹되지 말고 현명하게 생각하기 바란다.

글로벌 소프트웨어를 말하다

인과관계와 상관관계를 잘 구별하는 것은 논리적으로도 어려운 일이지만 감정적인 인간의 본성 때문에라도 쉽지 않다. 또 남들이 다 하니까 따라하지 않으면 바보가 될까봐 걱정하는 사회적 압력(Peer Pressure)도 큰 역할을 한다. 소프트웨어 업계에서 벌어지는 많은 결정이 필자가 보기에는 인과관계가 거의 없었다. 잘못된 결정으로 인해 시간과 비용을 낭비하고 기회를 잃어 버리지 않기 위해서는 인과관계에 대한 논리를 명확히 살펴보아야 한다. 국내 소프트웨어 회사의 입장에서 국내에서의 극히 제한된 경험과 인터넷으로 전달되는 외국의 소식과 통계만으로 판단하기에는 어려울 수 있다. 일단 지금 벌어지고 있는 많은 정책이나 행위가 옳은 인과관계가 아닌 것이 대부분이라는 것을 인식하고, 유행에 휩싸여 무작정 진행하기보다는 다시 한번 심사숙고하는 계기가 되기를 바란다.

06 손자병법을 읽고 손무가 되는 착각을 하다

손자병법은 지금으로부터 2,500년 전 춘추전국시대 때 손무가 저술한 병가의 바이블로 5,900자에 불과하지만 동서고금을 통해 가장 중요한 병법서이다. 손무는 제나라 사람으로 일가친척이 몰살되면서 오나라로 피신해서 근근히 지내고 있었다. 역시 초나라에서 가족이 몰살당하면서 오나라로 피신해서 오왕 합려를 섬기고 있던 오자서가 손무가 저술한 병법 13편을 우연히 읽고는 손무를 추천해서 오나라의 대장군으로 등용되었다. 등용과정에서 손무

의 능력을 믿지 못했던 합려가 손무를 테스트 하다가 졸지에 가장 사랑하는 궁녀 두명이 목숨을 잃은 얘기는 유명하다.[1] 합려는 원통했지만 그래도 손무를 벌하지 않고 밤새 손자병법을 읽고는 감동받아 대장군에 등용한 것이다. 그로부터 오나라는 전쟁에서 승승장구하면서 춘추오패의 강국으로 부상했다. 손무는 젊어서는 병법을 잘 이용해 전쟁에 승리하는 것에 중점을 두다가 나이가 들어서는 공자와 노자의 사상을 받아들이면서 전쟁을 피하고 중용을 강조하기 시작했다. 그런데 손무가 대장군으로 등용될 시점부터 이미 손자병법은 적국의 장군을 포함해 알 만한 사람들은 다 외우고 있었다. 현대에서도 모택동, 나폴레옹, 이순신, 빌 게이츠 등이 손자병법의 탐독자로 유명하다.

그렇다면 모두 다 손자병법을 알고 있었는데 왜 손무만 승승장구했을까? 손자병법은 글자로 적힌 표면적인 지식에 불과한 것이다. 실제로 손무는 적국의 장군들이 자기의 손자병법을 읽고 '어떻게 해석해서 어떤 작전을 쓸 것인가'까지도 예상해서 허점을 찌르곤 했다. 손자병법을 읽었다고 해서 손무가 될 수 있는 것은 아니다. 그냥 감동만 받을 뿐이다. 손자병법을 읽어 본 장

----

1 《사기(史記)》의 〈손자 오기열전(孫子吳起列傳)〉에 '삼령오신'과 관련해서 나오는 말이다. 춘추전국시대 오(吳)나라의 제24대 왕 합려(闔閭:BC 515~496 BC)는 손무(孫武)의 《손자병법(孫子兵法)》을 읽고 나서 아낌없는 찬사를 보냈다. 그래서 합려는 손무에게 한 번 시범을 보여 달라고 요청하였다. 손무는 궁녀 180명을 모아 놓고 두 편으로 나누었으며, 궁녀들 가운데 합려가 가장 총애하는 두 명을 각각 대장에 임명하였다. 손무는 자신이 세 번 시범을 보인 다음 다시 다섯 번 설명하였다. 설명이 끝나자 명령하면 그대로 따라 하라고 하였으나 궁녀들은 웃기만 하고 움직이지 않았다. 처음에는 자신의 명령이 철저하지 않았으므로 이는 전적으로 지휘관인 자신의 책임이라고 하였다. 궁녀들로부터 자신의 명령에 복종하기로 다짐을 받았지만 두 번째 명령에도 따르지 않았다. 그러자 손무는 대장 두 명을 참수하려고 하였다. 왕이 극구 만류하였지만 손무는 "실전에서는 왕의 명령이라도 거역할 수 있습니다"라고 하면서 참수하였다. 그때서야 비로소 궁녀들은 손무의 명령에 일사불란하게 훈련에 임하였다. [네이버 지식백과] 삼령오신 [三令五申] (두산백과)

군들은 감동을 받고 다른 사람에게 읽어보라고 권유했다. 그런 면에서 페이스북이나 트위터에 좋은 글을 올리는 사람들을 보면 손자병법 생각이 난다. 자신은 감동을 받아서 공유하고 싶어 올리지만 표면적인 지식을 전하는 것뿐이다. 좋은 글을 공유하는 것은 바람직한 일이지만 스스로 자신은 그렇게 못 하고 있다는 것을 증명하는 것이기도 하다. 자기가 스스로 실행하고 있었다면 당연하기 때문에 남에게 전하고 싶을 만큼 감동도 받지 않는다. 수많은 사람이 손자병법을 외웠지만 손자병법을 제대로 사용할 수 있는 사람은 손무 한 명 뿐이었다. 감동은 감동일 뿐 실행력이 따라오는 깨달음은 아니다. 감동은 근본적으로 자기가 할 수 없을 때 느끼는 감정이다. 자기가 스스로 실행하고 있는 사람은 감동받을 일이 없다. 기부를 늘 해 온 사람들은 아름다운 기부 얘기를 들어도 별로 감동이 없는 법이다. 그냥 동질감을 느낄 뿐이다.

스탠포드대학 교수인 칩 히스(Chip Heath)가 그의 저서인 『Made to Stick』에서 "아는 사람이 모르는 사람에게 설명하는 것은 너무 어렵다"는 '지식의 저주'라는 용어를 사용했다. 특히 복잡할수록 보통 사람에게 설명하기는 어렵다는 것이다. 아마 손무도 그랬을 것이다. 남에게 손자병법을 다 가르쳐준다고 해도 자신의 가치에 해가 될 수 없다는 것을 알고 있었을 것이다. 그의 진정한 지식을 다 가르쳐줄 수 있었다면 손무가 치렀던 모든 전쟁의 승률은 50%가 되어야 한다. 손자병법을 읽은 모든 사람이 그것을 다 진정으로 이해했다면 손무만 승리를 거둘 수는 없었을 것이다. 필자 역시 오랜 컨설팅 경험을 통해 아는 것을 전달해준다는 것이 얼마나 어려운 것인가를 깨달았다.

많은 사람이 책 한 권을 읽고 마치 세상 진리를 다 이해했다는 듯이 행동한다. 손무 때도 그런 자신만만한 사람들이 있었고 대부분 참패했다. 반대로 손무는 한 명밖에 없다는 것을 깨달은 오자서처럼 손무를 자기편으로 끌어들이기 위해 많은 노력을 한 적국도 있었다. 자기도 이해했다고 자신 만만했던 장군들은 참패를 당했지만 그나마 손무를 두려워 했던 장군들은 조심하고 도망다녀서 참패는 면했다. 손자병법 모공편에 나오는 "지피지기 백전불태"라는 말은 전 세계 사람들이 알고 있지만 진정으로 이해하기는 어려운 일이다. 손무 다음으로 손자병법을 잘 이해한 사람은 오자서다. 그런데도 오자서는 손무를 데려오기 위해서 온갖 반대에도 불구하고 오왕 합려를 설득했다.

그럼 세계적인 소프트웨어 공학 전문가들이 말하는 몇 가지를 들어 보자. 그들은 "소프트웨어 개발에서 첫 단계인 분석 작업은 가장 어려운 작업이고 SRS는 가장 중요한 문서"라고 한다. 필자가 대학에서 가르쳤을 때 시험문제로 출제하면 학생들은 그렇게 답을 쓴다. 하지만 진정으로 이해하지는 못한다. 그래서 실행할 수 있는 학생은 거의 없다. 아무리 소프트웨어 공학을 지식으로 공부했어도 소프트웨어 공학을 체험하면서 배우고 느낀 실리콘밸리 전문가들의 경험은 공유할 수가 없다. 버클리대학의 교재에서 말하기를 "학교에서 소프트웨어 공학을 배웠다는 것은 모순"이라고 한다. "음악이론을 배우고 가수가 됐다"고 주장하는 것과 같다. 책으로 손자병법을 외운 수많은 가짜 손무만 득실거린다. 가짜 손무가 또 다른 가짜 손무를 양성하는 어처구니없는 일이 벌어지기도 한다.

글로벌 소프트웨어를 말하다

필자는 분석 작업을 제대로 하는 사람을 대기업, 중소기업, 벤처기업을 막론하고 우리나라에서는 거의 본 적이 없다. 또 모두 다 아는 것처럼 생각하는 컴포넌트나 객체지향도 진정한 이해를 하고 있는 사람 역시 거의 본 적이 없다. 필자가 엄청난 수준을 요구하는 것도 아니고 실리콘밸리에서 손무의 제자 정도가 하던 수준을 기대했을 뿐이다. 국내 소프트웨어 업계에 이렇게 가짜 손무가 판치는 데는 이유가 있다.

먼저 가짜 손무와 진짜 손무가 토론을 하면 누가 이길까? 무승부이다. 실전에서만 차이를 알 수 있다. 축구경기도 말로 토론해서는 누가 이길지 알 수 없다. 실제 경기를 해봐야 안다. 손무가 초나라의 장수 신포서에게 다음과 같은 말을 했다.

"글로 쓰인 병법은 누구나 다 읽을 수 있습니다.
어떤 사람은 그 병법으로 자신을 구하는 데 사용할 수도 있고
어떤 사람은 나라를 다스리는 데 사용할 수도 있습니다.
하지만 그것을 말로 전할 수는 없습니다.
자신이 깨달아야 하는 것입니다."

하버드 대학의 교육방식인 소크라테스식 문답법이 바로 스스로 깨달을 때까지 끝없이 질문을 던지는 것이다. 토론에서 확실히 이기고 지는 것은 형이하학적인 단순한 주제일 경우이고, 이런 형이상학인 문제는 토론에서 승패가 결정되지 않는다.

국내 소프트웨어 업계가 이렇게 열악하게 된 상황을 정치인들이 늘 사용하는 억지 음모론을 흉내 내서 설명해 볼까 한다. 미국이 한국의 소프트웨어 개발자들의 역량이 뛰어남을 알고 미래의 글로벌 경쟁 상대를 애초에 없애기 위해 국내 소프트웨어 업계에 특단의 음모를 꾸몄다. 여기서 잠깐 옛날로 돌아가서,

> 18세기 말, 중국 청나라에 대한 아편밀수는 영국 자본주의의 사활이 걸린 중요성을 가지고 있었다. 그래서 인도산 아편이 의약품으로서 둔갑되어 중국에 수출되고 있었고 청나라는 여러 번 아편 수입금지를 시도했으나 아편으로 이득을 취해온 수입업체와 부패한 관료들의 방해로 인해 실패하였다. 결국 그러다가 영국과 아편전쟁이 벌어진 것이다.

이 예와 비교해서 음모론을 완성시켜 보기로 한다.

> 21세기, 소프트웨어는 미국의 사활이 걸린 중요성을 가지고 있었다. 미국 업체의 주도하에 그럴듯한 소프트웨어 공학과 개발도구를 소프트웨어에 좋다는 의약품으로 둔갑시켜 한국에 계속 팔아먹고 있다. 이의 부작용을 간파한 한국의 일부 선각자들이 막아 보려고 했으나 이득을 취해온 수입업체 그리고 같이 공생하는 부패한 관료들의 방해로 인해 실패하였다. 그러면서 한국의 소프트웨어는 선진 개발방법이라는 이름의 아편에 중독되어 망가지고 있다.

아직 전쟁은 벌어지지 않았으니 음모론은 여기까지다. 음모론은 근본적으로 혹세무민이니 필자는 음모론 자체를 싫어하지만 이 음모론에서 벌어진 상황의 일부는 결과적으로 사실에 가깝다. 하여튼 이 음모론은 아무도 믿지

않겠지만 결과적으로는 이런 현상이 국내 소프트웨어 업계의 발전을 더디게 하는 중요한 원인이 되었다.

아편은 잘 사용하면 의약품이기도 하지만 잘못 사용하면 몸을 망치는 마약이다. 소프트웨어 공학 역시 극히 조심해서 사용해야 할 마약과 같다. 심지어는 전혀 해가 없을 것 같은 객체지향 언어, 애자일 방법론, UML과 같은 설계도구에도 중독이 되어 피해를 입는 사례를 너무 많이 보았다. 이에 대한 자세한 내용은 다른 기회에 다루기로 한다. 여기에서 강조하고 싶은 것은 우리가 지금까지 피해를 전혀 느끼지 못한 채 만병통치약처럼 사용하던 방식이나 도구에 대해서 다시 생각해야 한다는 것이다.

'왜 그런 방법론이나 도구를 사용하는가?' 가장 본질적인 목적은 소프트웨어를 가장 적은 비용으로 가장 빨리 좋은 품질로 개발하는 것이다. 그런데 우리가 순진하게 사용하던 방식들이 그 목적과는 대부분 일치하지 않는다. 그냥 겉멋만 든 경우가 많다.

리눅스의 창시자인 리누스 토발즈가 다음과 같이 말했다.

"지혜는 일을 하는 것을 피하면서 일을 완수하는 역량이다."
(Intelligence is the ability to avoid doing work,
yet getting the work done.)

손무도 손자병법에서 다음과 같이 말했다.

"전쟁에 이기는 가장 좋은 방법은 전쟁을 하지 않으면서 이기는 법이다."

소프트웨어도 방법론이나 도구를 사용하다 보면 목표가 아닌, 할 필요도 없는 쓸데없는 일들을 많이 하게 된다.

> "현명한 소프트웨어 개발은
> 문제가 안 생기게 처음부터 잘 생각하는 것이고,
> 문제가 생긴 다음에 해결하는 것은 어리석은 방법이다."

이렇게 전략과 지혜에 대한 이야기를 하다보면 종종 "그럼 어떻게 하라는 겁니까. 방법을 가르쳐주어야지요!"라는 질문을 받는다. 물론 궁금하니까 이렇게 묻겠지만 "그럼 지금 어디로 진격할까요?"라고 방법을 묻는 병졸의 질문인 것이다. 지식은 나쁜 것이 아니지만 방법에 중독되어서 본질을 게을리할 때는 없느니만 못한 것이 된다. 그래서 목적을 상실한 도구나 이론에 집착하는 순간 피해자가 되는 것이다. 가짜 손무가 되지 말고 진짜 손무가 되기 위해 스스로 깨달아야 하는 것이 무엇인지를 항상 스스로에게 질문을 던지기 바란다. 그 중의 하나가 '소프트웨어 개발에서 내가 지금 하고 있는 행위의 궁극적인 목표가 무엇인가?'이다.

07 Top-Down 방식은 왜 어려울 수밖에 없는가?

개발방식 중에 Top-down 방식과 Bottom-up 방식이라는 것이 있다. 용어 그대로 전체를 먼저 보고 큰 수준에서부터 생각해서 내려오는 방식과 가

장 작은 수준에서 시작해서 넓혀가는 방식이다. 건축에서 설계를 먼저하고 시공하는 것이 Top-down이고, 설계없이 시공부터 하는 것이 Bottom-up이다. 물론 건축에서는 설계없이 시공하는 경우는 '개집 만들기' 외에는 없다.

하지만 국내 소프트웨어 업계에서는 빌딩도 설계없이 시공해서 건축할 수 있다는 무모한 상황이 자주 벌어진다. 소프트웨어에서의 상황을 쉽게 이해가기 위해 '설계하고 코딩하는 방식'과 '설계없이 코딩하는 방식' 정도로 축소해서 살펴보자. 설계 단계에서 Top-down 방식, Bottom-up 방식이라는 용어를 가장 많이 사용하지만 분석 단계에서도 사용하고 코딩 단계에서도

적용되는 '넓게 생각하기'와 '좁게 생각하기'의 개념이다. 물론 소프트웨어의 개발방식에만 사용되는 것은 아니고 화성탐사선, 자동차, 건축 등 모든 산업에 이미 다 적용되었던 개념이다. 국내 소프트웨어 산업이 타 산업에 비해 가장 이해도가 떨어지는 개념이기도 하다.

Bottom-up은 누구나 배우지 않고도 할 수 있는 자연스러운 방식이다. Bottom-up 방식을 가르쳐주는 사람은 없다. 그런 책도 없고 학원도 없다. '누구나'를 조금 더 강조하자면 '개나 소'나 다 할 수 있는 방식이다. 즉, 자랑할 것이 전혀 없다. 반면에 Top-Down은 소수만이 수행할 수 있는 역량과 소질을 가지고 있다.

필자가 태극권이라는 무술을 배운다. 많은 사람이 중국 노인들이 공원에서 체조하는 정도로 알고 있다. 태극권은 무당파의 시조인 장삼봉이 창시했다는 설이 있는데 생사의 결투를 위해 만들어진 무술인 만큼 부드러운 동작 뒤에 숨어있는 무서움과 오묘함이 있는 무술이다. 바람의 파이터란 소설의 주인공이며 극진가라테의 창시자 최영의, 그가 전 세계를 돌아다니며 격투를 해서 단 한 번 패한 것이 태극권을 하는 홍콩의 진노인이었다. 필자가 여러 운동을 해 봤지만 하면 할수록 빠져드는 오묘한 무술이다.

태극권의 기본이 힘을 빼는 것이다. 정확하게는 경직되지 않고 유연성을 가지라는 것이다. 그런데 힘을 빼라는 것이 태극권 첫 날 시작할 때부터 계속 배우는 것인데 10년이 걸릴 수도 있고 영원히 깨닫지 못할 수도 있는 어려운 일이다. 힘을 빼는 것이 어려운 이유는 인간은 무엇을 하려고 하면 본능적으

로 힘이 들어가는 것이 자연스러운 현상이기 때문이다.

항상 힘이 저절로 들어가는 습관에서 반대로 항상 힘을 빼는 것이 얼마나 어려운지는 경험해 본 사람만 안다. 자연스러운 것이 좋은 효과를 가져다주기만 한다면 누구나 그냥 시간만 들여서 연습하면 된다. 그렇다면 일단 차별화와 경쟁력이 없다는 것은 보장되어 있다. 그게 바로 Bottom-up이다. 반대로 Top-Down으로 하라고 하면 암담하다. 생각도 안 나고 막막하다. Top-down을 하기 위해서는 다음 네 가지 역량이 필요하다.

∨ 자연스러운 습관의 거부

∨ 외로움을 이기는 강력한 의지

∨ 예술적인 창조성

∨ 방법적인 역량

자연스러운 습관의 거부

할 일이 주어지면 대충 생각하고 방향도 없이 코딩에 들어가는 것이 가장 자연스러운 것이다. 소위 '날코딩'이다. 또 코딩이 재미도 있다. 역량이 높아짐에 따라 코딩보다 훨씬 더 재미있는 일이 있지만 초보자 시절에는 코딩이 가장 재미있는 것으로 착각한다. 하여튼 모든 개발자가 할 수 있는 이런 방식으로 잘 되기를 바라는 것은 로또 당첨과 다르지 않다. 돈 벌기 위한 아무런 노력도 하지 않고 가장 편안하고 자연스러운 방식으로 로또를 사서 수많은 경쟁 속에 뽑히기를 바라는 것과 똑같다. 경쟁력이 있으려면 모든 사람이 늘 하던

방식에서 벗어나 뭔가 부자연스럽고 다른 사람이 하지 못하는 방법으로 해야만 한다는 것을 먼저 인식하기 바란다. 그런 인식을 하고 추구한다면 그게 무엇이고 어떻게 하는지는 서서히 알게 될 것이다. 깨닫는 것이 우선이다.

외로움을 이기는 강력한 의지

회사라는 조직에서의 Top-down을 책임지는 가장 Top은 사장이다. 사장으로 산다는 것이 어렵다는 것은 많이 들어서 알고 있을 것이다. 그 이유 중의 하나가 사장은 아무것도 보이지 않는 깜깜한 바다에서 배를 조종해서 목적지에 가야 한다는 것이다. 그때 느끼는 막막함, 공포, 스트레스, 책임감이나 소프트웨어를 개발할 때 아키텍트가 홀로 Top-down으로 설계해야 할 경우에 느끼는 감정은 비슷하다. 사장을 아무나 할 수 없듯이 소프트웨어 개발에서 Top-down도 아무나 할 수 있는 것은 아니다. 그만큼 어렵기 때문에 사장의 연봉이 직원의 몇십 배가 되기도 하는 것이다. 소프트웨어 개발에서는 CTO나 아키텍트의 역할이기도 하다.

인생에서 자기 분야의 최고가 될 의향이 없다면 그런 고통을 이겨 나가면서까지 배울 필요는 없다. 최상위에서 한 단계만 내려와도 책임이 줄어들면서 작은 단위의 책임을 지게 된다. 스트레스가 훨씬 덜 쌓이는 환경이다. 예를 들어 빌딩 전체를 디자인해야 하는 건축가와 전체 빌딩이 디자인된 다음에 그 중의 한 층을 디자인해야 하는 책임과 난이도는 하늘과 땅 차이다. 하위의 책임자는 항상 위의 책임자와 상의할 수 있지만 최상위 책임자는 의지

할 사람이 없기 때문에 외롭다. 물어볼 사람이 아무도 없는 고독감은 해보지 않은 사람은 느낄 수 없는 공포이다. 가장 편한 사람이 최하위의 단순 노동자이다. 그러니 연봉도 비교가 안 된다. 이게 Top-Down의 어려움이다.

예술적인 창조성

세계 3대 건축가인 마리오 보타의 강남 교보빌딩 디자인에서 보듯이 최고 디자인은 기계적으로 기법만 쫓아가면 만들 수 있는 것이 아니다. 마음에 들 때까지 창조적인 디자인을 해야 한다. 디자인을 했다가 버렸다를 수십 번 반복해야 한다. 그 아래의 디자이너나 드래프터들은 최상위 디자인이 완성된 다음에 도구를 이용해서 하위 설계를 하면 된다. 소프트웨어에서도 예술적인 창조성이 필수이다. 아무리 의지가 강하고 기술적인 역량이 있어도 이 창조성이 없으면 Top 디자인을 만들어 내는 아키텍트가 될 수 없다.

방법적인 역량

방법적인 역량은 앞의 세 가지 역량에 비해서는 가장 쉬운 것이다. 시간만 들이면 배울 수 있는 기술이고 위의 역량들을 사용해서 디자인한 것을 표현하기 위한 도구 사용기술이다. 개발 단계 중 설계의 예를 든다면 UML 기법이 이 방법 중의 하나라고 볼 수 있다. 하지만 분석 단계에서는 또 다른 형태의 도구들이 있지만 어떤 선택을 해도 큰 의미는 없다.

차별화되고 가치있는 것은 자연스러움을 거부하고 다른 사람이 하기 어

려운 것이다. 막막한 가운데서 길을 찾아내는 것은 열정과 노력만 가지고 되는 것이 아니다. 천성적으로 마음 약한 사람은 Top-down을 할 수가 없다. 필자의 경험으로 보면 소수의 개발자만이 유전적으로 Top-down으로 개발할 수 있는 추진력과 창조성을 가지고 있다. 하위 컴포넌트로 내려가면서 쉬워지는 것은 당연하고 훨씬 더 많은 개발자가 할 수 있다. 당연히 연봉도 낮아진다.

이게 바로 소프트웨어 공학에서 비교하는 개 집(Dog House)과 고층빌딩(Skyscraper) 건축의 차이다. 개 집은 누구나 만들 수 있지만 빌딩을 지으라고 하면 막막하다. 그렇다고 자연스럽게 벽돌부터 쌓아갈 수는 없다. 잘 못되었을 경우의 엄청난 책임감 속에서 살아야 한다. 그리고 예술적인 창조성도 핵심이다. 항공모함, 비행기, 우주정거장 같은 것을 만들려면 최고의 Top-down 역량이 필요하다. 그만큼 어려운 것이기 때문에 자신이 못 한다고 하더라도 실망할 것은 없다. Top이 아니라도 행복한 삶을 위해 할 일은 많다. 단, 훌륭한 Top이 있다는 전제조건에서다. Top의 역량도 없이 Top을 맡는 것은 개인과 농료와 회사 모두에게 재앙이다. 부사관이 큰 전투를 수행하는 비슷한 경우를 국내 소프트웨어 업계에서 많이 보았다.

그럼, 이렇게 어려운 Top-down 역량에 따라오는 회사의 혜택은 무엇일까? 엄청난 혜택이 따라 온다. 병행개발이 가능해지고, 그것은 일정 단축을 의미한다. 품질이 좋아지고 리스크가 줄어든다. 혜택을 나열하면서 구차하게 중요성을 전달하고 있는데 사실은 글로벌 소프트웨어 회사가 절대적으로 가져야 하는 역량이다. 실리콘밸리의 회사와 국내 소프트웨어 회사의 큰

차이 중의 하나가 바로 이 역량이다. 반면에 개발자(벽돌공)의 역량은 차이가 없다. 이 Top-down 역량이 있는 사람을 발굴해서 성장할 수 있는 환경을 만들어 주는 것이 국내 소프트웨어 업계가 가장 시급히 해야 할 일이다. 그래야만 그렇게 열망하는 플랫폼 개발, OS 개발 등 대규모 개발이 가능해진다.

08 갈라파고스 증후군

『한국인만 모르는 다른 대한민국』이라는 책을 저술한 하버드대학교 박사 출신인 임마누엘 페스트라이쉬는 "한국이 그 엄청난 잠재력을 제대로 발휘하지 못하고 있다"고 말한다. 소프트웨어 업계에서도 외국과는 다르게 갈라파고스 증후군으로 진화해 왔다. 그 중에는 외국보다 뛰어난 부분도 있다. 그리고 단점도 있다. 장점을 살리고 단점을 보강하면 엄청난 잠재력이 있다.

먼저 장점을 살펴보자. 필자가 실리콘밸리에서 근무할 때 느낀 것이 '프로젝트가 예측 가능하고 정교한 일정에 의해 진행되는 것'이었다. 회사의 상태를 판단할 때 성공 임계치가 있고 실패 임계치가 있다. 일단 성공 임계치를 넘어가면 대충 일해도 크게 잘못하는 일만 하지 않으면 당분간은 그런대로 굴러간다. 마이크로소프트와 같은 경우이다. 그러나 실패 임계치를 넘어가면 아무리 노력해도 방법이 없다. 말기의 노키아 같은 회사이다. 핵반응과 같이 일단 실패 임계치를 넘어 가면 백약이 무효로 폭발하고 만다.

소프트웨어 개발팀의 임계치는 문화, 기술, 기반시스템, 프로세스, 그리고 조직의 조합이다. 대부분의 실리콘밸리 회사에서는 평균적으로 국내 소프트웨어 회사보다 실패 임계치가 높다. 실패 임계치가 높더라도 옛날부터 높은 역량을 유지해 왔기 때문에 문제는 안 된다. 이는 국내 소프트웨어 회사가 훨씬 더 열악한 상황에서도 생존할 수 있다는 것을 의미한다. 실제로 실리콘밸리에서라면 벌써 망했을 회사도 국내에서는 생존해 간다. 실리콘밸리에서는 실패 임계치에 가까워지면 개발자도 포기하고 이미 다른 회사로 이직하기 시작한다. 회사에 대한 충성심이 우리나라처럼 높은 것도 아니고 취업기회가 널려 있는데 고생하면서 있을 이유가 없다. 고통에 대한 저항력이 낮기 때문이다.

단점을 보자. 단점은 정부의 잘못된 정책과 회사의 비도덕적인 이윤추구에서 시작된 것이 대부분이다. 태생적으로 애국심 마케팅에서 시작된 것도 있고, 하다 보니 국내 시장에서만 사용될 수 있게 진화한 갈라파고스 증후군도 있다. 그러다 보니 외국에서는 존재하지 않는 시장이 한국에서는 많이 존재하고 그런 제품은 글로벌 시상에서는 선혀 먹히지 않는다.

장점과 단점이 공존하는 대표적인 증상을 몇 개 나열해 보자.

금융시스템의 보안 수준 vs. 고객의 편리성

먼저 금융시스템을 보자. 잘 알다시피 공인인증서, 금융기관의 수많은 Active-X 플러그인, 마이크로소프트의 시장점유율 등 이미 고치기에는 너

무 많은 비용이 들어가는 것들이 있다. 비용뿐만 아니라 지금 누리고 있던 IT의 편리함을 누리지 못하게 되는 것도 많다. 한국처럼 인터넷뱅킹이 자유로운 나라가 없다. 이미 바꾸기에는 너무 늦었다. 이게 바로 과거 유산에 발목 잡힌 우리의 현실이다. 참고로 미국은 미리 등록된 계좌에만 인터넷뱅킹으로 이체가 가능하도록 제한되어 있다. 보안의 위험성 때문에 불편함을 감수하는 것이다. 그러니까 한국의 인터넷 고객이 누리는 모든 기능을 지원하기는 어렵다. 그렇지만 세계 최대의 온라인 서점인 아마존이나 역시 세계 최대의 경매사이트인 이베이를 보면 공인인증서 없이도 고객이 필요한 모든 기능을 다 갖추고 있다. 국내 사이트에는 공인인증서, 키보드 보안 등 수많은 Active-X 가 사용되고 있지만 잘 들여다 보면 원론적으로 보안에 구멍이 있는 것들이다. 좀도둑을 막는 상태이지 진정한 보안은 아니다. 보안의 기본은 '범죄자가 투명인간으로 둔갑해 바로 옆에서 모든 것을 들여다 본다'는 가정 하에 만들어져야 하는데 범죄자의 능력을 보통 사람으로 간주하는 보안은 진정한 보안이 아니다.

전쟁에서도 암호해독 전쟁은 치열하다. 2차 세계대전의 갈림길이 된 태평양 미드웨이 해전에서 일본의 암호 해독팀이 미국의 암호를 깼다는 것을 미국 암호팀이 알아냈고 그를 역이용해서 거짓 정보를 흘림으로써 미국은 미드웨이 해전의 승기를 잡았다.

보안 분야는 술래잡기 게임이라 안전한 것이 없다. 단, 공격할 만한 가치가 없기 때문에 공격을 받지 않는 것을 안전한 기술을 개발했다고 착각하는

것이다. 국내 기술의 대부분은 난이도의 문제이지 깨지게 되어 있다. 획기적인 공개키 기술이 1970년도에 나오면서 훨씬 안전해지긴 했지만 그 만큼 사용하기가 너무 불편해서 공인인증서나 HTTPS를 제외하고는 실용적으로 사용하기가 너무 어렵다.

그래서 완벽한 보안을 추구하는 미국은 걸음걸이가 느린 반면, 리스크를 감수하면서라도 편리함을 추구하겠다는 우리나라는 수많은 편법을 동원해서 보통 사람에게는 쉽게 뚫리지 않는 보안시스템을 사용하고 있는 것이다. 그런 과정에서 마지막으로 도입한 일회용 암호(OTP)가 최후의 보루 역할을 한다. OTP가 없었다면 아마 훨씬 더 많은 범죄가 벌어졌을 것이다. 하여튼 소프트웨어 업체는 기득권을 포기하지 않을 것이고 이미 편리한 기능을 사용하는 고객이 인질로 잡혀 있는 상황이라 난감한 것은 사실이다. 정책 집단의 무지와 특정집단의 이해관계로 인해 시작이 잘못되었고 지금은 되돌아갈 수도 없이 인과에 따른 피해는 국민에게 돌아온다. 그래서 좋은 결과를 바란다면 최초의 시작이 중요하다.

품질 중시 vs. 고객서비스 중시

넓은 땅을 가진 나라에서 제품을 팔기 위해서는 고객서비스 비용이 많이 들어가기 때문에 품질이 좋아야 한다. '고객서비스를 잘한다는 것'이 자랑일 수도 있지만 '고객서비스를 할 필요도 없이 만드는 것'이 훨씬 더 중요하다. 인증서 등록 시 실제 사람이 방문해서 문서를 제출해야 하는 비즈니스 모델 역시 우리나라처럼 지리적으로 좁은 나라에서만 가능한 모델이다. 고장 났을

때 서비스 직원이 방문하거나 고객이 서비스센터를 방문하는 것은 좁은 환경에서만 가능하다. 그러니 미국에서는 사용하던 노트북이 고장나면 난감하다. 우리나라에서는 그날로 서비스센터에 가서 수리를 받을 수 있다. 국내에서의 이런 편안함은 미국에서 불편을 겪어보지 않으면 느끼기 어렵다. 그래서 고객서비스가 필요없는 수준의 품질이 핵심이다. 이 문제는 〈14 좋은 고객서비스가 글로벌 소프트웨어의 장애물이다〉에서 자세히 다루기로 한다.

협업 문화 vs. 개인 위주

이 부분은 장점은 없고 단점만 있는 부분이다. 협업의 중요성은 다른 책에서도 많이 강조해 왔지만 협업하는 문화는 진정으로 훌륭한 개발자가 되기를 원한다면 가장 빨리 습득해야 하는 문화이다. 필자가 실리콘밸리와 비교해서 가장 안타까워 하는 것이 바로 협업 문화이다.

개발 효율성 위주 vs. 새로운 유행 위주

우리나라 개발자가 실리콘밸리의 개발자에 비해 얼마나 최신 기술을 더 빨리 습득하는지 알면 스스로 놀랄 것이다. 실리콘밸리에는 수많은 C 개발자가 있지만 국내에는 별로 없다. 등산복 신상품이 나오면 전 세계에서 우리나라가 가장 많이 구매하는 것과 같다. 외국 등산용품 메이커 사장이 우리나라에 와서 청계산을 둘러보고는 "한국시장을 10배로 확장하라"고 했다는 말이 있다. 실리콘밸리에서 새로운 기술이 많이 나오지만 진짜 필요한 소수의 사

람만이 사용하지 유행 때문에 사용하지는 않는다. 새로운 유행을 알고 있다는 것은 장점이다. 단, 필요할 때 사용하는 것이 핵심이다.

정교한 계약 vs. 엉성한 계약

계약에 관해 국내 소프트웨어 업계가 모르는 것이 있다. 지금까지의 관행으로 '인생이 그런 것인가보다'하면서 되풀이 하고 있다. 아마 안다고 하더라도 다른 방식으로 진행한 적이 없기 때문에 전혀 모른다고 보는 것이 옳다. 국내에서는 기획 수준의 문서로 계약한다. 소위 제안요청서가 나오고 제안서를 제출하는데 이것이 불충분하다는 것을 모른다. 안다고 한들 이 방법 외에는 계약할 방법도 없다는 것이 문제이다. 실제 필자가 조정위원으로 경험한 법원에서 벌어지는 소프트웨어 업계 소송의 100%가 이 문제로 인해 벌어진다. 실리콘밸리에서는 정확한 사양을 모르면 계약을 하지 않는다. 다시 말하면 한국식의 외주개발 계약은 실리콘밸리에서라면 100% 소송감이다. 실제로 실리콘밸리에 진출하자마자 이런 소송에 걸려 철수한 대기업이 있었다. 이 부분은 시스템 통합 업체들이 잘못 만들어낸 대표적인 갈라파고스 현상이다. 빨리 고쳐야 하는 문화이다. 계약에 대한 자세한 내용은 〈34 인도에 개발 외주를 주는 방법〉에서 다룬다.

계획적인 진행 vs. 열정 위주

계획적인 진행과 열정 위주의 진행은 상충되는 것이 아니다. 실리콘밸리는 국내에 비해 열정보다는 정교한 계획을 중시한다. 계획적이고 열정까지 있으면 금상첨화다. 금전적인 보상이 회사생활의 많은 부분을 차지하는 실리콘밸리에서는 더 이상의 열정을 기대하기는 어렵다. 그런 점은 실리콘밸리의 한계이다. 열정은 강요하거나 가르쳐서 얻을 수 있는 것이 아닌 문화에서 나오는 큰 재산이다. 국내 소프트웨어 업계에는 인간관계와 충성심 등 문화적인 요소에서 실리콘밸리보다는 많은 열정이 있다. 일단 열정을 가지고 있다면 계획적인 진행은 배워서 할 수 있다.

역할의 전문성 중시 vs. 프로그래밍 영웅 위주

실리콘밸리의 회사는 일인만능주의가 아니다. 회사규모에 따라, 전문성에 따라 업무를 나눈다. 이는 효율성 때문이기도 하고 개발자의 보람 때문이기도 하다. 아키텍트(건축가)에게 코딩(벽돌쌓기)하라고 하면 싫어하는 게 실리콘밸리라고 한다면 국내에서는 아키텍트가 코딩을 즐겁게 한다. 심지어 분석과 설계를 하라고 해도 코딩하는 것을 더 좋아한다. 그러다 보니 대부분의 고참 개발자 중에 코딩 영웅이 많다. 이렇게 될 수밖에 없는 다른 복잡한 이유가 있으니 그건 〈42 균화위치, 투명성이 주는 경쟁력〉에서 설명하기로 한다. 하지만 코딩을 할 의향이 있다는 것이 좋은 점이기도 하다. 급할 때는 시킬 수 있기 때문이다. 단, 좋아는 하되 자기 직책에 맞게 해야할 일은 따로

있으니 응급상황이 아니면 하지 않는 것이 효율적이다. 이게 선행되어야지 백발이 성성한 개발자로서 평생 행복하게 개발할 수 있다.

국내에서 오랫동안 변하지 않는 여러 가지 장단점을 나열해 보았다. 국내 개발자를 보면 과거 정부와 기업의 거친 환경에서 자라온 야생마를 보는 것 같다. 길들이기는 어렵지만 열악한 상황에서도 일할 수 있는 열정, 인간적인 유대, 회사에 대한 충성심을 바탕으로 올바른 방법으로 진행한다면 소프트웨어 업계에 희망찬 미래가 있다. 다음과 같은 속담이 있다.

> "나무를 심을 가장 좋은 시기는 20년 전이었다.
> 그 다음으로 좋은 시기는 바로 지금이다."

엘비스 프레슬리의 노래도 있다

> "지금이 아니면 영원히 못한다."
> (it's now or never)

한국인의 '나중에'는 'Never'라는 의미도 있다. 지금이 바로 변화의 시기이다. 올바른 정부 정책, 기업의 기득권 양보, 개발자의 깨달음으로 단점을 극복한다면 우리가 미처 몰랐던 많은 장점과 함께 엄청난 경쟁력을 가질 수 있다. 과거의 잘못된 유산이라는 큰 장애물이 있지만 20년 전에 잘못해 놓은 과거를 탓할 수만은 없다. 그 다음으로 고치기 좋은 시기는 바로, 지금이다.

09 정의란 무엇인가?

마이클 샌델의 전 세세 베스트셀러였던『What is the right thing to do?』가 국내에서는『정의란 무엇인가?』로 번역되었는데 필자는 원제를 좋아한다. '정의'라는 선동적인 정치적인 용어가 들어 있어서 이념 서적 같은 생각을 하게 되는데 책의 목적을 정확히 반영하는 것이 목적이라면 필자는 비자극적이지만 '무엇이 목표에 부합된 행동인가?'라고 번역하겠다. 그는 여러 가지 사회적인 주제를 이용해서 우리에게 깊이 생각해야 할 여운을 남겨주었다. 늘 그렇듯이 깨달음과 통찰력을 추구하는 책이기에 답을 주지 않고 생각하는 방식을 가르쳐준다. '우리가 추구하는 목표가 있는데 지금 하는 행동이 거기에 부합되는가?'의 질문이다. 가장 상위 개념으로 올라가서 "당신이 추구하는 인생의 목표가 무엇입니까?"라고 물으면 거의 모든 사람이 "행복하기 위해서"라고 답한다. 그럼 궁극적인 목표를 알기 위해서는 "왜 행복하기를 원합니까?"라는 질문도 답을 해야 하는데 대부분 여기서 답이 막힌다. 답을 한다고 해도 다음 질문이 또 나온다. 여기서부터는 형이상학의 영역이기 때문에 보통 사람들에게는 짜증나는 대화일 뿐이고 극히 소수의 사람만이 대화가 가능하다. 결국은 거의 모든 인간은 동물과 같이 오욕에 집착하며 목표도 모른 채 만물의 영장이라고 자아도취하면서 살아가는 것이다.

인생의 최종 목표를 알아내는 데는 실패했지만 세속적인 목표는 정의해 볼 수 있다. 타이거 우즈를 세계적인 선수로 키운 첫째 스승이 부치 하먼이다. 실리콘밸리에 위치한 골프클럽에서 부치 하먼의 스승인 잭 도스가 골프 코치를 했었는데 몇 년 전에 세상을 떠났다. 필자가 그를 기억하는 이유는 지금까지 많은 코치에게 레슨을 받았지만 목표에 연관해서 질문을 한 코치는 그밖에 없었기 때문이다. 필자가 한창 골프를 칠 때의 문제가 '훅(Hook)'이라고 볼이 왼쪽으로 휘는 문제였다. 그때 이미 노인이었던 잭 도스에게 훅을 고쳐달라고 했더니 필자에게 한 질문이 "훅을 고치기 원하느냐, 아니면 골프를 더 잘치고 싶으냐?"였다. 필자는 훅의 문제를 고치는 것이 골프를 잘치는 것으로 생각했는데 뒤통수를 맞은 기분이었다. "글쎄, 그게 달라요?"라고 필자가 반문했는데 "다르다"는 것이 그의 답이었다. 다행히 그는 필자에게 "골프를 잘치고 싶은지, 아니면 인생이 행복하기를 원하는지"는 묻지 않았다. 그가 코칭할 수 있는 영역 안에서만 물어본 것이었다. 하여튼 필자는 골프를 잘치기 위한 목표를 선택했고 결국은 재미 없는 연습을 많이 하는 결과가 되었다. 원래 문제였던 훅을 당장 고치지는 못했지만 하여튼 골프 실력이 느 것은 사실이었다. 지금까지도 훅 때문에 가끔 고생한다. 타이거 우즈도 2년 전에서야 볼을 똑바로 치는 방법을 알게 됐다고 하니 실망할 일은 아니다.

필자도 소프트웨어 회사 컨설팅을 하면서 똑같은 질문을 많이 한다. "UML 배우기를 원하는지, 설계 잘하기를 원하는지, 아니면 훌륭한 소프트웨어 개발자가 되기를 원하는지" 말이다. 이 세 가지 목표에 따라 방법이 달라진다. 하지만 대부분은 이 심각한 질문을 농담으로 듣고 넘긴다. 괜히 돈

주겠다는 고객을 놓칠 필요가 없어 그냥 해달라는 대로 해주기도 한다. 필자는 돈을 벌고, 고객은 행복하니 나쁠 것이 없다. 하지만 필자가 진짜 심각하게 회사의 역량을 올려주어야 하는 때는 개발자가 싫어 하더라도 혹을 고치는 것이 아니라 골프를 잘치는 방법으로 간다. 예상하겠지만 그런 회사는 소수이다. 대부분은 그냥 그 순간에 행복하고 단편적인 문제를 해결하고자 한다. 많은 경우에 그 문제를 해결하면서 일어나는 잘못된 착각의 부작용이 크다. 누누이 말해왔지만 UML 사용법을 안 것을 '설계를 알았다'고 착각한다. UML과 설계의 관계는 연필 사용법과 글 쓰는 역량의 관계와 같다. 정부가 나서서 연필 많이 나누어 준다고 작가가 많이 생길 리가 없다.

"직원들 교육과 개발에 투자했다가 그들이 퇴사하면 어쩌지?"

어느 회사의 CFO (재무이사)

"그럼 투자 안 했다가 모두 회사에 남아 있으면 어쩌지?"

어느 회사의 CEO (대표이사)

회사의 목표를 CEO와 CFO는 다르게 본다. 위 글에서 CEO는 회사의 성공이 목표인 것이고 CFO는 지금 돈을 덜 쓰는 것이 목표인 것이다. 그래서 보는 안목의 차이 때문에 회계사나 변호사, 경영 컨설턴트는 회사를 책임지는 훌륭한 CEO가 되기 어렵다. 필자가 미국에서 벤처회사를 했을 때 자문 변호사가 필자에게 한 말이 "자기는 법에 따른 원칙대로 말하지만 자기 말대로 하면 회사는 망한다"는 것이었다. 원칙과 현실의 괴리이다.

다음은 필자가 소프트웨어 회사에서 개발자와 가장 많이 하는 대화이다.

*"SRS를 잘 적으면 중요한 제품 정보가 다 포함되어 있는데
경쟁업체가 훔쳐가면 어쩌죠?"*

SRS(요구사양서)를 잘 작성하는 게 중요하다는 필자의 말을 들은 개발자

*"그럼 그걸 작성하지 않고 허접한 제품이 나와서
회사가 망하면 어떻게 하죠?"*

필자의 답변

보안이 목적인지 소프트웨어 개발을 잘하는 것이 목적인지에 따라 다르다. 물론 회사가 망하기 전까지 월급만 받아가기로 생각했다면 정의는 달라진다.

그래서 정의로운 행동이란 어려운 것이다. 불쌍한 사람을 도와주는 것도 내 관점에서 볼 것이 아니라 상대방 관점에서 보아야 하는 습관을 기르기 전에는 어렵다. 친구를 만나서 식사를 하고 무조건 내가 밥값을 내는 것이 옳은 것이 아닌 경우가 많다. 사실 우리 대부분은 모순 투성이다. 우리가 정의라고 생각하는 것의 대부분이 정의가 아니다. 대부분은 내 개인적인 사상, 관점, 습관, 이념에 따라 무의식적으로 행동한다. 정의롭게 행동한다는 것은 타인에 대한 깊은 배려를 할 때에만 가능하다. 정치인이 국민을 위한다고 하지만 믿기 어렵다. 그냥 자신의 부와 명예를 위해 국민을 현혹시켜 이용하는 것뿐이다. 차라리 중국의 3대 악녀 중의 한 명으로 알려진 측천무후는 정권의

야심 때문에 정권의 경쟁자에게는 가혹했지만 주위의 환관이나 궁녀는 잘 보살펴주었고 적인걸과 같은 명재상을 등용하고 좋은 정책을 펼쳐 백성에게는 '무주의 치'라는 평화로운 통치를 했었다. 이는 형제를 죽이고 등극한 당태종의 '정관의 치'에 버금간다고 알려져 있다. 무엇이 정의인가는 결국 누구의 관점에서 보느냐에 따라 극명하게 갈린다. 평범한 국민의 관점에서 보면 측천무후는 훌륭한 정치인이었다.

다시 소프트웨어로 돌아와서, '지금 내가 추구하는 방법이 과연 내가 훌륭한 개발자가 되기에 옳은 행동일까?', '회사를 위해서는 옳은 행동일까?'라는 자문을 해보자. 대부분의 개발자는 회사의 목표는 물론이거니와 자기 자신의 목표와도 부합하지 않을 것이다. 그냥 동물적인 습관에 의해 지금 필요하다고 생각하는 것을 눈 앞에서 행동하는 것이지 훌륭한 개발자가 되겠다는 목표나 회사의 성공 같은 먼 목표를 생각해 보지도 않는다. 정의롭게 행동하지 못하는 것이다. 개발자가 정의롭게 행동할 수 있도록 현명한 결정을 해야 하는 사람이 경영자이며 훌륭한 리더인 것이다. 우리는 그런 것을 '비전이 있다'라고 표현하기도 한다. 추상적인 용어인 '비전이 있다'라는 것이 얼마나 중요한 CEO의 특성인지를 깨닫기를 바란다. 그런 비전과 목표를 성취할 수 있는 방법을 수행하는 것이 CEO의 일이다.

국내 소프트웨어 회사에 가보면 개발자의 수많은 불만과 요구가 있다. 새 기술 교육, 새 도구 구매, 새 프로세스 정립, 새 방법론 도입 등 호기심으로 인한 요구다. 그러나 대부분은 진정한 목표와 합치되지 않는다.

소프트웨어 공학에서의 정의는 '가장 빠른 시간에 가장 적은 비용으로 좋은 품질의 제품을 개발하는 것'이다. 소프트웨어 공학에서도 지적하는, 개발자가 믿는 대표적인 미신이 '분석할 시간이 없어서 바로 코딩에 들어가겠다'이다. 이 한마디가 회사 전체의 역량이 초급 수준이라는 것을 말해 준다. 이런 미신을 믿으면서 인류 역사상 가장 복잡한 지식 산업인 소프트웨어를 잘해보겠다는 것은 어불성설이다. 이런 방식을 버리지 않는 한 영원히 글로벌 회사가 될 수 없다. 회사의 목표까지는 안 가더라도 훌륭한 개발자가 되기 위해서 무엇이 옳은 일인지 심각하게 생각해야 한다. 지금 이 문제는 99%의 국내 소프트웨어 회사에서 벌어지고 있는 원천적으로 심각한 문제이다.

소프트웨어 개발자로서 하루에 주어진 시간이 8시간이라고 하자. 8시간이 총합이기에 그 시간을 자신의 목표에 부합되게 어떻게 사용하는지가 중요하다. 어떤 하나에 시간을 많이 소비하면 다른 것을 할 시간이 줄어든다. 그러므로 코딩에 시간을 많이 소비할수록 개발역량은 더디게 자란다. 필자가 산악자전거를 지도자 자격증까지 딸 정도로 열심히 했다. 동호회에 있는 의사와의 대화 중에 필자가 "요새 젊은 라이더들 따라가기 힘들어서 체력을 길러야겠어요"라고 했더니 그 의사는 "체력향상을 원하세요, 건강하기를 원하세요?"라고 물었다. 지도자 교육 때 배운 내용이 생각났다. 우리 몸에는 방위체력과 운동체력 두 가지가 있고 총합이 일정하다. 그러니 운동체력이 올라가면 방위체력은 떨어진다. 어느 순간 운동을 열심히 하면 병에 걸리기 쉽다는 얘기이다. 총합을 올리려면 운동을 장기간 꾸준히 해야 서서히 올라간다. 하루 운동해서 기분 좋다고 하는 것은 도파민이 분비되어서 나온 자연 마약

의 효과일 뿐 방위체력은 떨어진다. 소프트웨어에 투자할 수 있는 시간은 정해져 있다. 아까운 시간을 자기 목표에 부합되는 활동에 잘 사용하기 바란다.

아이로니컬하게 필자는 국내 소프트웨어 회사가 비효율적으로 돌아가는 것이 컨설팅이 직업인 인생의 목표와 부합한다. 단, 조건이 있다. 회사가 망하지 않을 정도의 비효율이어야 한다. 비효율적인 경영으로 더 많은 개발자의 일자리를 창출하고 많은 도구도 사서 소프트웨어 업계에 돈을 환원하면 그리 나쁘지 않다고 생각할 수도 있다. 운이 좋아 망하지만 않으면 된다. 그런데 그런 비효율성을 바라보고 있을 때 느끼는 스트레스는 정신건강에 해롭다. 다 좋은데 불행히도 이 궤변 같은 모델은 지속성이 없다. 즉, 이런 회사는 오래 생존할 수가 없다.

소프트웨어 회사에서 정의롭게 살기 위해서는 스스로의 목표부터 항상 인지하고 있어야 한다. 필자가 만났던 대부분의 개발자는 눈 앞의 할 일에 빠져 스스로의 목표를 위해서도 정의로운 행위를 하고 있지 않았다. 자신뿐만 아니라 더 나아가 회사의 목표와도 부합되는 정의가 진정한 정의이고 그것이 추구해야 할 것이다. 『회사가 희망이다』라는 책도 있듯이 진정한 정의를 빨리 깨닫는 것이 우리의 최종 목표인 행복과도 부합된다.

10 깨닫는 데 걸리는 시간 10년

필자가 실리콘밸리와 국내 소프트웨어 업계에서 30년을 있어왔지만 지금도 계속 깨닫는 것이 있다. 과거를 생각하면 '내 자신이 얼마나 착각이 심했던가'하는 민망한 생각이 든다. 미국에 있을 때 필자가 다녔던 General Electric, GTE, Sun Microsystems(현재는 Oracle), Cadence 같은 회사는 모두 세계 1위 아니면 2위 업체이었다. 그 당시 애플은 특수한 회사였지 지금과 같이 개발자가 선호하는 회사는 아니었다. 필자가 다녔던 회사가 세계적인 회사라서 그랬을지 모르지만 그때는 필자가 대단한 개발자인 것처럼 착각하기도 했다. 어느 순간 아니라는 것을 깨닫기도 하고 또 착각을 하고, 그리고 깨달음을 반복했다. 그중에서도 필자가 어설픈 자신감이 가장 충만했을 때가 개발경력 약 5년에서 10년 사이 정도였을 시기이었다고 생각된다. 그 이후로부터는 점점 더 넓은 세상을 보는 눈이 생기면서 자만감은 없어지고 배울 것이 더 많다는 것을 확실히 깨닫게 되었다.

그런데 같은 현상이 필자의 모든 생활에서 일어났다. 전문가가 되는 데 일만 시간이 걸리고 그 후에 자신이 잘못되었다는 것을 느끼는 시간이 10년인 것 같다.

필자가 미국에 있을 때 외국인 전문 발음교정 교수한테 발음교정을 받았는데 그때는 필자가 미국에 간 지 15년 정도 되었을 때였다. 그때서야 내가 무슨 발음을 못하는지를 정확하게 인지하게 되었다. 필자가 그런 발음을 할

때마다 미국 사람들이 못 알아 듣는 것을 눈치는 챘지만 왜 못 알아 듣는지는 몰랐던 것들이 있었다. 잘못되었다는 확신은 들었으나 잘못의 정체도 정확히 모르겠고 어떻게 고쳐야 한다는 것은 더욱 몰랐다. 그런 발음 목록을 지금도 적어가지고 다니면서 실수하지 않도록 항상 기억하고 있는데 'Garage', 'Version', 'Pearl' 같은 것들이다. 미국 회사를 방문해서 회의를 할 때였는데 제품 Version에 대한 필자의 말을 그들이 고개를 갸우뚱하면서 못 알아 듣는 것이었다. "V.E.R.S.I.O.N", 이렇게 스펠링을 했더니 그제야 알아들었다. 내가 낸 발음은 'Virgin'에 훨씬 가까웠던 것이다. 갑자기 엉뚱한 얘기를 하니 자기들도 당황스러웠던 모양이다. 특히, 동양사람과의 접촉이 부족한 원어민이라면 더욱 못 알아 듣는다.

다행이 그 교수를 알게 되어서 몇 년에 걸쳐 발음교정을 받았는데 그 교수는 "자기 전공에서의 통계를 보면 외국에서 대학교를 졸업하고 미국에 온 외국인은 10년에서 15년 정도가 지나야 자기 발음이 잘못되었다는 것을 인식하게 된다"고 했다. 그리고 잘못된 대부분의 발음은 교정할 수 있는 것이 아니라 대체요법을 쓴다고 했다. 진짜 정확한 발음은 어차피 내지 못하니까 비슷하지만 원어민들이 거부감이 없이 알아들을 수 있는 발음을 내는 방법을 가르쳐준다는 것이었다. 영화배우인 아놀드 슈바르체네거, 국무장관을 지낸 키신저 같은 사람들이 그런 식으로 발음을 한다. 우리가 들으면 영어 발음이 이상하다고 생각할지 모르지만 이상한 것은 한국식 발음이고 그런 식의 대체 발음이 원어민들이 전혀 부담 없이 들을 수 있는 발음이다. 대학을 졸업하고 미국에 가서 영어회화를 배운 사람들은 절대로 'Version', 'Garage',

'Pearl' 발음을 정확히 할 수 없다. 대체만 가능하다. 사실은 미국 어린아이들도 'Right' 같은 발음을 못한다. 그래서 "White"이라고 한다.

소프트웨어에서 필자가 객체지향 프로그래밍(OOP)에 대한 깨달음을 얻은 것은 스탠포드대학에서 '프로그래밍 언어' 과목을 들을 때였다. 그때는 요새 개발자들이 객체지향 언어로 알고 있는 Java나 C++이 인기있던 시절도 아니었다. 그 교수는 "객체지향은 메세지로 대화하는 객체이다"라고 했다. 영어로는 'Communicating object via message'라는 간단한 문장인데 이것을 이해하면 OOP는 다 이해한 것이다. 그것을 이해하지 못하면 Java나 C++을 10년 동안 했어도 기법 흉내만 내고 있는 것이지 이해를 한 것은 아니다. 필자도 그 수수께끼 같은 말을 이해하는 데 꽤 오랜 시간이 걸렸다. 교수가 할 일은 다 했다. 깨달음은 스스로 얻어야 하는 것이다. 소크라테스처럼 제자들이 깨달을 때까지 계속 질문을 던지는 것이 스승이 할 수 있는 최선이다. 깨달음의 세계는 다 그런 식으로 진행된다. 그냥 일방적으로 가르쳐서 배울 수 있다면 그건 지혜가 아닌 지식의 세계이다.

하여튼 필자는 스몰톡(Smalltalk)이라는 객체지향 언어를 사용해 보고 회사에서의 개발경험도 쌓이면서 어느 때인가 깨달음을 얻었다. 그동안도 이미 객체지향 언어를 많이 사용하고 있었으나 깨닫지 못하고 있었다. 핵심 개념을 깨닫는 것이 문제이다. OOP의 깨달음은 프로그래밍 언어에서 얻는 것이 아니라 소프트웨어의 생명주기와 유지보수까지 다 포함해서 파생제품도 만들고 해봐야 OOP의 진정한 가치와 의미를 알 수가 있다. 학원가서 Java

를 배웠다고 OOP를 알게 되는 것은 불가능하다. 국내에서는 대부분 '메세지로 대화하는 객체'와 같은 근원적인 이해 없이 OOP 언어를 이용해서 OOP와는 최악인 데이터지향 방식으로 프로그래밍을 한다. OOP의 기본도 모른다는 증거 중의 하나는 글로벌 변수나 포인터를 아무 거리낌 없이 사용하는 것이다. 그러면서 OOP를 안다고 이력서에 적어 가지고 다닌다.

지식의 세계까지는 지능만 있으면 모든 사람이 다 갈 수 있다. 깨달음의 세계에 들어가야 비로소 다른 많은 사람과 차별화가 되는 것이고 진정한 소프트웨어 전문가가 되었다고 말할 수 있다. 깨달음의 세계에 가기까지의 어려움은 아무리 훌륭한 스승의 가이드가 있더라도 스스로 깨달아야 한다는 것이다. 깨달은 다음에는 모든 생각과 행동이 달라진다. 스승은 제자가 깨달았다는 것을 안다. 깨닫지 못한 사람이 보면 '별것도 아닌 것 가지고 잘난 척을 한다'고 생각한다. 필자가 스탠포드대학에서 그 스승을 만났듯이 훌륭한 제자를 만나는 것이 스승으로서의 기쁨이며 행운인 것이다. 20년이 훨씬 넘은 지금도 한 학기를 통해서 유일하게 기억하는 말이 바로 "메시지로 대화하는 객체"이다. 개발자라면 빨리 깨닫기를 바란다. 깨달은 결과는 말로 설명해서는 모르고 프로그래밍을 하는 것을 보면 안다. 스승은 "그거 틀렸어. 아직 못 깨달았어"라는 얘기만 할 수 있다.

〈35 설계에 대한 자세〉에서 설명하겠지만 '설계는 컴포넌트와 인터페이스의 정의이다'라는 말도 같은 부류에 속한다. 이 깨달음의 세계에 오기 위해서는 해야 할 일이 있다.

첫째는 깨달을 때까지 계속되는 잘못에 대한 지적을 받아들일 수 있어야 한다. 자기의 문제점을 아는 것이 성장의 지름길이다. 자기의 잘못을 지적 당하지 않고는 절대로 성장할 수 없다. 좋은 것을 감상만 해서는 절대로 성장이 안 된다. 괜히 눈만 높아져서 말만 앞서고 회사에서는 골칫거리인 사람이 된다.

둘째는 깨닫겠다는 강한 의지를 갖는 것이다. 깨달음의 과정에서 나쁜 습관들을 하나씩 버려가야 한다. 매우 지겨운 과정이 될 수도 있다. 어떤 사람들은 깨달음이 순간에 오는 것으로 착각하는데 깨달음은 순간이지만 그 순간에 이르기 위해 많은 노력을 해야 한다. 필자가 발음을 배울 때 'Version'이나 'Garage' 발음을 교수 앞에서 수백 번은 했다. 'Pearl'은 하다가 일찌감치 포기했다. 다행히도 지금까지 미국인과의 대화 중에 'Pearl'을 발음할 필요가 없었다. 〈진주만〉이라는 영화를 볼 때마다 '저건 내가 못하는 발음'이라고 생각한다. 아마 보석을 사러가도 진주는 사지 않을 것이다. 보석상 주인이 알아는 듣겠지만 내 자신이 민망해서 기왕이면 다이아몬드 같이 발음하기 쉬운 다른 보석을 살 것이다.

셋째는 스승의 도움을 꼭 받아야 한다. 끊임없이 지적을 할 수 있는 스승이 필요하다. 타이거 우즈나 김연아도 항상 코치가 필요했다. 학원 선생은 지식 전달 도구이지 스승은 될 수 없다. 스승 없는 깨달음은 석가모니나 예수나 소크라테스만 할 수 있는 것이다. 스스로를 그렇게 평가한다면 시도해도 좋지만 세월만 낭비할 것이다.

이제 준비는 다 끝났으니 어느 순간 깨닫는 기쁨이 얼마나 큰 것인지 느끼기 바란다.

좋은 고객서비스가 글로벌 소프트웨어의 장애물이다

11 공감대의 병폐와 선각자의 외로움

1980년대 중반, 필자가 General Electric의 원자력 발전소 부서에서 소프트웨어 개발을 했을 때는 젊은 회장이 취임한 지 몇 년 되지 않았을 때였다. 그때는 그 젊은 회장의 개혁적인 경영으로 말들이 많았는데 떠도는 소문을 요약하면 '인정사정 없다'는 것이었다. 그가 바로 가장 훌륭한 경영자로 평가받는 잭 웰치이다. 그의 정책 중 하나가 매년 하위 10%의 직원들을 감원시키는 것이었다. 당연히 직원들의 공감대는 얻을 수가 없었다. 국내 팬들이 실리콘밸리의 어느 누구보다 훨씬 더 존경하는 스티브 잡스는 사용자 대표들의 모임인 Focus Group 미팅 따위에는 관심이 없었다. 만일 이에 의존했다면 애플의 혁신적인 제품은 하나도 나오지 않았을 것이다. 그는 고객에 대해 너무도 잘 알고 있었다. 고객 자신보다도 고객을 더 잘 알고 있었다. 고객선호도를 알아내겠다고 설문조사의 결과를 맹신하는 것이 창조와 혁신의 세계에서는 얼마나 위험한 것인지 알 수 있다. 수많은 사람의 의견보다 전문가 한 명의 통찰력이 중요하다.

"Why"라는 질문은 기획이나 분석 단계에서는 꼭 필요한 질문이다. "Why"에 모든 답을 다 할 수만 있다면 수학의 세계일 것이다. 그렇지 않기에 계속 나가다 어느 순간에 이르면 "나는 그렇게 생각한다"라는 답으로써 끝난다. 결국엔 답이 없다. 스티브 잡스의 아이디어도 이상한 아이디어였지 성공을 확신한 아이디어는 아니었다. 모든 비전 있는 결정은 공감대를 형성

하지 않는다. 제갈량도 그랬고 손무도 그랬다. 제갈량을 알아본 것은 유비 혼자였고 관우나 장비는 모두 반대하였다. 손자를 알아본 것은 오왕 합려의 중신인 오자서뿐이었고 막상 오왕 합려는 못 알아 보았다. 군졸들의 공감대는 전략적인 결정에서 필요한 것이 아니고 기호의 선택인 경우에만 필요하다. 즉, 명절 선물은 각자 원하는 것을 보내 주어야 하는 것이지 통찰력이 필요한 것은 아니다.

경영자의 역량 중의 하나는 공감대를 형성해야 하는 주제와 그렇지 않은 주제를 잘 분별하는 데 있다. 그런데 경험자가 아니면 그런 분별을 할 수가 없다. 예를 들어 이 프로젝트에서 이슈관리시스템으로 레드마인(Redmine)을 사용하는 것이 좋을까, 아니면 지라(Jira)를 사용하는 것이 좋을까? 아니면 근본적으로 이슈관리시스템을 사용하는 것이 좋을까, 아니면 사용하지 않아도 될까?

이런 주제를 붙여 놓으면 끝없는 논쟁이 벌어진다. 모르는 경영자로서는 난감할 뿐이다. 믿을 만한 CTO가 결정해주면 좋겠는데 그럴 사람도 없고 온갖 찬반 논쟁이 벌어진다. 고생 끝에 다행히 결정이 된다고 해도 그 다음의 실행 단계에서 또 계속적인 문제가 벌어진다. 그래서 결국은 반대파의 방해로 중간에 흐지부지되고 용두사미가 되기도 한다. 그리고는 "우리 회사도 이슈관리시스템을 사용한다"라고 주장하지만 이런 공감대의 문제로 개혁은 안 되고 혜택도 없이 흉내만 내고 끝나는 경우가 대부분이다.

심지어는 지금 시대에 소스코드관리시스템도 사용하지 않는 회사도 있다. 필자가 몇 년 전에 어느 소프트웨어 회사를 방문했었는데 그 회사에서 소

스코드관리시스템을 사용하지 않는 것을 보고는 빨리 도입하라고 했다. 그러나 나중에 전해 들은 말이 "개발자들의 공감대가 이루어지지 않아서 도입하지 않기로 했다"는 것이었다. 안타깝기는 했지만 그 회사는 절대로 성공할 수 없을 것이라는 것을 알았다. 지금은 국내 개발자의 대다수가 '소스코드관리시스템 없이는 개발이 불가능하다'는 것에 거의 공감하리라고 본다. 하지만 10년 전, 아니 5년 전만 해도 이것에 공감을 얻기는 쉽지 않았다. 그때 하루라도 빨리 제대로 사용했다면 그만큼 경쟁력을 갖춘 것이다. 실리콘밸리에서 필자가 경험한 30년 동안 소스코드관리시스템을 사용하지 않은 회사는 하나도 없었다. 그런데 국내 소프트웨어 회사에서 '공감대가 없어서 사용하지 못하겠다'는 것은 무지의 극치라고 생각할 수밖에 없다. 그런데 지금 국내에서 벌어지는 이슈관리시스템의 상황이 소스코드관리시스템의 5년 전 상황하고 비슷한 것 같다. 앞으로 5년 후만 되면 모든 회사가 이슈관리시스템을 사용하고 있을 것이다. 하지만 사용은 하되 제대로 사용하는 회사는 많이 봐야 대충 10% 정도일 것이라고 예상한다. 더 중요한 것은 제대로 사용하는 것이다.

공감대가 가장 없었던 역사적인 인물들을 나열해 보자. 잭 웰치, 스티브 잡스, 제갈량, 손무, 예수, 소크라테스, 석가모니이다. 공감대가 좋았던 경우는 김일성과 히틀러의 정권 초기이다. 혁신적인 이슈로 강언을 했을 때 50% 이상이 공감하면 잘못된 것이다. 그것은 혁신적인 이슈가 아니라는 것을 의미한다. 많은 사람이 공감대를 가질 수 있다면 대부분 선동가나 사기꾼이다. 선각자와 공감대는 본질적으로 서로 모순된 용어이다.

'오늘 회식은 어느 식당으로 갈까, 무슨 영화를 볼까?' 이런 이슈는 혁신적인 이슈가 아닌 100% 공감대의 이슈이다. 그런데 이럴 때는 공감대를 찾지 않고 독재자의 선호도에 의한 결정을 우선시 한다. 필자가 우리나라에서 경영을 했을 때 회식장소의 선정은 직원들의 비밀투표에 의한 선호도 조사로 결정했었는데 100% 거의 예외 없이 패밀리 레스토랑이었다. 삼겹살과 소주집은 소수 의견으로조차 나오지 않았다. 물론 회식장소 선정은 잘못 선정했을 때의 피해가 크지 않기 때문에 경영자가 독재를 해도 문제가 되지 않는다.

문제는 이것을 구분해야 한다는 것이다. 감정적인 이슈를 논리적으로 해결하려 들고, 논리적인 이슈를 감정적으로 해결하려 들고, 공감대가 필요한 이슈를 독단으로 하고, 독단으로 결정할 이슈에서 공감대를 찾는 일은 이제 그만두어야 한다. 그러나 국내 소프트웨어 업계에서는 이러한 일이 비일비재하게 일어난다.

이 책에서 '사회생활 잘하는 법'을 가르치려는 것은 아니다. 사회생활에서는 논리와 감정, 공감대와 독단을 적절히 혼용해서 사용하는 것이 인간관계상 부드럽다. 상대방의 성격을 판단해서 적절히 섞어서 사용해야 한다. 그런 방법은 독심술을 비롯해서 인간관계에 대한 낳은 책이 있으므로 거기서 배우면 된다. 민주화, 대중의 뜻, 다수결, 공감대를 자기 이익에 맞게 잘 사용하는 정치인에게서 배우면 된다. 그러나 기억해야 할 것은 그들이 국민을 위하는 것이 아니듯, 그런 사람들은 회사를 위하는 것이 아니라는 점이다. 자기들의 이익을 위해서 공감대를 이용하는 것뿐이다.

"나는 성공하는 비결을 알지 못한다.
그러나 실패하는 비결은 모든 사람을 만족시키려 하는 것이다".
미국의 전설적인 연예인. 빌 코스비

선각자는 단어의 정의상 외로울 수밖에 없다. 단어 자체가 공감대를 형성할 수 없다는 것을 의미한다. 과거의 선각자는 공감대는커녕 반대파에게 죽음을 당하지 않으면 다행이었다. 진리는 오랜 시간이 걸려서 공감대를 형성할 수는 있으나 이미 경쟁은 끝나고 망한 다음이다. 모든 사람을 설득시키고 공감대를 얻기가 얼마나 지루하고 많은 시간을 뺏기는지 알아보자.

실제로 우리나라 어느 산속 깊은 곳에 있는 사찰 마당에 불도저가 있었다. 올라올 길은 도저히 보이지 않았다. 그러니까 절을 방문하는 신도들이 신기해서 계속 물어봤다. 물어보는 사람은 한 번 물어보는 것이지만 답해야 하는 사람은 하루에 수백, 수천 번 같은 답을 해야 했다. 그래서 불도저 앞에 큰 팻말로 '이 불도저는 헬리콥터가 운반해 온 것이니 묻지 말아주세요'라고 써 붙였다.

산악자전거를 타는 필자에게도 거의 모든 사람이 "위험하지 않느냐"고 묻는다. 한두 번도 아니고 짜증나는 질문이다. 이때 "위험한 데는 가지 않는다"는 것이 필자가 생각해낸 가장 간단한 답이다. 그럼 "힘들지 않느냐"는 두 번째 질문을 받는데 이때는 "힘든 데는 가지 않는다"고 답한다. 그게 수천 번 되풀이 되는 질문을 가장 간단히 처리하는 길이다. 한걸음 더 나아가 요새는 아예 산악자전거 얘기를 하지도 않는다.

어느 한 회사에서 "왜 이슈관리시스템을 사용해야 하느냐"고 세 번 이상 묻는다면 팻말을 붙여 놓을 수도 없으니 필자는 그 회사를 포기한다. 경험상 인내심을 갖고 같은 답을 여러 번 해도 필자의 의견에 부합하는 결론에 이르지 않았다. 답을 하면 또 반론을 하고, 사례를 들어 설명하면 다른 사례로 반론하는 끝없는 논쟁이 벌어진다. 물어보는 사람은 진짜 궁금해서 물어보는 것이지만 필자에게는 너무 피곤한 일이다. 미래에 벌어질 소모적인 과정을 잘 알기 때문에 시작부터 아예 포기하는 것이 필자에게는 현명하다. 어차피 설득이 될 확률은 없기 때문이다. 결국 그런 회사의 결론은 모두 하나다. '공감대를 얻지 못하면 진행하기가 어렵다'는 것이다. 이게 바로 공감대의 정체다.

통찰력이 없고 소심한 경영자의 가장 안전한 경영방법은 공감대 형성이다. 물론 회사 오너가 아닌 상태에서 1~2년이라도 목숨을 연장하려면 공감대를 형성해서 직원들에게 인심을 얻어 두는 것이 좋을 것이다. 하지만 생존의 전쟁에서 이겨야 한다면 공감대는 최악의 결정인 것이다. 그래서 그런지 필자는 '공감대' 얘기를 하는 회사 치고 역량있는 회사를 지금껏 보지 못했다. 공감대는 하기 싫은 일이 있을 때 반대하는 사람이 많은 경우 써먹는 극히 정치적인 용어다. '합리적인 이유는 없지만 많은 사람들이 싫어합니다'라는 얘기다. 공감대라는 아름다운 용어를 모욕하지 않기 바란다. 민주주의라는 용어도 얼마나 아름다운 용어인가? 민주주의를 사리사욕에 악용하는 정치인은 민주주의라는 단어에 대해 용서를 구해야 한다고 생각한다. 공감대와 결단력

은 이슈에 따라 다르게 적용해야 한다. 아무 때나 공감대를 들먹이지 않기 바란다.

공감대로 결정해야 하는 주제는 회식장소처럼 심각하지 않은 주제이다. 회사에서 모든 주제를 통찰력으로 정하는 것이 공감대로 정하는 것보다는 상대적으로 위험성이 적고 더 좋은 결과를 준다. 우리는 공감대가 남용되는 세상에 살고 있다. 혁신을 하려면 공감대를 과감히 버려야 한다. 잭 웰치나 스티브 잡스처럼 소신있게 나가야 한다.

12 개발자를 바보로 만드는 문화

인간의 두뇌가 무엇인가에 집중해서 생각할 수 있는 역량에는 한계가 있다. 두뇌 파워를 가장 많이 사용하는 바둑을 보면 세계 정상급 선수들의 게임이 몇 시간에 불과한 정도이다. 당구의 경우에는 20분 정도라고 한다. 유럽에서 당구는 상금도 몇 억씩 되는 귀족 스포츠이다. 그러나 한국에 오면서 담배나 피고 스트레스나 해소하는 게임으로 전락했다. 사실 국내 동호인 당구의 대부분은 국제 표준이 아니라 한국에서만 존재하는 오락용 게임이다. 갈라파고스 진화 중의 하나인 것이다. 정식 당구 종목 중에 국제식 3구 게임이 있는데 외워야 하는 시스템도 많고 복잡한 전략이 필요한 지식 게임이다. 필자가 당구 아카데미에서 배우면서 알게 된 것이 세계 정상급 선수들의 집중력이 시합에서 20분 정도 지속된다고 한다. 그 말은 20분 동안은 생각을 집

중해서 당구를 칠 수 있지만 20분 이상이 지나면 습관에 의해 대충 친다는 말이다. 정상급 대회에서 대충 친다는 것은 패배를 의미한다. 한 게임에 대충 1시간 정도 걸린다고 하면 그 귀중한 20분의 집중력을 적절히 분배해서 사용해야 한다. 그래서 볼이 너무 어렵게 배치되면 어차피 생각하나 안하나 마찬가지이기 때문에 대충 생각하고 친다고 한다. 그만큼 집중력을 아껴서 쓴다. 한 시간을 넘게 친다는 것은 생각이 아닌 습관에 의해서 친다는 것을 의미한다. 몇 시간 이상 바둑을 둘 수 있다는 것도 대충 둔다는 것이다.

그러면 소프트웨어 개발자의 평균 집중력은 얼마나 될까? 필자 경험과 실리콘밸리 소프트웨어 회사의 관행을 보면 하루 8시간이다. 물론 엄청나게 복잡한 문제에 고도의 집중력을 요구하는 때에는 한두 시간만 집중해도 머리가 아파서 더 이상 생각을 못한다. 실리콘밸리에서 개발하는 소프트웨어의 평균 난이도와 평균 개발자로 보았을 때 하루 8시간이다. 반대로 8시간 이상 일을 한다면 대충 일하고 있는 것이다.

필자가 갑자기 개발자를 불러서 회의를 하게 될 때면 그 개발자에게 매우 미안하게 생각한다. 필자가 부름으로 해서 그 개발자가 개발 중간에 인터럽트를 당한다면 엄청난 손실이기 때문이다. 개발자는 하루종일 혼자서 일할 수 있어야 한다. 공유해야 할 이슈가 있다면 자기가 집중력을 회복하기 위해 쉬는 시간에 이슈관리시스템을 보면서 처리하면 된다. 하지만 자신이 집중하고 있는 중에 누가 불러댄다면 처음부터 다시 시작해야 한다. 이를 '일체성'이라고 한다. 한 번에 완성되지 않으면 처음부터 다시 만들어야 한다. 바둑도

마찬가지고 당구도 마찬가지이다. 조엘 스폴스키는 그의 책에서 "개발자가 한 번 전화를 잠깐 받으면 원상복구하는 데 평균 30분이 걸린다"고 했다. 하루에 전화 다섯 번을 받고, 회의에 몇 차례 다녀 오면 개발 일은 할 수가 없다는 것이다. 그래서 관리자나 영업 직원은 자주 불러서 대화하는 것이 좋고 미안해할 필요가 없지만 개발자를 부를 때는 조심해야 한다. 자신이 한가하다고 개발자가 있는 곳을 배회하면서 "잘 되어가냐"고 말 시키는 관리자는 개발자를 관리하는 관리자로서의 자격이 없다. 분위기를 파악하고 싶으면 멀리서 살펴보면 된다. 격려한다고 개발자를 방해하면 안 된다.

회사에서 벌어지는 대부분의 보고나 회의는 진짜 필요해서 한다기보다는 사람이 근처에 있으니까 하는 것이라고 생각하면 된다. 사람이 없어서 회의를 못 한다고 해도 문제가 되지 않는다. 회의는 규칙적으로 아껴서 해야 하는 것이 정상이고 만약에 회의를 수시로 못 해서 개발을 못 한다면 이미 희망이 없는 회사라는 증거이다. 그래서 글로벌 회사가 되기 위한 조건 중의 하나에 '회의가 적어야 한다'는 것이 포함된다. 같은 맥락으로 개발자가 집에서 전화 없이 일할 수 있어야 된다. 그 대신 자발적인 커뮤니케이션과 성과의 투명성은 기반시스템을 통해서 실시간으로 파악이 가능하게 만들어 놓아야 한다. 그런 커뮤니케이션 방법도 없이 블랙홀 속에서 일하라고 한다면 실리콘밸리를 어설프게 흉내낸 결과로서 재앙이 찾아온다.

개발팀에는 소프트웨어의 전체 구조를 담당하는 극단적인 지식 산업인 아키텍트부터 조금씩 지식 산업적인 요소가 떨어지는 고참 개발자, 초급 개

발자 등 다양한 개발자 구성원이 있다. 해결해야 하는 문제의 복잡성과 한 번에 중단 없이 일체성 있게 처리해야 하는 지식의 양으로 볼 때 아키텍트는 가장 많은 집중력이 요구되는 극단적인 지식근로자이다. 바둑에서 '미래 몇 수를 내다볼 수 있는가'에 따라 승패가 갈리듯이 소프트웨어 개발도 '미래에 어떤 영향을 미칠 것인가'를 생각해서 구조를 설계할 수 있는 역량이 아키텍트의 능력이며 이 창조력과 집중력은 유전적인 능력에 기반해서 후천적인 노력으로 향상시키는 것이다.

아키텍트는 창조적이고 작은 양의 산출물을 만들어 내는 반면, 코딩을 담당하는 개발자는 더 많은 산출물을 만들어 낸다. 그렇지만 하루에 수천 줄의 소스코드를 썼다는 것은 타이핑하는 노동의 일이지 지식 산업이 아니다. 하루에 소스코드를 많이 적었다는 것은 자랑이 아니다. 특히, 초급 개발자가 두려움 없이 똑같은 소스코드를 여러 개의 파일에 복사해서 적는 것은 언젠가는 터지는 시한폭탄이다. 만약 고참 개발자가 그런 짓을 한다면 해고 대상이다. 시간이 더 들더라도 공통 함수를 만들어 소스코드 복사를 피해야 한다. 복사하면서 대량 소스코드를 만드는 일은 생각이 요구되는 것이 아니라 타이핑이 주인 노동 산업이다.

집중할 수 있는 개인 역량의 한계에 따라 아키텍트와 고참 개발자가 구별되는데 아키텍트는 태어날 때부터 결정되는 역량이기도 하다. 고도의 집중력이 요구되는 아키텍트는 하나의 이슈를 며칠 밤에 걸쳐 해결해야 할 경우도 있다. 아키텍트를 양성할 수 없는 이유 중의 하나이다. 양성은 못 하지만 소질을 가지고 있는 사람이 성장할 수 있는 환경을 만들어주면 된다. 환경을 오

염시켜 놓는다면 아키텍트가 나올 수 없다. 고참 개발자는 오래 있으면 다 될 수 있지만 아키텍트가 될 수 있는 소질을 가진 사람은 필자의 경험상 10%도 안된다. 당연히 고참 개발자가 하는 일이 아키텍트에 비해 집중력도 낮고 난이도가 낮다. 설계가 끝난 뒤에 코딩을 하는 개발자는 더 난이도가 낮다. 그래도 초급 개발자는 자기가 가지고 있는 집중력을 모두 발휘해서 코딩을 해야 하기 때문에 그 수준에서는 역시 8시간을 일하는 지식 산업인 것은 마찬가지이다. 만약에 아키텍트에게 프로그래밍을 하라고 하면 역량에 비해 낮은 집중력이 요구되기 때문에 더 많은 시간을 일을 할 수 있을 것이다. 하지만 그런 상황은 아키텍트를 벽돌공으로 사용하는 것이다.

필자가 바둑 아마 5단을 따면서 한때 바둑 프로기사를 꿈꿨던 적이 있었으나 바둑 프로기사에게 요구되는 집중력이 없다는 것을 깨닫고 포기했다. 열정이 없는 것이 아니라 자신의 능력과 현실을 정확히 인식하는 것이 중요

글로벌 소프트웨어를 말하다

하다. '아키텍트의 삶을 살 것인가, 고참 개발자의 삶을 살 것인가'를 선택할 수 있는 소수의 경우에 어떤 삶이 좋을지는 가치관에 따라 다르기 때문에 옳다, 그르다의 문제는 아니다. 대부분의 개발자는 고참 개발자로서도 행복하게 살 수 있고 고도의 집중력이 요구되는 아키텍트가 전혀 부럽지 않을 수도 있다. 아키텍트는 책임도 크고 스트레스도 많다. 필자가 절대로 CEO가 되지 않겠다는 것도 비슷한 맥락이다. 어차피 다 회사에서 필요한 인력이고 대부분은 고참 개발자의 경로를 가게 될 것이다. 사실은 아키텍트와 고참 개발자 즉, Senior Engineer와의 구별은 애매모호하고 실리콘밸리에서도 혼용해서 사용한다. 국내에서 관료주의적인 발상으로 억지로 분류해 놓은 단어에 불과하다. 그러니 아키텍트라는 단어에 집착하기보다는 고도의 집중력이 요구되는 책임이 큰 구조적인 설계 일을 하고 있다면 국내의 용어인 아키텍트에 해당한다고 볼 수는 있을 것이다. 그러니 아키텍트를 양성한다고 하는 것은 갈라파고스적인 발상이라고밖에 볼 수가 없다. 도대체 아키텍트의 정의가 무엇이고 어떻게 양성하겠다는 것인가? 누가 필자에게 "아키텍트 자격증이 있다"고 자랑스럽게 얘기한다면 필자는 "필자를 비롯한 실리콘밸리의 개발자 중에 그런 자격증을 가진 개발자는 본 적이 없다"고 말할 것이다.

필자가 책을 쓸 때도 서너 시간 이상을 쓰면 집중력이 떨어져 건성건성 시간만 보내고 효율은 나지 않는다. 한 꼭지를 집중력이 떨어지기 전에 완성하지 못하면 처음부터 다시 시작해야 한다. 지식 산업이기 때문이다. 회사의 경영자나 관리자가 개발자에게 요구하는 많은 업무시간, 잦은 회의, 수시로 불러대는 보고 문화는 개발자에게서 집중력을 빼앗고 일을 비효율적으로 만

드는 문화이다. 회사가 어디선가 잘못되고 있다는 명백한 증거이기도 하다. 그런 문화에서 글로벌 소프트웨어가 나온다면 기적이다. 개발자가 집중력을 발휘할 수 있게 재택근무를 할 수 있는 환경이 되어 있어야 한다. 그런 환경에서 회사에 나와서 일하는 것이 선택사항이어야 한다. 단, 투명성은 절대 필요조건이다. 지금 무슨 일을 하고 있는지, 오늘 무슨 일을 했는지를 누구나 언제든지 파악할 수 있게 기반시스템이 되어 있어야 한다. 이것이 바로 실리콘밸리에서 수많은 개발자가 재택근무를 할 수 있는 이유이다. 글로벌 소프트웨어를 만들기 위해 집중력을 사용할 수 있도록 개발자에게 제공해야 하는 문화인 것이다.

13 죄수의 딜레마와 엘리트 카르텔

두 공범이 잡혀왔고 따로 취조를 받는 상황에서 둘 다 죄를 자백하면 모두 징역 5년형, 한 명이 자백하고 다른 한 명이 자백하지 않으면 자백한 사람은 무죄, 자백하지 않은 사람은 20년형, 두 사람이 다 자백하지 않으면 둘 다 무죄 처분을 받는다고 하자. 이 상황에 처한 두 공범의 처지를 "죄수의 딜레마"라고 부른다. 두 명의 공범이 상대방을 믿는다면 둘 다 무죄로 나오겠지만 현실에서는 그렇지 못하다. 대부분 둘 다 죄를 자백해서 모두 징역 5년형을 받게 된다. '지역주의'로 대변되는 우리나라의 투표성향을 비롯한 많은 사회문제가 죄수의 딜레마에 빠진다. 즉, 이기주의적으로 행동하다가 집단이 모

두 손해를 보는 상황이다.

반면에 협동적인 행동으로 죄수의 딜레마를 해결하고, 그룹의 생존을 유지해온 동물의 지혜는 의미하는 바가 크다. 동물의 전략은 의외로 간단하다. 'Tit-for-Tat', 그대로 번역하면 '서로 때리기'이고, 뜻은 '동일한 복수(Equivalent Retaliation)'를 의미한다. 즉, "이에는 이, 눈에는 눈"이라는 전략이다. 현대에도 가장 효율적인 게임 전략으로 알려져 있는데 다음 네 가지 행동양식을 기본으로 한다.

∨ 일단 상대방을 믿고 협조한다(초기 신뢰).

∨ 상대방이 협조하면 계속 협조한다(신뢰 유지).

∨ 만약 상대방이 배신하면 같이 배신한다(응징).

∨ 배신한 상대방이 협조하면 다시 협조한다(용서).

인터넷에서 P2P(Peer-to-peer) 파일 공유 네트워크가 성립하는 이유가 바로 이 때문이다. 상대방과 공유하려면 나도 공유하게끔 시스템적으로 만들어 놓았다. 동물은 먹이를 사냥할 때나 포식자를 경계할 때 이 전략을 사용한다. 즉, 비협조적인 동료는 따돌림을 당한다. 그리고 보면 옛날 우리 선조들이 전쟁터에서 죽음을 각오하고 가장 앞 줄에 서서 용감하게 공격할 수 있었던 것을 보면 현대인보다는 훨씬 더 사회성이 높았던 것 같다.

이 Tit-for-Tat 전략은 반복적인 상황에서는 효과적이지만 한두 번으로 끝나는 상황에서는 잘 먹히지 않는다. 한 번 배신해서 이익을 취하고 도망가

면 되기 때문이다. 대표적인 문제가 우리나라 결혼문화이다. 서로를 괴롭히는 결혼문화의 병폐를 문제가 아니라고 생각하는 사람은 한 명도 없다. 하지만 자신이 당사자가 되면 답습을 그대로 따라한다. 여기에서의 전략적 사고는 '일생에 한 번의 기회이니까 그 순간에 배신을 하더라도 가장 큰 이익을 취하겠다'는 것이다. 신랑 신부측 모두 최대 한도로 이익을 보려고 할 것이다. 결혼을 백 번 한다면 Tit-for-Tat 때문에 결혼문화가 바뀔지 모르지만 당분간은 바뀌지 않을 것이다. 착한 선각자만 손해 보게 되어 있다.

소프트웨어 회사에서 동료검토의 상황을 보면 '내가 남들 것을 안 해주면, 남들도 내 것을 안 해준다'는 것이다. 게임 이론에서는 Tit-for-Tat이 최선의 전략이라고 하더라도 최고의 지식 산업이라는 소프트웨어에서는 조금 현명해질 필요가 있다. 동료검토가 과연 누구를 위한 것인가를 생각해야 한다. 동료검토를 하지 않고 혼자서 비밀스럽게 일하는 개발자는 여러 동료에게 분산해서 피해를 주지만 자신도 알게 모르게 항상 피해를 입고 있다. 나중에 경력이 오래되어도 왜 실력이 늘지 않고 연봉이 적은지 궁금해하지 않기 바란다. 다 자신이 저질러 놓은 필연적인 업보로 받아들여야 한다.

교차로에서 '꼬리물고 끼어들기' 문제는 그 교차로의 집단에서는 딱 한 번 발생한다. 다음 교차로는 다른 집단이기 때문에 이전 교차로에서 내가 했던 이기적인 행동을 아무도 모르니 복수를 당하지 않을 것이다. 그래서 Tit-for-Tat이 이런 상황에서는 자율적으로 해결되지 않는다. 그래서 정부가 강제로 벌금을 부과한다는 것은 좋은 정책이다. 소프트웨어 회사에서 Tit-

for-Tat 상황인지 아닌지는 구성원의 관점의 폭에 달려 있다. 내일 퇴사할 회사인 경우와 평생을 일할 회사라고 생각하는 경우와는 취할 전략이 다르다. 그런데 폭을 넓혀서 내가 소프트웨어 업계에서 평생을 있을 것이라고 생각하면 또 다르다. 소프트웨어 업계 전체를 그룹으로 보고 내가 오랫 동안 살아야 한다면 Tit-for-Tat 전략을 따라 협조하는 것이 현명하다. 내일 퇴사하는 회사에서는 복수를 당하지 않는다 해도 다른 회사에서 자신과 똑같은 사람에게 복수를 당할 것이다. 세상은 돌고 돈다. 결국은 관점의 폭이 문제이다.

소스코드에 주석을 달지 않고 문서를 남기지 않음으로써 나는 한 시간을 절약하지만 다른 사람은 열 시간을 손해 본다. 반대로 주석을 달고 문서를 남김으로써 나는 한 시간을 손해 보지만 다른 사람은 열 시간을 절약한다. 어느 것을 택하겠는가? 내가 현재 회사에서 주석을 남기지 않고 다른 회사로 이직을 했는데 거기에 있는 소스코드에 주석이 없다면 복수를 당한 것이다. 소프트웨어 업계의 누군가가 당신에게 복수할 것이다. 개인으로서와 회사로서의 입장이 다르고 단기와 장기적인 관점에서 답이 다를 수 있지만 국내 소프트웨어 업계 전체를 그룹으로 본다면 답은 하나이다.

필자가 미국과 우리나라의 소프트웨어 업계에 있으면서 느낀 점이 우리는 아무리 좋은 것이 있어도 자기 개인한테 직접적으로 좋은 것이 아니면 행동하지 않는다는 것이었다. 그룹 이익으로 인한 장기적이고 간접적인 혜택은 고려 대상이 아니고 개인에게 직접적인 혜택을 주는 행동이 선호되어 왔다. 미국인이 원래 인간성이 좋아서 그룹 이익을 위해 상대적으로 많은 노력을 하는 것인지, 아니면 처음부터 시스템이 그렇게 행동하도록 만든 것인지

는 인과관계가 확실치 않다. 하지만 분명한 것은 시스템이 많은 영향을 준다는 것이다. 바로 투명성 있는 시스템이다. 투명하다는 것은 동료로부터의 사회적 압력(Peer Pressure)를 유발한다. 내가 어떤 행동을 하는 것을 항상 다른 사람들이 지켜 보고 있다는 것이 죄수의 딜레마처럼 이기적으로 행동하기 어렵게 만든다. 투명성이 자신한테 직접적으로 도움이 되는 경우는 없지만 그룹 이익에는 도움이 된다. 결국 투명성이 중요한 산업은 이기주의적인 사회에서는 경쟁력이 떨어질 수밖에 없다. 그런 면에서 소프트웨어가 지식산업의 특성상 가장 투명성이 중요한 분야이다.

각 나라 사람들은 세계의 이익보다는 자국의 이익을 최우선으로 한다. 다른 나라와 이익이 상충되는 경우 자국의 이익을 위해 일하는 사람이 훌륭한 정치인으로 취급된다. 국제적인 윤리도 별로 중요하지 않다. 국제법만 최소한도 지키면서 각자의 이익을 찾는 것이 훌륭한 정치인이다. 기업인도 마찬가지다. 국가의 이익보다는 자기 기업의 이익이 우선이다. 임원도 마찬가지다. 자기 부서의 성공이 우선이고 회사의 이익은 두 번째다. 직원도 부서의 이익보다는 본인의 일신이 중요하다. 이런 죄수의 딜레마 속에서 사는 우리들이 어떻게 사회 정의를 외칠 수 있을까? 강제화된 시스템의 투명성만이 이런 불합리를 조율해 줄 수 있다. 인간의 본능을 억제할 수 있는 유일한 방법이다. 시스템이 불투명한 곳에서 아무리 세계의 평화를 부르짖어야 죄수의 딜레마에 진다. 허공에 찬 메아리이다.

우리나라는 연줄 네트워크가 중요한 청탁사회다. 미국 콜게이트대학 정치학과의 마이클 존스턴 교수는 각국의 부패 현상을 네 가지 유형으로 설명

했다. '독재형, 족벌체제형, 엘리트 카르텔형, 로비 시장형'이 그것이다. 그는 우리나라를 엘리트 카르텔형의 대표 국가로 꼽았다. 우리나라 엘리트 카르텔이 위력을 발휘하는 핵심 고리는 소위 엘리트 지식인들 사이의 청탁이다. 미국에서는 비리로 당장 잡혀 들어갈 만한 경우도 우리나라에서는 자랑스럽게 과시를 하는 것을 많이 보았다.

죄수의 딜레마에서 개인의 이익을 최대로 추구하는 것이 바로 이 엘리트 카르텔이다. 소수의 엘리트 집단이 자기집단의 최대의 이익을 추구하는 것이다. 한국의 소프트웨어 산업은 개발자나 소비자를 위해서라기보다는 이너서클(Inner Circle, 소수의 핵심권력집단)이라고 할 수 있는 대기업, 교수, 국회, 정부, 언론과 같은 엘리트 계층의 이익을 위해 많은 정책이 결정되어 왔다. 무지한 대중들은 엘리트 권력의 이너서클에 이용당할 수밖에 없는 상황이다. 소프트웨어 업계의 개발자나 소비자에게 피해가 가더라도 엘리트 카르텔에 이익이 된다면 곡학아세, 혹세무민, 법을 이용해 얼마든지 실행할 수 있다. 국내 소프트웨어 업계가 글로벌과는 다르게 진화해 온 중요한 이유 중의 하나이다. 국내 보안이나 금융권의 IT 기술이 독특하게 진화해 온 것도 엘리트 카르텔의 이익 때문이다. 특히 이렇게 복잡한 이슈일수록 대중들은 이해를 못하기 때문에 엘리트 카르텔의 좋은 목표시장이 된다. 미국의 금융위기도 그래서 발생했다. 결국 손해 본 것은 일반 국민이었고 뉴욕증권가의 사람들은 금융위기 전이나 후나 변함없이 많은 돈을 챙겼다. 이렇게 집단의 이익이 극대화된 최악의 케이스가 바로 엘리트 카르텔이다.

파레토의 법칙 '20:80'은 자연의 법칙이니 순응하겠지만 1%가 99%의 혜택을 가져간다면 건전한 생태계라고 볼 수 없다. 그런 생태계의 피해는 결국 생태계의 일원인 엘리트 카르텔에게도 언젠가는 되돌아간다. 시간이 오래 걸릴지는 모르지만 그것이 죄수의 딜레마의 진리이다. 우리의 후손으로부터 '우리나라가 소프트웨어에서 선진국이 될 기회를 엘리트 카르텔 때문에 놓쳤다'는 역사의 평가를 받지 않으려면 각성해야 한다. 초기 로마시대 때 왕과 귀족들이 보여준 투철한 도덕의식과 솔선수범하는 공공정신에서 비롯된 노블레스 오블리주가 필요한 시점이다. 마찬가지로 개인으로서도 소프트웨어 업계 전체를 대상으로 생각의 폭을 넓힘으로써 Tit-for-Tat의 복수의 대상이 되지 않기를 바란다. 내가 뿌린 씨는 어디선가 되돌아 온다.

14 좋은 고객서비스가 글로벌 소프트웨어의 장애물이다

필자가 국내 소프트웨어 회사들이 글로벌로 진출하겠다고 했을 때 가장 난감해 하는 부분이 바로 "고객서비스가 좋다"고 자랑하는 것이다. 그 말을 듣는 순간 직감적으로 '어렵겠구나' 하는 생각이 든다. 얼마 전 국내 서비스를 완전히 종료한 야후코리아의 한 임직원이 자신의 블로그를 통해 '한국을 떠나는 외국기업들: 침략자를 몰아낸 집주인의 승리인가?'라는 글을 블로그에 올린 적이 있다. 모토로라와 HTC, 리서치인모션(RIM)이 줄줄이 짐을 쌌다. 이는 비단 IT 업체에만 국한된 일은 아니다. 골드만삭스자산운용도 철수

했다. 이쯤되면 세계적인 외국 기업을 이긴 자랑스런 국내 기업들이라고 흐뭇해 할 만하다. 그러나 실상을 알고 나면 씁쓸하다.

그 원인을 분석해 보자. 먼저 대부분의 국내 언론사가 "외국회사가 국내 IT 트렌드를 따라잡지 못한 것"이라고 했다. 하지만 외국기업이 하는 얘기는 다르다. 외국계 기업이 토종기업과 승부를 겨루기엔 출혈이 너무 큰 데다 명분도 딱히 없을 정도로 한국 시장은 매력도가 중국이나 동남아시아 시장에 비해 크게 떨어진다는 점을 꼬집었다. 더 효율성이 있는 시장에 자원을 집중하기 위해 한국 시장을 버린다는 것이다. 결론적으로 한국은 외국기업이 효율적으로 성공을 도모할 수 있는 시장이 아니다. 실패한 회사의 변명으로 듣기에는 생각해 볼 점이 많다.

국내에서 성공한 회사라면 거의 공통적으로 하는 말을 적어보자.

> "국내 시장은 성장 속도가 매우 빠르고 소비자들의 적응력이 뛰어납니다.
> 이처럼 성장성과 가능성이 무궁무진한 만큼
> 한국 소비자들은 까다롭다고 생각합니다. 그 까다로운 소비자의 만족에
> 응하는 회사가 되기 위한 노력이 성공의 비결입니다."

진부한 말처럼 들리지만 적어도 국내 성공의 핵심적인 전략을 얘기하기는 한다. '까다로운 소비자의 입맛을 빨리 맞추어 준다'는 것이다.

우리나라에서는 대부분의 회사가 글로벌 기준에서 봤을 때 환상적인 고객서비스를 가지고 있다. 지역적인 협소함으로 직접적인 방문이 가능하다는

것이 근본 이유이다.

필자가 우리나라에 와서 컴퓨터를 샀을 때 "고장나면 기사가 방문해서 고쳐준다"는 말에 깜짝 놀랐다. 미국에서는 상상도 할 수 없는 서비스였기 때문이다. 이런 좋은 서비스의 가정하에 세워진 성공은 이 가정이 깨어지는 순간에 무너져버린다. '세상은 우물 안이 전부'라고 생각하는 우물 안 개구리의 가정이다. 미국 캘리포니아주의 샌프란시스코와 로스앤젤레스의 거리가 서울과 부산보다도 멀다. 요즘에는 안 그렇지만 옛날에는 로스앤젤레스에 놀러가니까 샌프란시스코에 있는 사람에게 마중나오라고 한 적도 있다. 실리콘밸리에서 뉴욕까지는 비행기로 6시간을 가야 한다. 그런데 고객이 미국 방방곡곡에 있다고 가정해 보자. 근본적으로 방문 서비스라는 것은 불가능하다는 결론이 쉽게 나온다. 또 인건비가 비싸기 때문에 전화응대 서비스도 좋지 않다. 그래서 전화응대 서비스는 인도나 필리핀 같은 영어권의 회사에게 외주를 주기도 한다. 영어 발음이 다르니까 미국식으로 발음 교정도 미리 시킨다. 서비스 직원이 사투리로 받을 수는 없다. 이런 상황에서 국내 회사처럼 환상적인 고객서비스를 받는다는 것은 불가능하다. 비행기 타고가서 호텔에 묵으면서 서비스를 할 수는 없다.

실제로 국내 회사가 미국에 가전제품을 팔았다가 엄청난 손해를 본 적이 있다. 가전제품에 문제가 생겼는데 서비스 직원이 직접가서 부품을 교체해주지 않으면 안 되는 경우였다. 안 해주면 소송을 당할 테니 미국 전역의 고객을 방문해서 해결했다. 당연히 엄청난 손해를 보았다. 중소기업이었다면 회사는 문을 닫았을 것이다.

글로벌 소프트웨어를 말하다

이런 거리의 제약 때문에 미국에서는 태생조차 불가능한 비즈니스 모델이 바로 공인인증서 모델이다. 공인인증서를 받기 위해서는 서류를 들고 회사를 방문해야 한다. 이런 방문 모델이 성립하기 위해서는 수많은 지사를 가지고 있어야 하기 때문에 수지타산이 맞지 않는다. 그러니 미국에서는 이런 모델은 생겨나지 않는다. 공인인증서 사업모델도 국내용 모델인 것이다. 글로벌 회사가 될 수 있는가 아닌가를 평가할 때 고객이 직접 방문을 하는 모델로 만들었다면 일단 아니다.

필자가 사용하는 아마존의 EWS라는 호스팅 서비스는 고객서비스를 위해 전화할 곳도 없다. 그냥 웹에서 스스로 알아서 다 처리해야 한다. 기껏해야 기술지원 사이트에 글을 올리면 답해 주는 것이 유일한 고객지원 서비스이다. 그런데 그 서비스를 이용할 필요가 전혀 없었다. 오랫동안 사용해 왔지만 고객서비스를 요청할 문제가 한 번도 없었기 때문이다. 국내의 호스팅 업체는 플랫폼의 선택도 몇 개 없고, 기능도 많이 떨어지고, 가격도 비싸지만 단 하나 아마존보다 좋은 것이 수시로 전화할 곳이 있다는 것이다. 이런 고객서비스가 모든 기능의 열등 속에서도 경쟁해서 이길 수 있는 국내 모델의 특징이다. 미국은 인건비가 비싸 이런 식으로 비즈니스를 했다가는 수지타산이 안 맞는다. 역시 인건비가 싼 국가에서만 생존할 수 있는 모델이다.

국내 고객이 갖고 있는 제품에 대한 기대치와 인내심에 대한 필자의 경험을 하나 더 들어보겠다. 필자가 신축 아파트에 입주한 적이 있다. 이사하고 나서 하자보수건으로 수많은 곳에 전화를 해야 했다. 인터넷 설치부터 가스 연결까지 문제가 없는 데가 없었다. 그런데 전화하면 엄청나게 친절하게

응대하고, 서비스 기사가 금방 출장나온다. 똑같은 문제로 몇 번씩 오기도 한다. 하여튼 신속히 고쳐주긴 하니까 큰 문제는 없다. 근본적으로 아예 시작할 때부터 '적당히 불량품을 만들어 놓고 고객서비스를 잘해준다'는 전략이다. 고쳐 놓고 안 되면 다음 날 또 온다. 고객은 고객 나름대로 그런 관행을 당연히 받아들이는 것 같다. 필자가 미국에서 전자제품을 샀을 때는 고장나지 않기만을 바랬다. 한 번 고장나면 얼마나 복잡하고 귀찮은 과정이 되는지를 알기 때문이다. 국내 고객 같으면 상상도 할 수 없는 나쁜 고객서비스이다. 그래서 그게 싫으면 고장 시에 새 제품으로 교환해주는 품질보증서비스를 구매하면 되는데 그게 꽤 비싸기 때문에 원래 예상했던 가격보다 20%씩 올라가기도 한다. 고장이 안 나면 버리는 보험성 돈이니 아깝다. 전자제품 사러갈 때 이 결정을 하는 것이 항상 고민거리였다. 품질보증서비스도 구매하지 않고서 교환해달라고 떼쓰는 것은 절대 통하지 않는다. 떼쓰다가 경찰한테 잡혀가지 않으면 다행이다. 반대로 백화점에서 옷을 사면 정해진 기간 내에는 아무 조건 없이 환불해 준다. 그래서 프롬(PROM)이라고 하는 고등학교 졸업 댄스파티 같이 하루 잠깐 옷이 필요할 때 백화점을 이용하는 얌체 고객도 있다. 주로 후진국에서 온 이민자들이 많이 이용하는데 백화점에서는 다 알면서도 당해준다.

이걸 보면서 '대충 빨리 개발해 내는 국내 소프트웨어 개발문화와 똑같다'는 것을 느꼈다. 안타까운 것은 고객이 원하는 기능을 재빨리 넣어주는 것을 경쟁력이라고 생각한다는 것이다. 국내에서 국내 고객만을 상대로 성공해 보

겠다면 나쁜 전략은 아니다. 하지만 그렇게 하는 순간 글로벌 경쟁력은 없다. 그런 배경을 바탕으로 우리나라와 미국은 제품의 특성이 다르게 된다. 많은 고객을 상대로 아기자기하고 화려하면서도 빨리 고쳐줄 수 있는 국내 회사와 기본 기능과 품질에 치중하면서 다양한 고객의 요구에는 심사숙고하는 미국의 회사와는 다를 수밖에 없다. 당연한 결론은 외국 제품이 국내에서 실패하듯이 국내 제품도 외국에 가면 실패할 수밖에 없다. 고객서비스가 필요 없게 만드는 노력을 해야 하는 것이 글로벌 시장에 팔기 위한 조건 중의 하나이다.

손무가 손자병법에서 "전쟁은 신중하고 무겁게 여겨야 하며, 전쟁을 해서 백전백승하는 것은 하책이고, 전쟁을 하지 않고 이기는 것이 가장 좋은 상책"이라고 했다. 이 말을 여기에 응용하면 "제품을 만드는 것은 신중해야 하며, 백 번 고객서비스를 해서 고객을 만족시키는 것은 하책이고, 좋은 제품을 만들어 고객서비스가 필요 없게 만드는 것이 상책이다"라고 할 수 있다.

'고객서비스'의 정의를 다시 해보자. 불량품을 만들어 놓고 수리를 잘해주는 것이 고객서비스인가, 아니면 좋은 품질을 만들어서 수리를 최소화하는 것이 고객서비스인가? 가장 좋은 고객서비스는 좋은 품질을 만드는 것이다.

지금까지는 단순히 고객서비스의 비용적인 측면에서만 얘기했는데 그 보다 몇 배나 더 중요한 문제를 간과하고 있다. '소프트웨어 회사가 미래에 얼마나 오래 생존할 수 있는가'의 문제다. 불행히도 대부분의 국내 소프트웨어 회사는 똑같은 운명을 거쳐간다. 바로 소프트웨어 아키텍처라고 하는 문제다.

아키텍처는 뼈대이며 구조이다. 어떤 뼈대를 만들 때는 미래의 전략을 고려하고 확장성을 고려해서 만들어야 아키텍처라고 하지, 그 당시의 기능만을 빨리 구현하는 것은 아키텍처라고 할 명분이 없다. 즉, 아키텍처가 좋다 나쁘다의 얘기는 미래의 확장성 때문에 나온 것이다. 지금 만들어서 쓰고 버릴 것이라면 아키텍처라는 것이 무의미하다. 한 번 쓰고 버릴 것인데 시간과 비용을 들여서 아키텍처를 잘 만드는 것은 바보 짓이다. 음식의 경우와 같다. 그래서 레스토랑의 요리에는 아키텍처가 없다. 음식을 멋지게 만들어서 나왔을 때 그것을 미래에 변경할 필요가 없다. 먹으면 끝나기 때문이다. 입 속에 들어가기 전까지만 유지하면 되는 것이다. 생일 케이크를 만들 때는 고객이 이름을 바꾸어 달라고 할 가능성을 생각해서 구조를 만들 필요가 없다.

그런데 국내 소프트웨어 업계에서는 소프트웨어를 요리 만들 듯 한다. 한 번만 버티면 되는 모델이 국내의 통상적인 모델이다. 지금까지 소프트웨어를 개발하면서 '미래에 어떤 제품을 만들지를 고려하면서 지금 제품을 만든 경우가 있었나' 생각해 보자. 항상 지금 만들고 있는 제품에만 모든 정열을 쏟았다. 눈 앞의 것도 제대로 만들 시간이 없는데 언제 미래를 생각할 수 있겠는가?

일부 고객을 포기하더라도 아키텍처를 망가뜨리지 않는다는 것이 글로벌 회사의 전략이다. 모든 고객을 만족시킬 수 없는 것은 마케팅의 기본이기도 하다. 그래서 수시로 변하는 고객의 요구를 신속히 들어줄 수 없는 것이 잘나가는 글로벌 회사의 특징이다. 항상 아키텍처를 생각하고 있기 때문이다. 그

런 결과로 인해 튼튼한 아키텍처 위에 품질 좋은 제품을 만드는 것이다. 미래의 확장성을 고려하지 않는다면 아키텍처라고 부를 자격도 없다. 국내 소프트웨어 업계에서 개발을 하면서 '미래의 제품을 고려한 아키텍처를 심각하게 고려하고 고민한 적이 있었는지' 곰곰히 생각해 보자. 없다면 글로벌 시장에서의 미래는 없다.

어떤 회사도 현재의 국내 고객과 글로벌 고객을 모두 만족시킬 수는 없다. 그건 모순이기 때문이다. 글로벌 회사가 되기를 원한다면 국내 고객의 일부를 포기해야 한다. 미국은 국내 고객과 글로벌 고객이 똑같다. 즉, 같은 전략으로 나가면 된다. 국내 시장의 이런 갈라파고스 문제는 결국 소비자로부터 생겨났다. 회사만을 탓할 일이 아니다. 자기를 편하게 해주는 마약에 중독되지 말고 불편을 감수하더라도 다양한 제품을 사용하는 관용이 결국은 미래에 독과점의 피해를 방지하는 것이며 자신과 소프트웨어 산업을 위하는 길이다. 이미 여러 분야에서 독과점의 피해를 경험하고 있다. 고객이 스스로 자초한 결과이다. 고객서비스는 소비자나 회사나 국가를 위해서 매우 조심해야 할 주제이다.

15 패배로 이끄는 습관의 유혹

인간을 유혹하고 망치는 대표적인 것이 마약과 도박이다. 남자의 경우에는 여자가 추가된다. 모두 많은 돈이 필요하므로 부유층이 더 빠지기 쉽다. 돈 많은 소프트웨어 회사의 경우에도 필요 없는 도구 등에 빠지기 쉬운 유혹이 많다. 그래서 세상은 공평하다.

마약보다도 더 물리치기 어려운 것이 바로 습관이다. 한때 강연비가 제일 비쌌다는 유명한 경제전략가인 개리 해멀은 변화의 어려움을 "개를 두 발로 걷게 하는 것 만큼 어렵다"고 했는데 그 만큼 어려운 것이 습관의 변화이다.

어느 시대에도 권력자에 늘 따라붙는 것은 저항할 수 없는 유혹이다. 국가의 흥망성쇠는 그 유혹을 물리치는 국가 지도자의 덕망에 달려있다. 다음은 전국시대 전략가들의 책략을 편집한 책 중 『전국책』에 나온 이야기인데 국가 지도자들이 유혹적인 습관을 물리친 얘기이다.

> 2400여 년 전, 전국시대에는 10개국이 존재했다. 어느 날, 위나라 혜왕은 타국의 왕들을 초청해 사치스러운 주연을 열었다. 혜왕이 술잔을 들자, 그중에 있던 노나라 13대 국왕인 노공공이 국가의 쇠망을 부르는 요인에 대해 말하기 시작했다.
> "옛날, 술 만들기에 뛰어났던 의적은 뽕잎으로 싼 밥을 발효시켜 만든 술을 우왕에게 헌상했습니다. 우왕은 이 술맛이 매우 마음에 들었지만, 이날부터 일절 술을 끊고, 의적과도 거리를 두게 됐습니다. 우왕은 장래 술로 인해 나라를 망친 왕이 나올 것(후세필유이주망기국자)이라고 한탄했다고 합니다."

노공공은 계속했다. "제나라 환공은 어느 날 밤, 공복감을 느껴 요리사에게 식사를 준비하게 했습니다. 제환공은 호화스러운 식사를 마치고 매우 만족했지만, 다음날, 기상이 늦어버렸습니다. 제환공은 장래 미식 때문에 나라를 망친 왕이 나올 것(후세필유이미망기국자)이라고 한탄했다고 합니다."

또, 노공공은 국가 쇠망을 부르는 세 번째 요소를 말하기 시작했다. "진나라 문공은 남지위라고 하는 미녀를 총애했습니다. 진문공은 3일 밤낮, 정사를 잊고 그녀를 총애했지만 그후 진문공은 남지위를 멀리하기로 했습니다. 진문공은 장래 미녀에게 빠져 나라를 망친 왕이 나올 것(후세필유이색망기국자)이라고 한탄했다고 합니다."

그리고, 노공공은 네 번째 요소에 대해 말했다. "초나라 소왕은 어느 날, 탑 위에서 아름다운 경치를 바라보고 있었습니다. 웅대한 산과 강의 경치에 넋을 잃고, 바로 모든 것을 잊어버렸습니다. 문득 제정신으로 돌아온 초소왕은 두 번 다시 정사를 잊지 않을 것을 맹세하고 그 자리에 있던 사람들에게 말했습니다. 장래, 훌륭한 건축물을 짓는 것에 몰두하고 아름다운 조경을 위해 나라를 망친 왕이 나올 것(후세필유이고대피지망기국자)이라고 한탄했다고 합니다."

노공공은 국왕이 위 네 개 중 어느 하나라도 탐닉하면 나라를 망칠 것이라고 말하고는 혜왕이 연 주연에는 이 네 가지가 모두 갖춰져 있어 긴장하지 않으면 안 된다고 경고했다. 혜왕은 노공공의 말에 동의하고 진심으로 감사했다고 한다.

술이나 여자 외에도 음식, 경치까지도 멀리해야 하는 것이 군왕이 가져야 할 덕목이라는 것이다. 개발자가 버려야 할 습관은 무엇이 있을까? 가장 좋은 시나리오는 처음부터 유혹이 없는 환경에서 자라는 것이다. 불행히도 국내 개발자는 대부분이 자수성가했기 때문에 자기 나름대로의 습관이 들어 있다. 필자가 컨설팅을 하면서 보면 습관을 변화시키지 못해 늪속으로 빠지는 경우가 너무 많다. 위에서 나온 유혹들도 한 번의 잘못 때문에 망하는 것이 아니다. 가랑비에 옷 젖는 줄 모르듯이 서서히 젖어 들어간다.

가장 단순한 코딩의 예를 들어보자. 코딩 한 번 잘못했다고 망하는 것은 아니다. 하지만 쌓이다 보면 나중에는 고칠 수 없는 경우가 생긴다. 잘못의 정도에 따라 Refactoring, Rearchitecturing, 혹은 차세대 개발과 같은 방법으로 고치게 되는데 그럴 경우에 글로벌 회사와 국내 회사에 차이가 난다. 아이로니컬하게도 회사가 잘 안되고 있는 상태라면 문제가 없다. 제품도 몇 개 없으니 복잡한 상황이 안 생기기 때문이다. 하지만 회사가 잘되고 제품이 잘 팔려서 여러 버전을 릴리스하게 되면 문제가 커진다. 글로벌 회사들은 수백 개, 수천 개, 심지어는 수만 개의 버전을 릴리스하기도 한다. 그런 상황에서 과거에 바빠서 급하게 작성해 놓은 추한 코드를 창피하다고 지금 예쁘게 고친다는 것은 불가능하다. 습관은 깊이 가면 갈수록 고치기 어려운 것이다. 조금이라도 일찍 고쳐야 쉽다. 티끌 모아 태산이라고 밥 한 끼 많이 먹어서 비만이 되지 않는다. 한 끼, 한 끼는 무섭지 않아도 습관으로 쌓인 것이 무서운 것이다.

그런데 의지는 있더라도 극복해야 할 문제가 있다. 마약을 끊지 못하는 데에는 금단증상이 있다. 지금까지 하던 습관을 바꾸려니까 아무 일도 못한다. 소프트웨어 개발도 하던 방식대로 하지 않으면 대체할 만한 방법이 없이 금단증상이 나타나므로 다시 원상태로 돌아가게 된다. 진퇴양난인 경우이다. 습관을 바꾸려면 미리 대체 역량을 길러 놓아야만 한다. 대부분의 회사나 개발자는 중독과 금단증상을 이기지 못해 계속 가다가 망한다. '지금 릴리스 일정이 바쁘니 일단은 대충 코딩해 놓고 나중에 예쁘게 만들겠다'는 다짐은 결국 못 하게 된다.

예외처리나 디버그 문장이 습관상 게을리 하기 가장 쉬운 것들이다. 귀찮은 코드이기도 하고 일단 구동이 되는 것이 목표이기 때문에 나중에 한다고 하지만 결국은 못 한다. 적어도 필자가 국내 소스코드 중에서 예외처리를 충분히 하는 회사는 지금까지 본 적이 없다. 스스로 자기 소스코드를 들여다 보기 바란다. 다 할 줄 안다고 생각하면서도 바쁘니까 하지 않는 것이 문제다. 나중에 회사가 잘되어 제품이 많아지면 그때는 이미 늦는다. 잘되기 시작하는 순간에 회사는 내리막길을 걸어간다. 여기저기 소스코드를 고치는 순간 이미 브랜치 해놓은 것들은 다 망가지기 때문에 감히 손을 대지 못한다. 그래서 Run-time에서 Debug를 켰다, 껐다 할 수 있는 기능은 꼭 필요하다. 나중에는 코드를 예쁘게도 못 고치고 주석도 마음대로 못 단다. 그 이유를 모른다면 여기서 설명하기는 힘들다. 초등학생에게 미분/적분을 설명할 수는 없기 때문이다. 운영체제나 플랫폼 업그레이드 등을 지금 바쁘다는 이유로 적용해야 할 시기를 놓치면 나중에 10배, 100배 되는 비용으로 돌아온다. 무슨 소리인지 이해도 안 가고, "나는 그렇지 않다"고 얘기한다면 아마도 성공 가능성 없는 회사에서 일을 하고 있기 때문일 것이다.

그래서 국내 소프트웨어 회사는 '소수의 개발자가 어려운 알고리즘으로 소스코드 양은 별로 안 되는' 그런 종류의 개발이 글로벌에서 더 경쟁하기가 쉽다. 쉬우면서 소스코드가 많을수록 글로벌 시장에서의 경쟁은 더욱 어려워진다. 이렇게 아주 쉽고 작은 습관들이 결국은 글로벌 경쟁력을 원천적으로 불가능하게 만든다. 그것을 당시에는 모를 뿐이고 눈치챘을 때는 이미 늦은 시점이다. 소스코드에 주석 달기도 때를 놓치면 절대 할 수 없는 것들이다.

남의 코드 보고 "절대 일 못 하겠다"고 하면서 자기 소스코드도 그렇게 짠다. 그렇게 개발자들이 서로를 괴롭히고 결국은 공멸하면서 평생을 살아갈지도 모른다. 그 와중에 이직하면서 여러 회사에도 피해를 입힌다.

조금이라도 실감을 주기 위해서 소스코드의 예를 들었지만 훨씬 더 중요하고 심각한 습관적인 행위들은 당연히 개발의 앞 단계인 기획, 분석, 설계 단계에서 더 많이 벌어진다. 자기의 습관에 따라 동물적으로 행동하지 않고 절제와 인내를 가지고 생각을 해야 인간으로서의 가치가 있다. 그렇지 않으면 차별화가 되지 않는다. 한 번 하기는 쉽지만 지속적으로 하기는 어려운 것들이 습관을 고쳐야 하는 것들이다. 그런 것들이 결국은 잘나가는 회사의 발목을 잡는다. 혁신 기술보다도 중요한 것이 가장 기초적인 작은 습관의 변화이고 글로벌 회사가 되기 위한 핵심 역량 중의 하나이다.

16 악령이 출몰하는 소프트웨어 세상

종교는 과학이 아닌 만큼 본질은 깨달음에 있고 기복신앙은 아니다. 그런데 현실에서는 많은 사람이 본질보다는 기복을 목적으로 종교를 믿는다. 기복으로 시작해서 깨달음을 얻든, 깨달음을 얻고 복을 받든 그것은 운영의 묘다. 그래서 종교는 기복을 목적으로 접근하는 사람도 일단 거부감 없이 받아들인다. 처음부터 깨달음을 요구한다면 진입장벽이 너무 높다. 진입장벽을 낮추고 결과적으로 모두가 원하는 깨달음과 복을 줄 수 있다면 좋은 방법

글로벌 소프트웨어를 말하다

이다. 사이비 종교는 기복을 우선으로 한다. 그 방법이 진입장벽이 낮기 때문이다. 기복을 주장하며 미신이 이런 틈새 시장을 노리고 출몰한다. 아이로니컬하게도 모든 종교는 과학적이고 논리적인 증거가 있다고 주장한다. 바로 '코스모스'로 유명한 천재 천문학자 칼 세이건(Carl Sagan)이 말한 "악령이 출몰하는 세상(Demon-Haunted World)"인 것이다. 과학으로 검증되지 않고 더 중요한 것은 '검증도 될 수 없고 반증도 어려운' 사이비 과학들이 진짜를 가장한 채 대중을 현혹시키는 것이다. 그것을 칼 세이건은 "악령(Demon)"이라고 불렀다.

소프트웨어 업계에도 누구에게나 접근 가능하고 그럴 듯하게 보이는 낮은 진입장벽 때문에 수많은 악령이 춤추고 있다. 많은 새로운 도구, 프로그래밍 언어, 프로세스, 소프트웨어 공학, 새로운 방법론, 컨설팅 등 악령이 여기저기서 춤춘다. 미 국방부, 보잉, 구글, 페이스북 등과 같은 글로벌 회사나 실리콘밸리의 예를 들먹이며 악령들이 나타난다. 정부의 정책도 미국, 독일, 이스라엘 등 다른 나라의 정책을 흉내내서 우리에게는 맞지 않는 악령을 만들어 낸다. 소프트웨어 뿐만이 아니고 건강분야에서도 많은 악령이 춤추고 있다. 그런데 건강의 악령과 소프트웨어의 악령의 심각성이 나른 것은 건강은 개인적이라는 것이다. 건강에서는 악령의 피해가 개인적인데 반해 소프트웨어에서의 결정은 대부분 회사나 부서와 같이 그룹 단위로 이루어지기 때문에 피해 범위가 훨씬 크다. 정부 정책의 경우에는 모든 소프트웨어 산업이 피해를 입게 된다. 현재 널리 퍼져있는 시스템통합 업체가 가장 강력했던 악령 중

의 하나이다. 개발 실패에 대한 부담을 줄이려는 고객 경영진으로 인해 시장이 형성된 독특한 국내 스타일의 갈라파고스 현상이다. 이 악령이 퍼트려 놓은 국내 개발방식의 여파는 앞으로도 오랫동안 남아 있을 것이다.

악령이 외부에서 오기도 하지만 내부에서 출몰하기도 한다. 국내 갈라파고스 증상 중의 하나인 컴퓨터 보안의 영역이다. 지금까지 있었던 가장 강력한 악령 중의 하나이다. 국내 업체가 키보드 해킹을 막을 수 있는 방법을 발견했다고 한다. 필자가 보기에는 불로초를 발견했다고 하는 것과 같다. 악령의 특징이 늘 그렇듯이 진실은 극히 소수의 전문가들만이 판단할 수 있기 때문에 여기에서 설명은 할 수 없다. 필자가 안철수연구소의 CTO겸 부사장으로 있었을 당시 연례 기자회견 때 "현재 금융권에 만연되어 있는 보안 기술로는 해킹을 막을 수 없다"고 금융기관에 대한 보안의 취약점을 경고했었다. 그러나 악령이 힘이 진실의 힘보다는 강했기에 근본적인 변화 없이 지속되고 있다. 불행 중 다행으로 많은 안전 장치들이 추가로 도입되면서 과거보다 안전해 졌고 그동안 큰 피해 없이 지나 온 것은 무척 다행한 일이지만 언제 터질지 모르는 시한폭탄은 지금도 돌아가고 있다. 가끔 발생하는 개인신상정보의 유출은 고급 두뇌 전쟁인 보안의 문제라기보다는 관리의 문제이다. 필요 없는 개인정보 데이터를 잔뜩 모아 놓았으니 관리하기가 어려울 수밖에 없다. 진짜 심각한 보안의 문제는 어디선가 조용히 발생하고 있을지도 모른다.

악령이 임계치를 넘어 폭발적으로 많이 퍼지면 그것을 '패션' 또는 '대세'라고 부른다. 패션에 민감한 국민의 특성상 강력한 악령이 퍼지기 쉽다. 새

로운 도구가 나왔다 하면 그걸 사용 안 하면 낙오자라도 된 듯한 생각이 들어 필요 없어도 사용하게 된다. 젠킨스라는 빌드도구가 있다고 하니까 필요를 불문하고 개나 소나 다 사용하려고 한다. 자기도 사용할 줄 안다고 자랑하고 다닌다. 하나의 도구에 불과하지 자랑할 것은 전혀 아니다.

천재 물리학자인 스티븐 호킹은 "외계인은 존재한다. 외계인을 만나면 피하라"고 했다. 〈스티븐 호킹의 우주〉라는 다큐에서 그는 "만일 외계인이 우리를 방문한다면 그 결과는 콜롬버스가 미국에 처음 상륙했을 때 원주민에게 끼친 좋지 않은 결과와 같을 것"이라고 말한 바 있다.

소프트웨어 업계에도 외계인이 많다. 외계인을 만나서 좋은 것보다는 피해가 더 많다. 필자도 가끔 스티븐 호킹과 같은 말을 한다. "CMMI가 나타나면 되도록이면 피하세요. 식스시그마가 나타나면 되도록이면 피하세요. 평생 동안 피해 다니는 게 몸에 좋습니다. 괜히 접촉했다가 피해 입지 마세요"라고 한다.

소프트웨어 업계의 외계인은 좋은 영향을 끼치기보다는 나쁜 영향을 끼치기 쉽다. 잘 구별해서 받아들여야 한다. 과거부터 있어온 수많은 외계인의 공습 중 몇 개를 나열해 보자. EJB, CBD, SOA, UML, CMMI, 소프트웨어 공학, 애자일, KMS, PMO 등 부지기수로 많다. 독약노 석성량을 쓰면 좋은 약이듯이 다 약이 될 수도 있는 것이지만 99%가 남용해서 쓴다. 결국 약이 아닌 독으로 중독이 된다. 새로운 기술을 좋아하는 사람들이 생각해볼 만한 것이 있다. 2014년 현재, 온라인 서점 아마존에서 가장 많이 팔리는 프로그래밍 언어책은 Java도 아니고 C++도 아닌, 케케묵은 C다.

Brian W. Kernighan과 Dennis M. Ritchie가 1988년에 초판을 낸 『C Programming Language』이다. 반면에 국내에서는 C 개발자를 구하기가 너무 어렵다. 기초도 없이 겉멋만 들었다. 프로그래밍 언어를 최신 것으로 바꾼다고 내가 최신 개발자가 되는 것은 아니다.

James Randi Educational Foundation(JREF)은 1996년 비과학적인 주장에 의한 대중의 피해를 줄이기 위해 만들어진 기관이다. 창립자는 제임스 랜디로 마술사였다. "초자연적인 현상은 모두 거짓"이라고 주장했던 그는 그것을 증명하기 위해 전 세계에서 발생했던 초자연적인 현상을 재현해 보였다. 그리고 초자연적인 현상을 자기 앞에서 시연하면 상금을 주겠다며 1964년부터 천불의 상금을 걸었고 지금은 백만불로 올렸다. 하지만 몇 십년 동안 수많은 초능력자들이 도전했으나 상금을 받은 사람은 없었다. 10년 전 쯤에 국내에도 방문해 TV프로그램에 출연했었다. 한국에서도 많은 초능력자들이 백만불을 타기 위해 도전했으나 다 실패했다. 필자가 보기에는 출연자들 모두 요행을 바랐던 사기꾼이었다. 그런 제임스 랜디의 노력에도 불구하고 아직도 수많은 악령들이 활개치고 다닌다. 진실의 힘보다는 무지한 대중을 유혹하는 힘이 훨씬 크다.

악령의 특징 중의 하나가 비대칭성에 있다. 스스로 증명을 하기보다는 '반증이 없으면 옳다'는 전략이다. 제임스 랜디가 "모든 악령들이 틀렸다고 증명할 시간과 비용이 없다"고 주장한 것과 같다. 소프트웨어 개발에 어떤 도구나 어떤 방법론이 좋다고 주장한다. 그럼 원칙적으로 주장하는 사람이 증명해야 하는데 제임스 랜디 같이 반증하는 사람이 없으니까 속아 넘어 간다.

글로벌 소프트웨어를 말하다

우리나라에서는 교수들의 목소리가 더해지면 그냥 진실이 되어 버린다. 우리나라처럼 교수들이 본연의 책임인 교육과 연구보다 사회와 정치에 많이 참여하는 나라는 드물다. 이 점도 실리콘밸리와의 큰 차이점 중의 하나이다. 그 와중에 이익을 챙기는 사람은 따로 있고 피해 보는 곳은 소프트웨어 업계이다. 곡학아세와 혹세무민이 바로 정부, 국회, 교수, 언론, 그리고 이해관계자인 소프트웨어 업체의 합작으로 만들어 낸 악령인 것이다.

사기꾼이 없어지지 않는 것과 마찬가지로 신비주의와 악령은 영원히 없어지지 않는다. 자신이 속아 넘어가지 않는 것이 중요하다. 호킹의 조언처럼 악령과는 접촉하지 않는 것이 소프트웨어 개발자로서의 시간과 비용, 나아가서는 인생을 낭비하지 않는 길이다. UFO가 있다고 믿으면 믿는 대로, 없다면 없는 것으로 증거들이 만들어진다. 건강식품과 골프와 소프트웨어의 공통점은 전부 다 좋게 해준다는 도구가 너무 많다는 것이다. 건강식품 수 백 개보다는 의사 한 명이 더 중요하고, 수백 개의 골프 연습도구를 사다 놓고 혼자 연습하는 것보다는 코치 한 명이 훨씬 더 중요하다. 혼자서는 프로가 될 수 없다. UML로 설계를 잘할 수 있다고 착각한 채로 살아갈 수도 있고 UML은 설계역량과는 관계 없다고 믿고 살아갈 수도 있다. 중요한 깃은 UML을 배우기 전에 설계의 핵심을 배워 놓은 사람은 UML으로부터 전혀 피해를 입지 않는다는 점이다. 하지만 기초가 허약한 사람에게는 악령의 피해가 크다. 많은 사람이 잘 아는 UML의 예를 들었으나 실상 OOP, 애자일도 마찬가지고 다 동일하다.

그래서 항상 기법이나 편법을 배우기 전에 튼튼한 기초가 중요한 것이다. 논리의 왜곡과 증명의 비대칭성 때문에 대부분의 사람은 무엇이 옳은지 판단하는 것이 어렵다. 그래서 외계인은 피하는 것이 상책이지 호기심으로 너무 가까이 접근했다가는 엮이기 십상이다. 그냥 멀리서 바라보다가 안전하다는 것이 확인되면 그때 친하게 지내도 된다. 너무 가깝지도 않고 너무 멀지도 않은 '불가근 불가원'의 전략이다.

악령이 출몰하는 사회에서 살아가기에 인간은 너무 취약한 동물이다. 악령에서 탈출하는 가장 쉬운 방법은 본질에 대한 통찰력을 가지는 방법밖에는 없다. 차선책으로는 어설픈 논리의 판단력보다는 차라리 상식으로 판단하는 것이 더 안전하다. 갑자기 인생을 바꾸어 줄 수 있는 혁신적인 것은 이 세상에 존재하지 않으니 현혹되지 말기 바란다. 춤추는 악령일 뿐이다.

개발자의 가치는 도메인이 아니라 소프트웨어에 있다

17 모차르트, 호킹, 기타리스트, 훌륭한 개발자의 공통점

모차르트는 필자가 가장 좋아하는 음악가이다. '아들이 다섯 번째 생일을 하루 앞둔 1761년 1월 26일 저녁 9시 30분, 미뉴에트와 트리오를 30분 만에 다 익혔다.' 아들이 천재임을 알아차린 아버지인 레오폴트 모차르트가 일기에 적은 내용이다. 서양음악의 모든 장르를 통틀어, 각 분야의 전문가마저도 감탄시키는 그의 음악적 경지는 말로 설명하기 힘들다. 36년의 짧은 생애였지만 600여 곡을 남겼다. 6세 때 피아노 협주곡을 작곡했고 18세 때 이미 200여 곡을 작곡했다.

모차르트의 특징은 순식간에 악보를 적는 것이었다. 영화에서도 모차르

글로벌 소프트웨어를 말하다

트를 괴롭히는 살리에르가 감탄했듯이 한 번 적으면 고친 적이 없는 것이 그의 악보였다. 적으면 원본이었다. 천재 물리학자 스티븐 호킹은 루게릭병으로 모든 일을 두뇌로 한다. 특수한 입력장치는 마지막 정리된 것을 적는 목적이지 역시 썼다 고쳤다를 할 수는 없다. 조용필 밴드인 〈위대한 탄생〉의 기타리스트가 오디션 프로그램에서 멘토를 하면서 "기타는 손으로 치는 것이 아니라 머리로 치는 것이다"라는 말을 했다. 훌륭한 개발자는 어떻게 코딩을 할까? 필자는 '손으로 코딩하는 것이 아니라 머리로 해야 한다'고 생각한다. 생각해보자. '코딩을 한 번에 하고 고치지 않을 자신이 있을지' 말이다.

바둑 프로기사들은 눈을 감고 위치를 말하면서 바둑을 두기도 한다. 필자는 프로기사가 아니기 때문에 그 정도는 못 두지만 한 번 둔 판을 처음부터 끝까지 복기할 수는 있다. 춘추전국시대 때 오나라의 포로로 있으면서도 모략을 부리고 있는 적국 초나라 공주를 내쫓기 위해 손무가 오나라 왕족인 부개와 바둑을 두고 있었는데 손무가 이길 때쯤 공주가 바둑판을 엎어 버려서 무승부가 되었다는 야사가 있다. 손무가 복기를 못한 것을 보면 바둑은 잘 두지 못했던 모양이다. 이것은 잠시 스쳐가는 이야기였고 다음을 생각해보자.

√ 모차르트가 작곡을 했는데 악보가 불타서 없어지면 어떨까?

√ 개발자가 코딩을 하다가 컴퓨터가 갑자기 꺼져버리면 어떨까? 컴퓨터가 없으면 코딩을 못할까?

√ 기타리스트가 기타가 없으면 연습을 못할까?

√ 바둑판이 없으면 바둑 공부를 못할까?

이것에 대한 모든 답은 똑같다. "모두 다 머리로 할 수 있다."

다만 마지막 순간에 결과물만 없는 것이다. 호킹은 선택의 여지가 없이 생각밖에는 하지 못 한다. 필자가 트위터에 "개발자들이여, 제발 컴퓨터 앞에 앉아 있지 말고 생각을 하는 시간을 가져라"고 했더니 "그러면 일 안하고 논다고 상사한테 혼난다"는 댓글이 달렸다. 그건 건설현장에서 일하는 인부를 관리하는 일에 해당하는 것이며 지적 산업인 소프트웨어에서는 아마추어임을 인정하는 것이다. 그런 사고방식 아래서 재택근무는 꿈도 꾸지 말아야 한다.

글로벌 소프트웨어를 말하다

컴퓨터 앞에서 충혈된 얼굴로 컴퓨터를 뚫어지게 바라보며 열심히 타이핑을 하고 있는 개발자를 보면 건설현장에서 일하는 인부 생각이 나서 안쓰럽다. 칠판이나 종이에다가 뭔가 *끄적끄적* 거리고 있는 것이 훨씬 보기 좋다. 모차르트 같은 천재가 아니니 모든 생각을 머리로 할 수는 없고 도구의 힘을 빌려서 생각을 정리하는 것이 도움이 될 수는 있다. 하지만 생각과 타이핑을 동일시하고 타이핑에 몰두하는 것이 대부분의 우리나라 개발자다. 필자가 코딩을 하는 방식은 코딩에 들어가기 전에 분석과 설계로써 함수를 정확히 정해 놓고 마지막에 타이핑을 한다. 타이핑 오류만 아니면 소스코드를 거의 고칠 일이 없다.

'코딩을 해보지 않고는 기능이 되는지를 모른다'는 말은 스스로 아마추어임을 말해주는 것이다. 바둑도 초보일수록 머리로 생각을 못하고 실제로 바둑알을 놓아봐야 결과를 안다. 인터넷 바둑에 보면 상대방 몰래 '놓아보기'라는 기능이 있다. 그런데 프로기사는 실제 놓아보는 것보다 머리로 하는 것이 훨씬 빠르다. 바둑돌을 움직일 필요도 없고 지우는 것도 머리속에서 지우면 되기 때문에 시간이 들지 않는다. 가끔 TV 프로그램에서 컴퓨터보다 빨리 암산을 하는 천재들도 주판을 머리 속으로 돌리기 때문에 그렇다. 실제 손으로 돌리면 더 느리다. 그러나 초보자는 다 손으로 한다. 자신의 개발자 역량을 판단할 수 있는 방법은 자기 스스로 코딩 중에 얼마나 많이 코드를 썼다 지웠다 하는가를 보면 알 수 있다.

과거에는 지금과 같은 좋은 환경이 아니었기 때문에 즉흥적인 코딩이 불가능했다. 종이로 된 천공카드로 프로그램하던 40년 전까지 가지 않더라도 30년 전, 필자가 실리콘밸리에서 학교를 다닐 때는 단말기가 필자 차례가 올 때까지 기다려야 했고 한 번에 사용할 수 있는 시간이 정해져 있었다. 그러니 기다리면서 생각을 많이 해놓고 단말기에 가서는 빨리 타이핑하고 결과를 보는 것이지 단말기에서 수정할 시간이 없었다. 요새도 메인프레임 같은 경우는 시간당 비싼 사용료를 부과하기 때문에 코딩하기 위해서는 사용시간을 최소로 줄여야 한다. 모차르트처럼 미리 생각해 온 것을 타이핑하는 시간밖에 없다. 머리가 딸리면 당연히 종이에다가 적어와야 한다. 머리가 나쁘면 손발이 고생한다는 말이 맞다. 그렇다고 천재가 아닌 이상 프로그램이 한 번에 성공하기는 힘들다. 그래서 실패하면 사용료가 들어가니까 빨리 끝내고 나와서 다시 생각한다. 그러면 여러 군데 잘못된 것이 눈에 보이고 다시 시도한다. 이런 과정을 거치기 때문에 할 수 없이 많이 생각하고 전체를 보게 되는 습관이 길러진다. 현대인이 남들이 발견해 놓은 지식을 많이 받아들이긴 해도 스스로 생각하는 능력은 과거에 비해 떨어질 수밖에 없다. 연습을 하지 않는 한 창조적이고 생각하는 능력은 길러질 수가 없다.

현대의 편리한 문명 속에서 생각을 많이 하기 위해서는 일단 컴퓨터의 사용시간을 줄여야 한다. 그러나 요새 개발자들은 생각하지 않아도 되는 빠른 개발환경 때문에 지식 활동을 하지 않고 손가락 활동을 많이 한다. 그건 노동일이다. 그래서 그런지 필자가 실리콘밸리에 있을 때는 설계를 할 때도 서로 같이 생각하며 의논하기가 좋았는데 요새는 각자 컴퓨터 앞에 붙어서 손가락

노동일을 하느라 바빠 컴포넌트와 같은 상위 설계를 같이 할 기회가 없다.

　컴퓨터 앞에 앉아서 열심히 일하면 타이핑 스킬은 늘지만 그렇다고 프로그래밍 스킬은 늘지 않는다. 'Tinger-Tip Skill'이라고 한다. 타이핑을 천천히 한다고 해서 개발을 못 한다면 그건 지식 산업이 아니다. 학교에서 시험을 칠 때 종이로 답을 적어내게 하는 것은 조금이라도 지식 산업으로서의 훈련을 시키는 것이다. 화가도 붓으로 그리기 전에 많은 생각을 한다. '한번 해보고 아니면 다시 하지'라는 생각은 초보자의 패턴이다. 소프트웨어 개발자로 성공하고 싶다면 빨리 버려야 할 사고방식이다.

　그런데 이런 나쁜 습관이 소프트웨어 산업에서 가장 많이 벌어지고 있다. 국내 대부분의 개발자가 그렇다고 보면 된다. 그 이유는 성능 좋은 컴퓨터, 좋은 편집 도구, 빠른 컴파일러 등 좋은 환경에 기인한다. 그러면서 점점 더 빠른 컴퓨터를 요구한다. 옛날과 같이 한 번 해보는 데 시간이 오래 걸리면 심사숙고해서 제대로 하려고 노력할텐데 풍족한 환경이 생각을 많이 하지 않아도 큰 피해가 없게 만들었다. 그런데 여기에 치명적인 착각이 있다. 피해는 코딩 당시에 오는 것이 아니라 미래에 더 큰 피해가 온다. 그런 손가락 코딩 방식으로는 눈 앞의 벽돌쌓기도 바쁘고 정신이 없는데 미래의 확장성 고려를 하기 어렵다. 또 수시로 수정해 대는 상황에서 예외처리나 주석달기와 같은 미래를 위한 부수적인 작업을 하기 어렵다. 결국 가장 잘 돼야 당장 구동은 되지만 가독성도 없는 스파게티 코드가 되고 깨끗한 코딩이 되기는 어렵다. 즉, 회사의 미래 성공에 큰 장애요소가 된다.

이 세상 모든 일에는 머리로 해야 하는 일과 몸으로 해야 하는 일이 있다. 음악, 기타, 물리학, 미술, 바둑, 프로그래밍 등등 노동집약 산업이 아니면 모두 두뇌 위주로 작업을 해야 한다. 그런데 유일하게 몸을 가장 많이 사용하는 곳이 인류역사상 가장 복잡한 지식 산업이라는 소프트웨어 개발이다. 개발자도 그렇고 관리자와 경영자도 그렇게 생각한다. 그건 스스로 노동집약 산업이라는 것을 인정하는 것이며 그런 방식으로는 영원히 글로벌 경쟁력은 가질 수 없다. 좋은 프로그래밍의 필요 조건은 손가락이 아닌 머리를 사용하는 것이다. 그 훈련도 많이 해야 하고 빨리 타이핑의 유혹에서 벗어나야 한다.

18 인재가 중요한가, 시스템이 중요한가?

부처님은 천재에게 규율을 강조하지 않았다. 고승에게는 술, 고기를 금하지 않았고 규율을 강조하지 않으셨다. 하지만 일반 대중에게는 오계, 십계와 같은 규율을 지키게 했다. 소프트웨어 업계에서도 천재는 시스템이 없어도 일할 수 있다. 하지만 보통 사람이 시스템의 도움 없이 일한다는 것은 불가능하다. 이렇게 인재와 시스템은 독립적인 실체가 아니며 둘 사이에는 상관관계가 존재한다.

인재에는 다양한 종류의 인재가 있다. 기업교육 전문기업 휴넷이 발표한 7가지 인재형을 보자. 이것은 인재의 종류에 따라 교육해야 하는 것이 다르고 또 성장 경로가 다를 수밖에 없다는 것을 말해준다.

∨ 위기와 변화에 강한 인재

∨ 가시적이고 단기적 성과를 내는 인재

∨ 글로벌 이슈에 밝은 인재

∨ 조직적인 리더십을 갖춘 인재

∨ 인문학적 소양을 갖춘 인재

∨ 스마트워킹 등 유연한 실무능력을 갖춘 인재

∨ 끊임없이 학습하는 인재

그럼 시스템의 종류는 무엇이 있는가? 다음 그림에서 보듯 많은 시스템들이 있다. 모든 회사에 공통된 시스템도 있고 소프트웨어 회사에 특화된 시스템도 있다. 모든 회사에 모든 시스템이 필요한 것은 아니다. 벤처회사는 한두 개의 시스템으로 시작해서 글로벌 대기업이 되면서는 많은 시스템이 필요하게 된다. 중간 규모의 회사는 자기에 맞게 적절히 사용해야 한다. 여기에

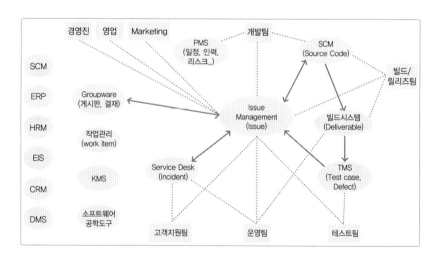

표준되는 답은 없다. 소프트웨어 회사도 모두 다르기 때문에 일률적으로 정할 수는 없다. 마치 살림살이를 마련해 가는 것과 같다. 혼자 살 때와 신혼 때가 다르고, 가족이 생기면서 또 다르다. 사는 장소에 따라 다르고 모든 사람의 살림살이가 다르다.

경험의 법칙(Rule of Thumb)은 '시스템은 비타민처럼 사용하라'라고 말한다. 필요할 때 필요한 양만큼만 사용해야 한다는 것이다. 미리 앞서서 사용해도 안 되고, 모자라도 안 되고, 과도하게 사용해도 안 된다. 사람에 따라 섭취해야 하는 비타민 종류도 달라지고 먹는 양도 달라져야 한다. 즉, 회사에서는 인재의 역량에 따라 사용해야 하는 시스템 종류가 달라지는 것이다. 모차르트 같은 천재에게 형식을 맞추라고 하는 것은 비효율적이다. 그렇다고 아무한테나 자유를 주는 것은 더 큰 문제다. 통상적인 소프트웨어 회사의 성장 경로에서 보면 순서적으로 소스코드관리시스템, 이슈관리시스템, 빌드시스템, 테스트관리시스템, 프로젝트관리시스템 같은 정도로 중요하다. 하지만 하나의 정답은 없다. 필자가 가장 많이 본 오답은 지식관리시스템(KMS)이다. 필요의 원인을 잘못 생각하기도 하고 방법을 모르기도 해서 필요 없는 지식관리시스템을 설치하는 경우를 많이 보았다. 물론 컨설팅 업체나 판매 업체들은 항상 미사여구를 동원한다. 속지 않는 것이 역량이다. 잘못 설치된 시스템은 두고두고 괴롭힌다. 설치해 놓았으니 강제로 사용하게 규칙을 만든다. 그리고 합리화를 한다. 그러다 보면 악순환이 계속되어 비효율성만 커진다. 그래서 시스템은 잘 모르면 빨리 설치하는 것보다 천천히 심사숙고 하는 것이 안전하다. 독약인지 약인지 모를 때는 먹지 말라.

글로벌 소프트웨어를 말하다

앞에서 말한 7가지 인재 중에 '가시적이고 단기적 성과를 내는 인재'가 많은 회사와 '조직적인 리더십을 갖춘 인재'가 많은 회사는 사용해야 하는 시스템이 다르다. 체계적인 관리시스템을 도입할지, 안 할지의 결정이 달라질 수 있다. 시스템은 사람이 할 수 없는 부분을 보충해서 시너지 효과를 낼 수 있게 사용하는 것이기 때문에 회사마다 다르게 사용해야 한다. 한의학에서도 사람마다 사상체질이 다르기 때문에 먹어야 하는 음식과 약을 다르게 처방한다.

모든 시스템은 돈도 들지만 항상 비효율성이라는 간접비용을 유발한다. 회사의 직원 역량 수준이 낮으면 시스템이 해야 할 일이 더 많아진다. 비효율성이 더 발생할 수밖에 없지만 회사로서는 최선이다. 반대로 천재에게 시스템의 제약 아래서 움직이게 만든다면 재능의 낭비이다. 구글이나 삼성이 사용한다고 똑같이 했다가는 100% 망한다. 회사의 규모도 다르고 인재의 역량도 다르고 만드는 제품이 다르다. 순수 소프트웨어를 만드는 회사와 임베디드 시스템을 만드는 회사는 사용하는 시스템이 다르다. 회사의 역량을 최대로 높이기 위해서는 인력의 역량을 잘 파악하고 조화롭게 사용하기 위한 다양한 시스템 사용 전략이 필요하다.

개발과정의 여기 저기에서 체크리스트를 사용하는 회사를 많이 본다. '얼마나 답답했으면 지식 산업이라는 소프트웨어에서 체크리스트를 사용하는지' 이해는 가지만 다시 생각해 볼 일이다. 체크리스트는 시스템을 안전하게 움직이기 위해 사용하는 극단적인 방법이다. 예를 들어 아침에 출근해서 시스템이 작동하고 있나를 항목 하나씩 체크하면서 확인한다. 마치 능력 없는

의사가 생각 없이 많은 검사에 의존하는 것과 같다. 그런 방식은 최소한의 확인은 할 수 있지만 예외가 생긴 경우에는 대응을 할 수 없다. 원리를 이해하고 응용 능력이 뛰어난 사람은 어떤 경우에도 대응할 수 있기 때문에 체크리스트 같은 것이 필요 없다. 체크리스트는 초급 인력이 방향을 잡지 못하는 경우에 한 걸음씩 나갈 수 있도록 길을 정해 버린 것이다. 체크리스트가 많은 회사는 스스로 역량이 낮다는 것을 인정하는 것이다. 같은 맥락으로 세세한 내용의 템플릿이나 프로세스를 많이 가지고 있는 회사도 마찬가지이다.

사지선다형에 익숙한 사람과 주관식 문제에 익숙한 사람에게 적용해야 하는 시스템이 다르다. 또, 할 수 있는 일의 종류도 다르다. 다 나름대로 쓸 데가 있다. 앞의 그림 중에 '소프트웨어 공학도구'라는 부분이 있는데 설계가 잘 되어 있는지 체크리스트를 이용해서 평가하는 방법도 있고 스펙을 적기 위해 항목을 하나씩 채워 가는 도구도 있다. 이런 체크리스트 기반의 시스템은 다 최하 수준의 인력을 기준으로 만든 시스템이다. 자신이 존경 받기를 원한다면 개나 소나 할 수 있는 체크리스트 시스템이나 템플릿 위주의 개발은 지양해야 한다. 지식 산업이라는 것을 다시 한번 명심하기 바란다.

사회에는 여러 종류의 사람이 필요하듯이 회사에도 여러 종류의 사람들이 필요하다. 유일하게 회사에 필요 없는 인력은 자신이 옳다고 시스템을 무시하고 회사의 규칙을 따르지 않는 사람이다. 설령 경영진의 착오에 의해 잘못된 시스템이 설치되더라도 악법도 법이니 고치기 전까지는 일단은 따라야 한다. 준법정신은 미래에 개선을 하기 위해 매우 중요한 문화이다. 정말 싫다

글로벌 소프트웨어를 말하다

면 불량아로 남아 있지 말고 회사를 떠나면 된다. 시스템을 무시하고 각자 자기 생각대로 한다면 미래에 개선도 할 수 없는 최악의 무정부 상태가 된다.

인력과 시스템은 서로 보충적인 관계이다. 훌륭한 인재는 시스템이 덜 중요하지 않지만 초급 인력은 시스템의 도움을 많이 받아야 한다. 작은 회사에서는 인력이 시스템보다 더 중요하다. 큰 회사에서는 인력과 시스템이 다 같이 중요하다. 아무리 인재들이 모여 있다고 해도 시스템 없이 천재 몇 명이 비행기나 항공모함을 만들 수는 없다. 반대로 작은 회사에서 시스템을 많이 사용하는 것은 부작용이 더 크다. 보트를 만드는 데 항공모함을 만드는 시스템을 사용하는 것은 비효율적이다. 어설프게 대기업을 따라 하는 것은 실패의 지름길이다. 그러나 글로벌 회사로 성장하기 위해서는 시스템도 필수이므로 빠르지도 않고 늦지도 않은 적절한 시점에 하나씩 적용해 가야 한다.

19 베이비시팅과 훌륭한 코치의 역할 차이

이 세상에 '편하고, 경쟁력있고, 쉬운 비법'은 단어의 정의로도 모순이다. 그런 것은 존재하지 않으니 환상을 버리기 바란다. 편한 관점으로 보면 가장 엉성한 코치는 소크라테스였다. 그는 제자들에게 답을 해준 적이 없다. 질문만 던질 뿐이다. 그런 소크라테스식 교육방법을 하버드를 비롯한 미국 법대의 대부분에서 사용한다. 사실은 소크라테스식 교육방법이 매우 정교한 방법이다. 필자도 분석이나 설계를 할 때 많이 사용한다. 자신의 생각에서 잘못된

가정, 엉성한 가정, 생각치 못한 가정을 하나씩 찾아서 없애가는 방법이다. '가정의 제거(Hypothesis Elimination)'라고 한다. 보통 사람들은 무엇을 배우고자 할 때 수많은 잘못된 가정을 가진 상태에서 조각난 정보를 받아들이는 방식을 택한다. 그렇게 해서 배운 조각난 정보는 현실에서는 잘못된 가정에 부딪침으로써 제대로 작동하지 않는다. 소크라테스는 그런 모든 가정을 없애버리고 사실만 남은 상태를 만드는 것이 목표였다. 그러고 나면 바보가 아닌 이상 답은 스스로 알게 된다. 법정에서는 검사와 변호사가 서로 반증을 하면서 가정을 없애준다. 그러면 판사는 사실에 점점 더 가까워진다. 소크라테스식 교육에서는 판사, 검사, 변호사의 역할을 한 사람이 하는 것이다. 그 과정에서 스승이 질문을 함으로써 도와주는 것이다.

가정을 생각하는 문장을 'What if(만약에 ~ 라면)'라고 한다. 예를 들어 SRS를 적기 위해 분석을 할 때 'Safety Requirements(안전성)'이라는 항목이 있다. IEEE의 SRS 템플릿에 보면 아래 영어로 무엇을 적는 것인지 잘 설명되어 있다. 하지만 이 설명을 보고 적으라고 하면 제대로 적을 사람은 글로벌 수준의 경험자밖에 없다. 그런데 소프트웨어 공학자의 입장으로서는 이렇게밖에 설명할 수가 없다. 사실은 더 이상 잘 적을 수 없을 만큼 잘 적은 문장이다. 별 느낌이 오지 않는다면 '지식의 저주'로서 지금은 설명할 방법이 없다. 단, 경험자만 깨달을 수 있다.

글로벌 소프트웨어를 말하다

> 5.2 Safety Requirements
> Specify those requirements that are concerned with possible loss, damage, or harm that could result from the use of the product. Define any safeguards or actions that must be taken, as well as actions that must be prevented. Refer to any external policies or regulations that state safety issues that affect the product's design or use. Define any safety certifications that must be satisfied.

소크라테스가 여기서 도움을 준다면 다음과 같은 질문을 할 것이다. 개발하는 프로그램을 마이크로소프트의 '워드'라고 가정하자.

> "당신 프로그램이 돌고 있는 컴퓨터의 전원이
> 갑자기 나가면 어떻게 됩니까?"
> "다시 시작하면 처음부터 시작인가요? 꺼진 시점부터 계속인가요?"
> "왜 어떤 부분은 백업이 되고 백업이 안 되는 부분은 왜 그럴지요?"
> "잘못 삭제하고 한참 작성하고 나서
> 다음날 잘못 삭제한 것을 알았을 때 어떻게 하지요?"

이런 식의 질문으로 시작한다. 개발자는 답을 할 것이고 그러면 그 답에 따라서 또 질문을 할 것이다. 그걸 끝까지 계속하다 보면 스스로 어떻게 해야 하는 것인지 알게 된다. 스펙이 적히는 과정이다. 소크라테스식 방식은 익숙하지 않은 사람에게는 짜증나는 일이고 자기가 바보 같이 생각하지 못했다는 것이 계속 들통이 나기 때문에 자아가 강한 사람은 소크라테스식 방식에 쉽

게 적응하지 못한다. 반면에 진실을 파헤치기 원하는 사람에게는 최선의 방법이다. 불교에서도 깨달음을 얻기 위해서 수수께끼 같은 선문답을 한다. 깨달음은 가르쳐줄 수가 없고 스스로 터득해야 한다. 제자의 수준에 따라 깨닫기 쉽게 질문을 잘 하는 것이 훌륭한 스승이다. 그렇기 때문에 정해진 표준 체크리스트나 프로세스 같은 것은 소크라테스식 교육에서는 존재하지 않는다. 이는 모든 개발자를 바보로 취급하는 것이다.

필자의 책을 읽고 난 다음이나 강연 후에 가장 많이 하는 질문이 "SRS 샘플을 보여달라"는 것이다. 옆의 이메일의 대화가 가장 통상적인 상황을 보여준다. 비슷한 많은 이메일 중의 하나를 발췌했다.

사실 필자는 보여줄 만한 샘플도 없다. 필자가 진짜 작성한 것은 실제의 상황이니 회사의 내부 문서이다. 화가가 제자에게 그림을 가르쳐주는데 샘플로 그린 그림이라고 보여주는 경우를 본 적 있는가? 필자가 'SRS 샘플을 판매하는 장사를 하면 잘 되지 않을까?' 하는 생각도 해봤지만 양심상 그런 짓은 할 수 없다. 만약에 그 회사에 가서 적어준다면 그것은 베이비시팅이다. 가르쳐주는 것이 아니라 대신 적어주는 것이다. 그림을 대신 그려주는 것과 같고 대리시험을 쳐주는 것과 같다. 실력은 전혀 향상이 안 되는 경우이다. 하물며 진짜도 아닌 샘플을 보고 뭔가 배워보겠다는 생각은 환상이다. 감상은 할 수 있지만 시간이 아깝다.

안녕하세요?

저번 저희 회사에 오셔서 강의하신 내용 잘 들었습니다.

『글로벌 소프트웨어를 꿈꾸다』도 잘 읽었습니다.

한 가지 요청이 있습니다. 『소프트웨어 개발의 모든 것』이라는 책에 보니

교수님께서 학생들을 가르치실 때 SRS 샘플이 있다고 하셨는데

저도 한 번 볼 수 있을까요? 도대체 어떻게 생긴 건지 궁금합니다.

염치없는 부탁이라 죄송하고요.

전혀 무리한 부탁은 아닙니다.

대부분의 독자들이 궁금해 하는 질문이기도 합니다.

SRS의 Sample을 보는 것은 화가가 그려 놓은 그림을 보는 것과 같습니다.

SRS의 Template을 보는 것은 화가가 그리기 전의 백지 도화지를 보는 것과 같습니다.

핵심은 그리는 방법을 습득하는 것입니다.

스승이 없이는 절대 혼자서는 할 수 없는 것입니다.

제가 특별한 샘플을 가지고 있는 것도 아니고 인터넷에서 검색을 해보면

수많은 그림이 있듯이 많은 Template과 Sample이 있습니다.

그중 어느 것도 나쁜 것도 아니고 좋은 것도 아닙니다.

아래 링크 하나가 있으니 궁금증 해소용으로 보실 수는 있지만

역량 향상에는 전혀 도움이 되지 않을 것입니다.

그려 놓은 그림 하나 보는 것과 같다고 생각하시면 이해가 될 것입니다.

손무는 "의사는 환자에게 처방을 내리는 것으로 책임을 다한 것입니다. 그 다음부터는 환자의 몫입니다"라고 말했다. 너무 책임감 없는 말처럼 들리지만 사실은 가장 훌륭한 코치의 말로 들린다. 시간 맞추어 입에다 약을 부어 넣는 것은 베이비시터의 일이다. 관광지에서 앞서 가는 가이드를 따라다니면 다음 번에 그 길을 찾지 못한다. 그러나 가이드가 뒤에 있으면서 길을 가르쳐 주면 다음 번에 길을 찾아 오는 데 어렵지 않다. 관광지의 가이드는 앞서서 가지만 훌륭한 스승은 뒤에서 처방을 주면서 스스로 할 수 있도록 가르친다. 관광지의 가이드는 베이비시터를 하고 돈을 받는 것이지 관광객을 가르쳐주는 것이 목적이 아니다. 하지만 같은 관광지를 다음에 혼자서 돌아다녀야 한다면 관광지의 가이드는 최악의 스승이다. 가이드 입장에서는 그렇게 하는 것이 돈도 벌고 좋다. 뒤에서 가르쳐주면 오히려 불친절하다는 불평을 받을 우려가 있으니 베이비시팅하는 것이 좋은 비즈니스 모델이다. 그래서 편함을 추구하는 고객과 나쁜 코치의 편안한 이해관계가 맞아 떨어져서 항상 시장이 성립한다.

결과적으로 프로 선수가 실전에서 사용해야 하는 것은 배운 지식이 아니라 반복학습으로 인한 머슬 메모리(Muscle Memory)이다. 초보운전사는 생각하면서 운전하지만 경력자는 의식적인 생각이 전혀 없어도 운전을 할 수 있다. 근육만 메모리가 있는 것이 아니라 두뇌도 무의식적으로 반응하는 메모리가 있다. 우리 몸의 많은 부분은 내 생각과는 상관없이 작동한다. 인간

의 생각을 신뢰하지 못한 신이 중요한 장기는 다 자율적으로 작동하게 만들어 놨다. 생각이 재빨리 떠오르는 것은 수많은 훈련에 의해 자율신경처럼 만들어 놓은 두뇌의 메모리이다. 앞의 Safety Requirements 항목에서 어떤 질문을 할 것인가? 수많은 경험과 반복에 의해서 적절한 질문을 순식간에 던질 수 있어야 소크라테스로서의 자격이 있는 것이다. 옆에서 문답을 지켜보는 것은 실력에 도움이 안 된다. 실제로 문답에 참여해서 고생하며 배워야 한다. 축구 시합을 아무리 구경해야 축구 실력은 늘지 않는다. 그런데 대부분의 개발자는 축구 구경만 하려고 한다. 그러다 보니 개발 취미생활을 위한 지식 주입 위주의 컨설팅이 많이 성행한다. 돈 들이고 시간 들이고 배우지도 못하고 기회는 놓치고 안타까운 경우가 많다. 컨설팅이 즐거우면 일단 의심해 봐야 한다. 진정한 교육은 도전과 성취의 즐거움을 주지 말초적인 즐거움을 주지 않는다.

소크라테스처럼 생각하는 방법을 가르쳐주는 컨설팅을 하면 고객이 많지 않을 것이다. 차라리 고기를 잡아주면 좋아하는 것이 정상적인 개발자다. 옆에서 즐겁게 구경하면서 '나도 할 수 있겠다'는 착각 속에 기꺼이 비용을 지불하는 것이 흔한 현실이다. 대리 어부 고용비용이다. 가장 좋은 가르침은 '고기를 왜 잡아야 하는가?'를 인식하도록 질문을 던지는 것이고, 두 번째는 '고기를 잡는 방법'을 가르쳐주는 것이고, 세 번째는 '고기를 잡아서 주는 것'이다. 소크라테스와 컨설턴트와 베이비시팅의 차이이다.

20 매트릭스 속의 개발자, 깨어나야 한다

기계가 인간을 양육하여 배터리로 이용하면서 인간을 가상의 세계에서 살게 하는 〈매트릭스〉라는 영화가 있었다. 모피어스는 주인공 네오에게 "진실을 알고 싶으면 빨간 알약을 먹고, 지금대로 편안하게 기계가 만들어 놓은 가상의 세계인 매트릭스 속에서 살고 싶으면 파란 알약을 먹으라"고 한다. 네오는 빨간 알약을 먹고 매트릭스에서 깨어나 험난한 기계와의 전쟁을 시작한다. 매트릭스 속에서 사는 것은 '나비가 사람 꿈을 꾸는 건지, 내가 나비 꿈을 꾸는 건지 모른다'는 '호접지몽'과 비슷하다.

국내의 많은 개발자는 편안하지만 가짜 세상인 매트릭스 속에서 살고 있다. 진실의 세계는 고통스러운 세계다. 진실을 듣는 순간 후회할지도 모른다. 모피어스는 기계와의 전쟁에서 네오가 꼭 필요했기에 선택을 주었지만 필자는 네오처럼 진실을 알고 싶다면 한 명에게라도 얘기해 주고 싶은 심정일 뿐이다. 진실을 알고 나서 어떻게 행동할지는 그 다음 문제이다.

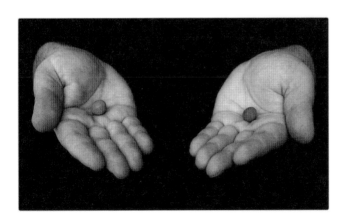

글로벌 소프트웨어를 말하다

모피어스는 다음과 같이 말했다. "길을 아는 것과 길을 걷는 것은 다르다"고. 아는 것과 실행하는 것은 차원이 다르다. 인간은 호기심이 발전의 원동력이기 때문에 궁금증을 못 견딘다. 가장 짜증나는 말이 "나중에 얘기해 줄게" 아니던가? 궁금증이 문제의 근원이다. "솔직히 말해 줘"라는 말은 그 순간 호기심의 만족에는 좋지만 행복추구를 원한다면 모르는 게 약이다.

행복한 매트릭스 속에서 언제까지 살 수 있을까? 평생 동안 내가 살 수 있는 매트릭스가 존재할까? "당신은 절대 글로벌 소프트웨어를 개발할 역량이 없다"고 진실을 얘기해 준다면 받아들일 수 있을까?

실력은 있지만 주위의 환경이 문제라고 생각할 것이다. 회사나 관리자가 문제라고 생각하는 개발자가 태반이다. 스스로 합리화한 편안한 매트릭스 세계이다. 빨간 알약을 먹으면 적나라한 자신의 초라한 모습을 보게 될지 모른다. 하지만 현실을 원한다면 고통은 필수이다. 현실과 고통은 항상 같이 다니는 쌍둥이다. 행복은 마약과 같은 가상의 세계에서 얻기 쉽다. 단, 깨어났을 때의 고통은 더 크다. 현실에서는 고통의 존재를 인정하고 적절히 대응하는 방법을 배우는 것이 현명하다.

'쌍둥이 증후군'은 사람들끼리 뜻이 맞아 시너지 효과 없이 잘못된 방법을 편안하게 진행하는 것을 말한다. 국내 소프트웨어 회사의 특징이다. 애꾸눈 나라에 간 정상인 이야기가 있다. 애꾸눈 나라에서 계속 살기 위해서 한 눈을 뽑아 애꾸눈이 되기를 택한 사람과 내가 정상인이라고 우기며 끝까지 두 눈으로 살아가는 사람의 이야기이다. 필자도 실리콘밸리에서 있다가 우리나라

에 오고 보니 수없이 이런 경우에 부딪쳤다. 같이 애꾸눈으로 사는 경우도 많아졌다.

회사에서 10명 중 9명이 틀린 방법이고 한 명이 옳은 방법이라면 9명이 이긴다. 이게 국내 소프트웨어 회사의 경우다. 반면, 미국의 경우에는 반대다. 잘못된 본인을 제외한 모든 사람이 제대로 하고 있으니까 끊임없이 자각을 하게 되고 저절로 동화된다. 그룹이 임계치를 넘어서면 노력을 안 해도 저절로 돌아간다. 임계치를 넘을 때까지는 선각자의 고통을 겪어야 한다. 우리나라 개발자가 미국 회사에 가면 금방 동화되는 이유가 바로 그것이다. 반대로 미국 개발자가 우리나라 회사에 오면 좌절 속에 살아가야 할 것이다.

소프트웨어 개발자로서 연봉을 높이 받으려면 남들보다 나은 차별화 요소가 있어야 한다. 회사가 성공하기 위해서도 차별화가 있어야 한다. 남들과 똑같이 해서는 절대로 차별화가 안 된다. '과연 내가 다른 사람보다 더 잘한다고 말할 수 있는 것이 무엇인가?'를 심각하게 나열해 보기 바란다. 본인이 하는 방식이 경쟁력이 있는지는 간단하게 알 수 있다. 본인처럼 하는 사람이 몇 명이나 있을지를 세어보면 된다. 우리나라의 모든 개발자가 비슷하게 성장한다면 그 모두와 경쟁해야 한다. 많은 사람이 무턱대고 주식시장에 뛰어드는 이유는 모두 다 본인이 다른 사람보다 현명하다고 착각하기 때문이다. 그냥 내 방식대로 열심히 일해서 성공할 수 있다면 얼마나 좋을까? 그러나 열심히 일하는 것을 차별화라고 생각하면 진입장벽이 너무 낮다. 그렇다면 이 세상은 성공한 사람으로 넘쳐날 것이다. 성공하기 위해서는 교육, 경험,

열정, 지혜, 행운이 다 필요하다. 그중에 행운만은 컨트롤이 불가능한 것이고 나머지 것들은 자신이 남들과 차별화를 해야 하는 숙제이다.

통상적으로 개발자가 진행하는 시나리오를 보자. 개발일정을 물어보면 "해봐야 알겠다"고 답한다. 분석과 설계는 대충하고 코딩을 시작한다. 이클립스나 비주얼스튜디오 같은 IDE를 가지고 C++이나 Java로 '객체지향 프로그래밍을 한다'고 착각하고 코딩한다. 소스코드에 주석은 거의 달지 않는다. 예외처리도 자기 생각나는 것만 한다. 가끔 설계한다고 UML로 다이어그램 몇 개 만들어 본다. RDBMS를 사용해야 하니까 며칠 배워서 스키마도 만들어 본다. 그러면서 '이제 DB도 안다'고 스스로 대견스러워 한다. 개발하다가 모르는 것은 인터넷에서 검색해서 아이디어를 얻는다. 소스코드관리는 가장 많이 사용되는 SVN이나 Git로 한다.

여기까지는 모든 개발자가 특별한 배움 없이도 다 거쳐가는 시나리오이다. 이 시나리오 대로 가면 영원히 '개나 소'의 대중에서 벗어날 수 없다. 여기서 차별화를 해야지만 연봉이 높아질 수 있다. 개발자 본인은 스스로 '코딩을 기가 막히게 잘한다'고 생각할지도 모르지만 다른 개발자도 다 그렇게 생각한다. 제삼자 입장에서는 모두가 신뢰성을 잃는다. 이런 기술적인 것보다도 더 중요한 것이 계획성이다. 계획없이 열심히 일하는 것은 누구나 할 수 있는 방법이다. 모르는 가운데서 계획을 세우는 것이 어렵기 때문에 가치가 있는 것이다.

회사의 입장에서 보자. 두 팀이 있다. 그런데 한 회사이니까 당연히 공유하는 컴포넌트가 있을 수밖에 없다. 첫 번째 방식은 그냥 각각 따로 코딩하다가 나중에 기회가 되면 공유할 컴포넌트를 찾아내는 것이다. 두 번째 방식은 두 팀이 코딩을 시작하기 전에 공유할 것을 미리 알아내는 것이다.

첫 번째 방식은 실체가 생긴 다음에 찾아내는 것이고, 두 번째는 실체가 전혀 없는 가운데서 상상으로 찾아내야 하는 것이다. 첫 번째 방식은 누구나 할 수 있는 방식이고 두 번째 방식은 소수의 개발자만이 할 수 있는 방식이다. 첫 번째 방식은 시작은 편안하나 나중에 고생하고, 두 번째는 시작은 고통스러우나 나중에 편하다. 이 두 가지 선택 중에서 과연 어떤 것을 택할 것인가?

필자의 경험에 의하면 개발자의 99%는 첫 번째 방법을 택한다. 오직 1%만이 두 번째 방법으로 끝까지 간다. 첫 번째 방법의 특징은 노동집약 산업의 형태다. 조삼모사의 근시안적인 방법으로 전략 없는 전투만 하는 것과 같다. 그렇게 하면서 글로벌 경쟁에서 이긴다는 것은 로또 당첨만큼이나 어렵다.

소프트웨어와 축구의 공통점은 누구나 시작할 수 있지만 잘하기는 어렵다는 것이다. 누구나 다 하는 방식으로 개발하기 때문에 그나마 차별화를 할 요소로 기획과 영업에 집중한다. 그래서 우리나라에서는 기획과 영업역량이 성공을 가른다. 국내 소프트웨어 회사의 경쟁력은 개발역량에 있지 않고 기획과 영업역량에 좌우되고 있다는 얘기다. 우리나라에 영업출신의 CEO가 많은 이유다. 하지만 글로벌 시장에 진출하기 위해서는 개발역량을 포함해

글로벌 소프트웨어를 말하다

모든 차별화가 이루어져야 한다. 미국의 투자가들이 벤처기업에 투자할 때 CTO를 가장 중요한 요소로 보는 이유이기도 하다. CEO나 마케팅 전문가는 데려올 수 있지만 CTO는 구하기 힘들다고 생각하는 것이다.

골프, 바둑, 태권도, 요리, 디자이너, 피아노, 노래 등 아무거나 예를 들어보자. 혼자 해서 잘할 수 있는 것이 있는가? 그런데 어떤 이유에서인지 '소프트웨어는 혼자서 열심히 하면 된다'고 착각한다.

쉽고 편안하게 잘할 수 있다면 천재이거나, 아무나 할 수 있는 일이거나, 착각이거나 셋 중의 하나이다. 가치와 차별화는 어려움에서 생긴다. 혼자서 노력해서 차별화를 하기는 너무 어렵다. 어려움을 극복하려면 좋은 스승을 만나는 것이 핵심이고 차별화의 가장 빠른 길이다. 쌍둥이 증후군과 매트릭스에서 깨어나 현실을 인식하기 바란다. "인식이 모두 현실로 되지는 않는다" 라는 격언이 있다. 그래도 일단 인식이 먼저이고 실행은 다음 문제이다.

21 코딩은 시작이 중요하다

금융권에서 실제 일어난 일이다. 금융권이니까 당연히 매출과 매입인 거래가 있다. 소스코드에서 매입과 매출을 명시하기 위해 상수로 1과 2를 사용해서 1은 매입, 2는 매출로 사용했다. 여기까지는 문제가 없다. 1과 2로 했든 100과 200으로 했든 아무 상관이 없다. 그런데 국제 표준에서 매입이 2, 매출이 1로 바뀌었다.

사실 이게 뭐 큰 문제인가? 당연히 공통 헤더(Header) 파일에서 1과 2의 정의만 변경하면 되는 것으로 필자는 생각했다. 그런데 고치기 어렵다고 회원사에서 난리가 났다. 여기저기 1과 2로 하드코딩을 해두어서 수만 개에 이르는 소스코드에서 1, 2를 다 검색하고 고쳐야 하기 때문에 쉬운 일이 아니었던 것이다. 이런 어처구니없는 일이 벌어지는 것이 우리나라의 현실이다. 실리콘밸리에서는 이런 일이 절대 발생할 수 없도록 시스템이나 프로세스에서 잡는다. 이것을 모르는 우리나라 개발자는 한 명도 없다. 그런데 알면서도 실천을 하는 사람 또한 거의 없다. 그냥 편하게 하면서 '설마' 하는 생각을 한다. 이런 가능성을 조금이라도 인지한 사람은 혹시나 해서 1과 2 대신에 77777, 혹은 99999처럼 검색이 쉬운 숫자로 편법을 사용하기도 한다. 그래도 근본적인 대량 수정의 문제는 남아 있다. 소스코드에서 대량 수정을 한다는 것은 단순 작업일지라도 대수술인 만큼 시기가 좋지 않으면 회사의 운명을 좌우할 수도 있다.

이런 것을 미연에 방지하는 것은 국가가 전쟁을 방지하기 위해서 많은 노력을 들이는 것과 같다. 전쟁이 벌어진 이후의 비용과 전쟁이 벌어지기 전에 대비하는 비용은 액수가 다르다. 전쟁을 대비하는 비용도 액수가 크기 때문에 준비도 안 하고, 전쟁도 안 벌어지는 것이 최상의 시나리오다. 그러나 역사상 그런 경우는 없었다. 준비하지 않으면 꼭 문제가 생긴다. '머피의 법칙'처럼 말이다. 일단 벌어지면 엄청난 리스크다.

그나마 불행 중 다행이었던 것은 금융기관의 특성상 여러 버전이 아니었고 최신 버전만을 사용했다는 점이다. 즉, 최신 버전의 소스코드에서만 잘못

된 것을 고치면 되었다. 금융기관이 아니더라도 이런 종류의 문제가 터졌을 때 릴리스 브랜치가 하나밖에 없다는 것은 천만다행한 일이다.

숫자를 별 생각없이 코딩에 사용하는 개발자에게 필자는 "C++에서는 헤더 파일, Java에서는 상수 정의 클래스를 제외하고는 소스코드 어디에도 숫자가 보여서는 안 된다. 다만 0은 허용한다"고 말한다. 유일하게 숫자 0은 허용할 수밖에 없다.

```
for (i=0; i<MAX_NUM; i++) {
   …..
}.
```

필자는 한 줄만 중복이 되어 있어도 마음이 편하지 않은데 수십 개의 파일을 복사해서 몇 줄 바꾸는 관행이 전혀 죄책감 없이 자행되고 있는 것을 보면 생각이 달라도 너무 다르다.

```
#if  TYPE_LINUX
    sprintf (str1, "%x %s", count,  "ABC");
#else
    sprintf (str1, "%X %s", count,  "XYZ");
#endif
```

이런 식의 코딩을 수도 없이 본다. 아무 잘못없는 순진해 보이는 코드지

만 필자는 이런 코딩을 하는 개발자는 경력이 아무리 오래됐다고 해도 절대 고용하지 않는다. 고치기 어려운 습관이기 때문이다. 진행은 빨리 될지 모르지만 지뢰를 심으면서 갈 수는 없다. 그럼 아래 코드를 보자.

```
#if  TYPE_LINUX
    type =  "ABC";
#else
     type = "XYZ";
#endif
sprintf (str1, "%x %s", count,  type);
```

쓸데없이 한 줄 더 많은 것처럼 보인다. 이 둘 사이의 문제를 심각하게 모른다면 아직 큰 제품을 개발해 보지 않았다는 증거이다. 꼭 문제를 일으켜서 고생을 하거나 망한 다음에 깨달아야 하는가? 인생이 시행착오이긴 하지만 여기저기 지뢰를 심어 놓고 살아가서는 언젠가는 터진다. 내가 집중해야 할 문제만 집중해도 경쟁하기 어려운데 이런 지뢰를 여기저기 물 새듯이 흘리고 다녀서는 경쟁력이 안 된다. 세 번째 코드를 보자.

```
#if  TYPE_LINUX
    #define TYPE_STR  "ABC";
#else
    #define TYPE_STR  "XYZ";
#endif
sprintf (str1, "%x %s", count,  TYPE_STR);
```

글로벌 소프트웨어를 말하다

이 세 개의 코드를 비교해 보면 오타가 있는 경우에 발생할 수 있는 심각한 문제가 위에서부터 차례로 점점 감소되어 간다는 것을 알 수 있다. 단순하게는 조그만 리스크의 감소처럼 보인다. 사실 첫 번째 코드에 고의적인 오타가 하나 있다. x와 X이다. 그 오타를 눈으로 발견하지 못하는 이상 프로그램을 실행하다가 어딘가에서 큰 문제가 생길 것이다. 이게 바로 지뢰이다. 그 오타는 불행히도 컴파일 시점에서도 발견되지 않는다. 실행 시 문제가 되는 최악의 오타이다. 사실은 최초 작성자가 아니라면 코드만 보면서 오타인지, 일부러 의도한 것인지조차도 알 수가 없다. '왜 그랬지?' 하면서 고민하며 오타라고 확신하는 데까지 많은 시간이 걸릴 것이다. 주석이라도 적는다면 알겠지만 이런 코딩을 하는 수준의 개발자가 주석을 달 리가 없다.

회사가 잘 되고 많은 제품이 나오다 보면 브랜치는 필수이다. 많은 브랜치가 있는 상태에서 아래 코드처럼 기능이 점점 추가되면서 코드 변경이 시작된다.

```
sprintf(str1, "%d, %d %s %s", count, total_cout, TYPE_TYR, CATEGOTY_STR);
```

처음에는 간단했던 한 줄이 점점 복잡해져서 수십 줄이 되기도 한다. 그런 것이 수많은 브랜치에 들어 있다고 가정해보자. 그리고 브랜치는 다른 개발자들이 다른 목적으로 여기저기 수정하고 있다. 점점 위험성이 증가한다. 잘나가는 회사의 필연적인 현상인 브랜치 중복이 생긴다. 필연적인 중복에다가 개발자의 잘못된 코드가 불난 집에 기름을 붓는 꼴이 된다. 이런 복잡한

상황이 되면 품질이 나빠지는 것은 필연이다. 이게 바로 '이전에는 됐는데 왜 안 돌아가지?'라는 문제의 근본적인 원인이다.

성숙하지 않은 개발자의 코드를 보면 위에서 본 것과 같은 간단한 것을 등한시해서 생기는 문제가 여기저기 있다. 이런 문제와 브랜치가 조합된 복사의 무서움은 구멍가게로 살아가는 회사에서는 경험할 기회가 없다. 하지만 회사가 성장하면 할수록 많은 브랜치가 생기고 10배, 100배의 문제가 되어 돌아온다. 그래서 나중에는 주석을 달기도 어렵고 빈 칸 한 줄도 마음대로 못 지우는 상황이 된다. 소스코드를 예쁘게 고칠 수 있는 기회는 '최초에 코딩할 때'와 '회사가 잘 안 되어서 망하기 전 한가할 때'밖에 없다. 내가 아무 때나 소스코드를 예쁘게 고칠 수 있다면 그 회사는 성공 가능성이 없는 회사이다. 결국 예쁘게 코딩할 수 있는 기회는 시작할 때 단 한 번뿐이다. 그리고 예쁨을 지속적으로 유지하는 것도 어렵다. 중간에 한 번만 더럽혀지면 끝이다. 아무리 선진 방법론을 사용하고 프로세스를 잘 사용한다고 해도 기본적인 코딩이 제대로 안 되면 '돼지 목에 진주 목걸이'일 뿐이다. 그런 회사에서 일해야 땅 파는 일만 하고 실력도 늘지 않으니 빨리 그만 두고 성공할 회사를 찾아 이직하는 것이 좋다.

결론은 '소스코드는 처음부터 잘 써야 한다'는 것이다. 그리고 계속 유지해야 한다. 성공하는 회사에서는 나중에 고칠 수 없다. 처음에 잘못한 다음에 얼마 안 가 '차세대 개발'이니 '재설계'니 하는데, 말이 좋을 뿐 그건 전쟁이다. 되도록 전쟁이 벌어지지 않게 하는 것이 글로벌 역량인 것이다.

22 책에 나온 대로 코딩하면 초보자다

새로운 프로그래밍 언어나 플랫폼을 배워야 할 때 책을 보는 것이 가장 통상적인 방법이다. 그러나 불행히도 책은 단편적인 기능을 가르쳐주는 최하위의 가르침이다. 건축으로 비교하면 땅 파는 법이나 벽돌쌓는 법 등을 가르쳐주는 것이다. 하지만 제품을 만드는 소프트웨어의 개발역량은 응용역량이다.

미국 개발자가 1년차부터 10년차 개발자에 이르기까지 그들의 프로그래밍 방식을 보여준 '소프트웨어 엔지니어의 진화'라는 기사[1]가 있다. 나름대로 많은 의미를 가지는 프로그래밍의 예를 보여주는데 대부분의 개발자는 깨닫기는커녕 재미있는 농담으로 받아들이고 자신이 하던 프로그래밍 방식을 유지할 것이다. 심지어는 국내 10년차 개발자도 이 기사에 나오는 3년차 개발자에 미치지 못한 경우를 많이 보았다. 그러면서 본인은 '고급 개발자'라고 생각한다. 단편적인 코딩능력과 개발능력은 다르다.

여기서는 Java를 이용해서 예를 바꿔 설명을 추가해보겠다. 프로그래밍 언어에 상관없는, 생각하는 방식을 보여주는 것이기 때문에 Java와 상관없이 이해를 할 수 있을 것이다. 그래서 필자는 "한 언어를 잘하면 다른 언어도 잘한다"고 말한다. 중요한 것은 언어의 Syntax가 아니라 생각하는 방식인 것이다. 그럼 설명을 시작해 보자. 모든 언어를 배울 때 가장 처음에 작성하는 코드가 "Hello World!"이다.

----

1 http://medium.com/@webseanhickey에 들어가면 'The Evolution of a software Engineer' 링크가 있다.

먼저, 1년차 개발자를 보자.

```
class HelloWorld
{
        public static void main(String args[])
        {
                // Displays "Hello World!" on the console
                System.out.println("Hello World!");
        }
}
```

주석 한 줄이 적혀 있고 전혀 문제없이 구동되는 프로그램이다. 이게 학원에서 가르치는 것이고 책에 기재된 코드이다. 1년차 개발자는 이처럼 책에 나온 대로 프로그래밍한다. 이게 왜 잘못되었는지를 이 시점에서 모른다면 아직 1년차 개발자인 것이다. 회사에서 "Hello World!" 프로그래밍을 하라고 할 때 이렇게 하면 안 된다. 2년차 개발자를 보자.

```
/**
  * Hello world class
  *
  * Used to display the phrase "Hello World! in a consile.
  *
  * @author John
  */
class HelloWorld
{
```

```
/**
 * The phrase to display in the console
 */
public static final string PHRASE = "hello world";

/**
 * Main method
 * @param args Command line arguments
 * @return void
 */
public static void main(String args[])
{
        // Displays PHRASE on the console
        System.out.println(PHRASE);
}
}
```

2년차 개발자는 일단 '문자열은 소스코드에 포함하면 안 된다'는 중요한 진리를 깨달았다. 즉 PHRASE라는 상수를 사용했다. '이게 뭐 중요한가?' 라고 생각한다면 아직 이런 것들이 심각한 문제가 되는 경우를 경험해 보지 못한 것이다. 그리고 주석을 일부분 달기 시작했다. 이 정도면 잘 썼다고 흐뭇해할 것이다. 아직 생각의 폭이 넓지 않으니 뭐가 잘못된 것인지를 모른다. 틀린 것이 아니라 모자란 것이다. 그럼 이 시점에서 누가 와서 "Hello World!"를 "안녕 홍길동"으로 변경해 달라고 한다. 그러면 재빨리 복사해서 5분 만에 다음과 같은 소스코드를 만들어 줄 것이다.

```
/**
 * Hello world class
 *
 * Used to display the phrase "Hello World! in a consile.
 *
 * @author John
 */
class HelloWorld
{
        /**
         * The phrase to display in the console
         */
        public static final string PHRASE = "안녕 홍길동";

        /**
         * Main method
         * @param args Command line arguments
         * @return void
         */
        public static void main(String args[])
        {
                // Displays PHRASE on the console
                System.out.println(PHRASE);
        }
}
```

요청했던 대로 잘 돈다. 근데 다음에 또 다른 누가 와서 "굿바이 홍길동"
도 필요하다고 한다면 5분 만에 "안녕 홍길동"을 "굿바이 홍길동"으로 수정
해서 프로그램을 또 하나 만들어 낸다. 그 다음에 "굿바이 World!"를 만들어

달라고 하면 또 5분이면 만든다. 4개 프로그램 만드는 데 20분밖에 안 걸렸다. 전광석화처럼 프로그램을 만들어주니 프로그래밍을 모르는 관리자는 '시키는 대로 척척 일을 해내니 훌륭한 개발자'라고 생각할 것이다. 책대로 그대로 한 것이니 어찌 보면 맞는 얘기다. 하지만 필자 관점에서 보면 이 개발자는 해고 대상이다. 지금까지도 벌써 거의 중복인 4개의 프로그램을 관리한다는 것도 이미 인내의 한계를 벗어났고, 앞으로도 수많은 복사 프로그램이 생길 가능성이 있다. 이 개발자는 미래에 수많은 문제를 일으킬 소지가 다분하기 때문에 나중에 뒤치다꺼리하지 않으려면 지금 해고하는 편이 낫다.

그럼 어떻게 프로그램을 해야 할까? 기본적으로 확장성을 생각해야 한다. 이 프로그램의 목적이 무엇인지를 잘 알아야 한다. 책보고 연습하라고 개발자로 고용한 것은 아니니, 왜 이 프로그램을 작성하라고 했는지를 알아내야만 한다. "Hello World!"를 출력해 달라고 요청한 사람의 의중을 파악해야 한다. 그래서 "홍길동"도 출력해야 하고 "굿바이"도 출력해야 한다는 것을 알면 프로그램이 완전히 바뀐다.

```
class SayPhrase
{
        public static final String PHRASE_PART_1 = "hello"
        public static final String PHRASE_PART_2 = "world"

        private String part1 = null;
        private String part2 = null;
```

```
public SayPhrase (word part1, word part2)
{
        this.part1 = part1;
        this.part2 = part2;
}

public void sayphrase()
{
        String final_phrase = part1 + " " +part2;
        System.out.println (final_phrase);
}

public void main(String args[])
{
        sp = new SayPhrase (PHRASE_PART_1,  PHRASE_PART_2);
        sp.say_phrase();
}
}
```

필자가 지금까지의 요구사항을 가지고 간단히 설계 대용으로 필요한 method를 만들어 보았다. 이쯤에서 다시 원래 요청자가 생각하지 못한 것이 있지 않을지 곰곰이 생각해 본다. 사실 이쯤 되면 대부분의 경우 많은 것을 요청자와 다시 협의하게 된다. 예를 들어 Part1이나 Part2를 get()할 필요가 있는지도 확인해야 하고, part1은 고정시키고 part2만 여러 가지로 변화시킬 가능성은 있는지 등을 협의해야 한다. 그렇게 협의한 후에 그럴 가능성은 전혀 없다고 하면 확실히 사양을 확정하고 이제 코딩을 시작한다. 앞에 있는 1~2년차의 개발자 코드로 컴파일해서 실행해보고, 답이 나온다고 '프

로그래밍이 끝났다'고 하면 아직 초급 개발자다. 개발자에게 가장 난감한 경우는 요청자가 '그럴 필요가 있을지도 모른다'고 애매모호한 태도를 보일 때다. 고객으로 치면 만나고 싶지 않은 최악의 고객인 것이다.

아직 본격적인 코딩은 시작하지도 않았다. 앞의 코드는 워낙 간단한 프로그램이므로 Function header 정도만을 명시함으로써 설계를 대체한 것이다. 개발할 때 벌어지는 '운영의 묘'이다. 이 프로그램을 하면서 UML을 작성하고 있다면 낭비이다. 이제 진짜 코딩을 시작하면 지금보다 5배 정도 많은 줄이 생길 것이다. 예외처리와 주석만 포함해도 많은 양이 되고, 하다 보면 또 다른 좋은 방법들이 생각난다. 필자가 적은 방법 말고도 여러 가지 다른 방법이 있다. 여기서 잠깐 생각해보자. 만약 "안녕 홍길동"이 필요한 다른 개발자가 있다면 이 프로그램을 어떻게 사용하면 될까? 이 프로그램은 이미 기존 프로그램을 전혀 변경하지 않고 다른 프로그램에서 사용할 수 있도록 고려되어 있다. 대충 다음과 같이 하면 된다. 중요한 것은 위의 SayPhrase class 소스코드는 전혀 변경을 하지 않아도 된다는 것이다. 그게 핵심이다.

```
class MyApp
{
        public void main(String args[])
        {
                sp = new SayPhrase ("안녕", "홍길동");
                sp.say_phrase();
                sp = new SayPhrase ("굿바이", "홍길동");
                sp.say_phrase();
```

```
        sp = new SayPhrase ("안녕",  "이순신");
        sp.say_phrase();
        ......
    }
}
```

이쯤 시뮬레이션을 하다 보니 SayPhrase 인스턴스를 계속 만들어야 하는 비 효율성이 생겨난다는 것을 깨달았을 것이다. 이 문세를 해결하기 위해 static 방법을 도입할 수도 있고 setPart1()과 setPart2()라는 method를 만들 수도 있다. 그러므로 아직 설계가 완성된 것이 아닌 것이다. 이런 과정을 거쳐서 모든 method를 정의하고 나면 이제는 아르바이트생에게 코딩을 맡겨도 된다. 귀중한 시간을 쉬운 코딩에 소비할 수는 없다. 최악의 경우 망쳐야 코드 몇 줄 망치는 것이다. 그때 가서 고치면 된다. 물론 고급 개발자가 직접 하면 훨씬 빠를지 모르지만 그렇다고 건축가가 벽돌쌓는 인부 노릇을 하는 것은 손해다. 여기서부터 (코딩)는 지식 산업보다는 노동 산업의 성격이 강하기 때문이다.

안되는 회사의 공통된 특징을 살펴보면 이쯤에서 관리자가 "왜 빨리 프로그램을 못 만드냐"고 재촉한다. "다른 개발자는 20분이면 한다고 하는데 너는 왜 이렇게 오래 걸리냐"고 타박한다. 이런 회사에서는 야단 맞기 싫으니까 할 수 없이 주석도 없고, 에러처리도 안 하고, 프로그램 4개 복사해서 "Hello World", "안녕 홍길동", "굿바이 홍길동", "굿바이 World"를 만들어 준다. 회사야 망하든 말든, 일단 내가 살아나야 하니까 실행만 되는 최악의 프로그

램을 만든다. 이런 짓을 회사가 망할 때까지 하다가 다른 회사로 가면 된다. 근본 원인은 개발자가 아니라 무지한 경영자와 관리자에게 있다. 이런 식으로는 10년을 일해도 개발자의 역량은 향상되지 않는다. 불행히도 대부분의 국내 회사는 거의 이런 식으로 프로그램을 하게끔 환경이 만들어져 있다.

개발자가 생각하는 방식을 보여 주기 위해서 이쯤에서 중지했지만 이 프로그램은 고객에 따라 지금보다 훨씬 더 많은 기능이 들어갈 수도 있다. 책에서 보여주는 "HelloWorld" 프로그램과 현실에서 벌어지는 프로그램과는 하늘과 땅 차이이다. 책은 글쓰기의 기본적인 기능을 가르쳐주는 것에 지나지 않는다. 소설 쓰는 작업, 이것이 바로 개발자가 해야 하는 일이고 역량의 차이가 거기에서 나타나는 것이다. 학교에서 절대 현실을 배울 수 없는 이유도 마찬가지다. 한 회사에서도 1년 경험자가 10년 경험자보다 잘할 수 있는 이유가 이렇게 생각하는 방법에 차이가 있기 때문이다. 책에서 배우는 것은 극히 시작에 불과한 것이고 개발자가 가져야 할 역량은 다른 것이다.

23 페르마의 마지막 정리보다 어려운 문제

17세기 최고의 천재 수학자로 꼽히는 프랑스인 페르마는 정수론의 대가였다. 그는 자신의 노트에 '페르마의 마지막 정리(Fermat's last theorem)'라고 불리는 문제를 풀었다는 다음과 같은 말을 남기고 죽었다.

$$"x^n + y^n = z^n : n이\ 3\ 이상의\ 정수일\ 때,$$
$$이\ 방정식을\ 만족하는\ 정수\ x, y, z는\ 존재하지\ 않는다.$$
$$나는\ 경이적인\ 방법으로\ 이\ 정리를\ 증명했다.$$
$$그러나\ 이\ 책의\ 여백이\ 너무\ 좁아\ 여기\ 옮기지는\ 않는다."$$

그가 남겨 놓은 이 한마디 때문에 그 후 350년 동안 수학계가 상금까지 걸고 이 문제를 풀려고 노력했다. 이 정리는 언뜻 보기에 피타고라스 정리처럼 간단해 보이지만, 수학 역사상 최대의 수수께끼였고 난제였다. 수많은 수학자가 이 정리를 증명하기 위해 일생을 바쳐왔지만 실패를 거듭했다. 1993년, 마침내 영국의 수학자 앤드루 와일즈가 증명하는 데 성공했다. 그러나 증명이 너무 복잡해서 이해하기가 어려웠을 뿐 아니라 그의 제자가 증명에 수정을 하기도 했다. '증명했다라기보다는 증명으로 인정했다'라는 표현이 적합하다. 증명은 되었지만 현대의 수학자들은 그 방대한 증명을 페르마가 실제로 수행하지는 못했을 것이며 아마 그가 착각했을 것이라 추론한다. 진실은 알 길이 없다. 그러나 천재가 남긴 한마디를 무시할 수는 없었다.

국내 소프트웨어 개발자들이 남긴 소스코드를 보면 필자는 페르마의 마지막 정리가 생각난다. 설계도 없고 주석도 없어 소스코드를 이해하기 어려운 상황에서 "잘 돌아기는데요"라고 하면 할 말이 없다. 의심은 가지만 문제라는 것을 증명하기에는 너무 많은 노력이 든다. 결국은 나중에 문제가 생길 때까지 예언하고 기다렸다가 세월이 증명해주는 방법을 사용하게 된다. 경영자도 출시가 급하니 일단 그냥 넘어가기를 원하고, 개발자도 귀찮은 일을 안 해도 되고, 또 비밀스러운 코드가 회사생활에서 자신의 안전에 도움이 된다는 것을 잘 알고 있기에 누가 참견만 안 하면 수많은 '페르마의 마지막 정리'를 소스코드에 퍼트리고 다닌다. 결국 이런 회사는 성장을 못 한다. 다른 사람이 페르마의 정리를 푸는 데 너무 많은 노력이 들기 때문이다. 필자의 회사라면 절대 이런 현상이 생기지 않도록 하겠지만 컨설팅을 하는 입장에서는 최대의 설득과 심각한 경고를 하는 것까지가 한계이고 강제적인 권한은 없기 때문에 안타깝더라도 달리 할 방법은 없다.

만약, 우리 회사 소스코드를 외부에 유출시키면 어떻게 될까? 그것을 가져간 회사들이 경쟁자가 될 수 있을까? 소스코드를 가지고 그 다음날 새로운 개발자를 고용해서 제품을 만들 수 있을까?

실리콘밸리 회사의 소스코드라면 가능하지만 국내 회사의 소스코드로는 불가능하다. 소스코드가 가독성이 있게 작성되어 있지 않기 때문이다. 소스코드와 개발자가 항상 쌍으로 붙어 다녀야 가치를 인정받는 것이 국내의 현실이다. 그러므로 소스코드가 유출되어도 관련된 모든 사람이 따라가지 않으

면 가치가 없다. 반면에 실리콘밸리에서는 소스코드와 개발자는 별개의 독립된 객체로서 가치가 있다. 개발자 가치에 소스코드가 항상 붙어다닌다는 것은 회사나 개인으로서 엄청난 제약이다. 필자는 농담으로 "국내에서 경쟁사를 괴롭히는 가장 좋은 방법은 소스코드를 고의로 누출시키는 것"이라고 말한다. 개발자가 없는 국내 소스코드는 전혀 가치가 없다. 설령 그 개발자가 있다고 해도 그를 대체하기 어렵다는 불안감을 항상 안아야 한다. 그래서 최악의 코드를 작성한 사람이 가장 중요한 위치에 서게 되는 딜레마가 생긴다.

미국에도 컴포넌트 기술을 파는 많은 중소기업이 몇십 년 동안 그들만의 전문성을 유지하면서 잘 살아가고 있다. 그런 회사의 기술을 사용하면 불안요소가 없다. 필자가 20여 년 전에 인터넷 메세징을 개발하면서 Leadtool과 Black Ice라는 회사의 컴포넌트 기술을 유용하게 사용했는데 지금도 그 기술이 생존하고 있다. 하지만 국내 소프트웨어 회사는 필자에게 그런 신뢰감을 주지 못한다. 실제로 많은 회사가 컴포넌트 기술이 필요해서 국내 회사의 기술을 이용했다가 기술을 개발한 그 회사가 망하면서 난감해진 경우가 많다. 소스코드를 그대로 이전해주는 것이 그나마 기술을 개발한 회사가 망하는 것을 가정한다면 최대한의 배려지만 기술을 받는 회사에서 소스코드를 받아들고 페르마의 정리를 풀고 있을 수는 없다. 결국 남의 소스코드 가지고 고생하는 것보다는 새로 개발해야 하는 상황이 된다. 그리고 똑같은 패턴이 되풀이된다. 나쁜 역사가 되풀이되는 것이다. 단기적으로 소프트웨어 개발자의 고용시장을 창출하는 데는 긍정적이지만 소프트웨어 업계의 미래가 어둡다

글로벌 소프트웨어를 말하다

는 것은 너무 뻔하다. 매년 예산을 소진한다며 도로포장을 반복한다면 고용 창출은 되겠지만 건축업이 발전하지는 않는다. Leadtool처럼 작은 회사이지만 장기간 신뢰할 수 있는 회사가 국내에는 드물다는 것이 국내 소프트웨어 업계를 활성화시키는 데 장애가 된다. 내가 사용하던 부품 회사가 없어진다는 것은 완제품 회사로서는 난감한 일이다.

신입사원이 회사에 들어가도 마찬가지 상황이다. 현대의 수학자들이 페르마가 착각을 했다고 추측하는 것처럼 경력사원들도 사실은 자기가 써 놓은 소스코드를 이해 못 하는 것이 현실이다. 페르마도 막상 '페르마의 마지막 정리' 문제를 풀려고 하면 "모르겠다"고 할지 모른다. 국내 소프트웨어 회사에 컨설팅을 가 보면 개발자가 수행하는 개발 업무의 80% 정도는 과거의 소스코드를 해독하는 데 들어간다고 본다. 해독을 제대로 하면 다행이지만 잘못해서 오류가 생기는 경우도 부지기수다. 그런 상태에서는 버그 숫자가 어느 임계치를 넘어가게 되면 고쳐도 고쳐도 버그가 줄어들지 않는다. 그러다가 결국은 재개발로 가게 된다. 그래서 필자는 실리콘밸리에서는 소스코드의 재사용 옹호자였지만 국내에서는 재개발 옹호자가 되었다. 단, 제대로 후배들이 이해할 수 있는 소스코드로 재개발한다는 가정하에서다.

국내 소프트웨어 회사에서 과거에 C로 개발해 놓은 소스코드 중에서 지금도 사용되고 있는 경우가 있는지 궁금하다. 아마 거의 없을 것이다. 이해할 수 없는 소스코드는 오래지 않아 버려진다. 소스코드의 수명이 얼마나 되는지가 소프트웨어 회사의 역량 중의 하나이다. 실리콘밸리에는 리눅스를 비롯

해 아직도 수십 년 된 소스코드가 잘 사용되고 있다.

지식 산업의 가치는 지적재산권(IP, Intellectual Property)에 있다. 특허나 소스코드가 지적재산에 속한다. 그래서 그런지 국내 소프트웨어 회사는 소스코드가 외부에 유출되지 않게 하기 위해 많은 노력을 한다. 심지어는 VMWare나 Citrix와 같은 가상화 환경을 이용해서 서버에서만 개발하게 만드는 방식까지 동원한다. 과거의 메인프레임 시대로 돌아간 느낌이다. 개발하는 데 방해만 안 되면 나쁠 것은 없지만 메인프레임의 장단점을 그대로 가지게 된다. 대부분의 소스코드는 보안이 필요 없거나 중요한 코드라고 해도 극히 일부분이다. 그런 부분만 통제하면 되지 모든 부분을 통제하느라 효율성을 떨어뜨려서는 경쟁력이 떨어진다. 소스코드보다 훨씬 더 중요한 것이 문서이다. 물론 제대로 작성된 문서인 경우에만 해당된다. 보안을 하려면 그런 문서를 하는 것이 더 중요하다.

구글 안드로이드는 오픈소스일지라도 막강한 경쟁력을 가지고 있다. 비밀스러운 페르마의 정리 때문이 아니라 계속 미래를 개발할 수 있는 개발자들을 보유하고 있기 때문이다. 소스코드가 아무리 열려 있어도 인력이 없이는 미래의 성장을 기대할 수 없다. 손자병법도 오픈소스였다. 모두가 보게 하면서도 손무는 전쟁을 승리로 이끌었다. 소스코드가 중요한 것이 아니라 사람이 제대로 실행하는 것이 중요한 것이다. 미국에서의 금융권은 고객에게 서비스를 제공하지 않는 한이 있더라도 보안을 중시하지만, 소프트웨어 회사는 소스코드에 대한 보안은 별로 신경쓰지 않는다. 모든 개발자가 소스코드는 집에 다 가지고 있다고 간주한다. 한국은 반대이다. 보안에 구멍이 있더라

글로벌 소프트웨어를 말하다

도 온갖 금융서비스를 제공하면서, 소프트웨어 회사에서는 해독도 어렵고 독립적인 가치도 없는 소스코드 보안을 위해 많은 노력을 들인다. 실리콘밸리와 비교했을 때 범죄 시에 처벌의 경중에 대한 차이가 있기는 하지만 금융권이나 소프트웨어 회사나 핵심을 놓치고 있다.

농담삼아 늘 하는 얘기가 있다. 우리 소스코드가 절대 외부로 유출되면 안 되는 이유가 '우리한테 비밀이 없다는 것을 남들이 알게 될까봐'이고 또 '너무 엉터리라서 곧 망할 거라는 것을 알게 될까봐'라는 것이다. 국내 소프트웨어 업계를 괴롭히기 위해 태어난 것이 아니라면 가독성이 있는 코딩을 하기 바란다. 페르마와 같이 비밀을 퍼뜨리는 사람은 바람직하지 않다. 가독성이 있는지 없는지는 바보가 아니라면 다 판단할 수 있다. 제발 "일정이 없어서"라는 핑계는 더 이상 하지 말자. 한 번도 가독성이 있는 코드를 써 본 적이 없으면서 언제까지 똑같은 변명을 늘어 놓을 것인가? 영속성 있고 가치 있는 소스코드를 쓰는 즐거움을 맛보기 바란다.

24 구글이 원하는 개발자, 문제해결 역량

2년 전 쯤에 구글에 취직한 우리나라 개발자가 자기가 경험한 면접과정을 기사화한 적이 있다. 우리나라하고는 다르니까 신기한 경험이었을지 모르지만 미국 소프트웨어 회사들의 공통된 얘기였다. 만약에 개발자로서 실리

콘밸리에 취직하려고 한다면 국내 회사에 취직하는 것과는 다른 준비를 해야 한다. 어쩌면 준비할 것이 없을지도 모른다. 마지막 순간에 족집게 공부로는 준비할 수 없는 것이다. 자신의 모든 진실한 역량이 드러나기 때문이다.

필자가 미국 대학교에서 과목을 들을 때도 시험 준비를 위해 특별히 공부할 필요가 없는 경우가 많았다. 마지막에 잠깐 공부하고 운이 좋으면 점수가 좋게 나온다는 것은 진정한 실력이 아니다. 그런 식의 시험문제가 나오지도 않는다. 일주일의 시간을 주고 집에서 해오는 시험도 있었다. 학생 입장에서는 진이 빠지는 경우이다. 이런 시험문제는 답이 하나가 아니다. 생각하는 방법에 따라 문제 자체가 달라지고 그래서 학생마다 답도 다르다. 그래서 베낄 수도 없고 비슷하게 흉내 낼 수도 없다.

회사 인터뷰를 보자. 개발자의 경우는 하루 정도 인터뷰 한다. 한국에서는 여러 명의 면접관이 한 명의 지원자를 앉혀 놓고 여러 가지 질문을 하며 동시에 관찰을 한다. 이런 식으로는 평가를 제대로 할 수 없기 때문에 필자는 이런 방식을 좋아하지 않는다. 실리콘밸리에서는 일대일로 면접을 진행한다. 한국에서는 지원자가 한 시간 정도의 인터뷰만 잘 넘기면 된다. 아주 편하다. 실리콘밸리에서는 그게 안 된다. 면접관 한 사람당 40~50분 정도씩 여러 명의 면접관이 한 명의 지원자를 하루 종일 인터뷰한다. 그래도 잘 판단이 안 되면 다시 부른다. 면접관은 위아래 개발자들이 골고루 섞여 있다. 대부분 점심도 같이 한다. 점심도 지원자를 판단하기 위한 중요한 부분이다. 성격의 많은 부분을 볼 수 있다. 하지만 개발자를 뽑는 것이기 때문에 역시 면접 평가의 핵

심은 개발역량이다. 어차피 미국은 다양한 인종이 살기 때문에 성격이 다 독특할 수밖에 없기 때문에 진짜 이상한 경우만 아니면 문제가 되지 않는다.

인터뷰의 핵심은 문제해결 능력이다. 문제를 전개하고 정의하고 협의하고 풀어나가는 능력이다. 필자가 한국에서 개인적으로 인터뷰할 기회가 생기면 '숫자 3개를 정렬'하는 문제를 낸다. 아무 질문 없이 문제를 그대로 풀어오면 빵점이다. 문제 자체를 정의하지도 않은 상태에서 자기 멋대로 풀어온 것이다. 이런 스타일의 개발자는 회사에서 가장 큰 문제다. 언제 어디서 무슨 짓을 저지를지 모르는 돈키호테다. 지원자가 문제를 미리 알고 있다고 해도 아무런 상관이 없다. 어차피 일 년 동안 풀어도 못 푸는 문제이기 때문이다. 지금까지 이 문제에서 필자의 기준에 합격한 국내 개발자는 거의 없었다. 어차피 국내에서는 실리콘밸리 수준의 문제해결 능력을 가지고 있기가 어렵기 때문에 기대하지도 않는다. 기준에 모자라더라도 그 중에서 상대적으로 나은 개발자를 뽑을 수밖에 없다. 이 문제를 풀 때 프로그래밍 언어는 상관하지 않는다. 시험에서 연필로 쓰나 볼펜으로 쓰나 상관하지 않는 것이나 같다. 언어 프로그래밍 능력은 금방 배울 수 있는 것이기 때문이다. 객체지향을 이해하는 것이 중요한 것이지 C++이나 Java 같은 언어를 잘 알아야 하는 것은 아니다.

먼저 국내 개발자들의 예를 보자. 그냥 3개 숫자 정렬하는 소스코드를 막 쓰기 시작한다. 물론 자기가 가장 자신 있는 프로그래밍 언어를 사용한다. 이

럴 때면 필자는 의문이 든다. 설마 필자가 그걸 몰라서 풀어보라고 했겠는가? 물어보는 사람의 의도를 파악해 보려는 생각은 하지도 않고 늘 정해진 문제를 풀 듯이 그냥 알고리즘 생각해 내기에 바쁘다. 숫자 3개 정렬하는 알고리즘이 복잡해야 얼마나 복잡하겠는가? 삼척동자도 다 아는 것이다. 바로 국내 교육의 병폐가 여기서 확연히 드러난다. 필자는 국내 회사에 가서 개발자들과 일을 할 때도 이런 문제가 보통 심각한 문제가 아니라는 것을 느낀다.

문제를 해결하기 위해 필요한 전제조건은 문제를 찾아내고 정확히 정의하는 능력이다. 이 능력은 학원가서 배울 수 있는 것도 아니고 주입식 위주의 교육 환경에서 쌓여온 무의식의 축적이기 때문에 장기적인 교육환경의 변화를 필요로 한다. 하여튼 국내 교육의 결과로 그런 능력은 없다 치고, 알고리즘이라도 제대로 쓰면 가장 기본적인 논리력은 인정해 준다. 그런데 이것도 헤매지 않고 적어내는 개발자가 많지 않다.

필자가 풀라고 한 '숫자 3개를 정렬'하는 것이 문장으로서 문제가 확실히 정의되었다고 보는가? 아직도 그렇게 생각한다면 국내 소프트웨어 업계가 성숙하지 않았다는 구체적인 증거이다. 그럼 실리콘밸리의 회사의 인터뷰에서 벌어지는 대화를 시뮬레이션 해보자.

글로벌 소프트웨어를 말하다

면접관 숫자 3개를 정렬하는 문제를 풀어보세요.

지원자 숫자 3개만 정렬할 것인가요? 4개, 5개, 혹은 많은 숫자를 정렬할 필요가 있나요?

면접관 나중에는 숫자가 늘어날 겁니다.

지원자 오름차순, 내림차순을 선택할 필요가 있나요?

면접관 예

지원자 숫자가 정수인가요, 실수인가요?

면접관 두 가지를 다 사용합니다.

지원자 정수일 경우 최대와 최소 범위가 무엇인지요?

면접관 최대가 큽니다. 30자리 숫자입니다. 최고는 마이너스로 10자리 정도 됩니다.

지원자 실수일 경우는 어떤가요?

면접관 소수점 이하 20자리까지 정확해야 합니다.

지원자 이 프로그램이 독립적인 프로그램인가요? Function으로 제공해야 합니까?

면접관 둘 다 필요합니다.

지원자 어떤 응용프로그램이 사용하려고 하는 건가요?

면접관 우주관제센터에서 사용할 것입니다.

지원자 이 프로그램을 사용할 운영환경이 무엇입니까?

면접관 IBM 메인프레임입니다.

지원자 이 프로그램을 얼마나 자주 호출합니까?

면접관 1초에 1억 번 정도 호출됩니다.

지원자 속도 때문에 소수점 20자리를 계산하기는 불가능할 것 같습니다.

면접관 메모리는 충분히 늘릴 수 있어요. 어떤 알고리즘을 써야 속도가 가장 빠를까요?

지원자 일단은 O(N log N)인 알고리즘이 빠르겠지만 정렬해야 하는 숫자가 천 개, 만 개가 될 것이 아니라면 별 차이는 없으니까, 중요한 것은 Function을 부를 때 숫자가 30자리나 되니까 parameter로 넘기지 말고 pointer로 넘기거나 Global 변수로 접근하는 것이 어떨까요?

면접관 그렇게 하면 객체지향적인 측면에서 어떤 문제가 있을까요?

...

어느 정도 느꼈겠지만 이 문제의 정의가 끝나려면 아직 멀었다. 이런 대화가 1시간을 진행된다고 생각해 보자. 지원자가 가지고 있는 모든 지식이 드러난다. 국내 개발자에게 풀라고 하면 그냥 답 적어내겠다고 하는 것과는 워낙 접근 방법이 다르니 비교할 수조차 없다. 이런 인터뷰를 여러 면접관과 하루 종일 하면 실력이 다 드러난다. 다른 면접관하고 얘기를 하면 또 완전히 다른 방향으로 간다. 그래서 문제를 안다고 해도 미리 공부해 갈 수도 없다. 사실은 대화 중에 면접관도 많은 것을 배운다. 지원자에게 많이 배울수록 감동받고 '이 사람은 꼭 고용해야 합니다'라는 평가를 적을 것이다. 이런 상호존중이 바로 회사에서 가장 중요한 것이다. 그룹으로 협업하면서 문제를 해결하는 능력인 것이다. 실리콘밸리의 개발자들은 이런 식의 사고방식이 익숙해져 있기 때문에 추상적인 문제가 주어져도 협업하면서 구체적으로 정의하며 문제를 해결해 나간다. 어차피 벼락치기한다고 인터뷰 준비가 될 것도 아니기 때문에 평소 실력으로 편안하게 인터뷰에 임하면 된다.

이런 인터뷰 과정을 거쳐 입사를 하게 되면 국내 소프트웨어 회사에서는 상상도 하지 못할 일이 다음 날 벌어진다. 실제 업무를 하는 것이다. 교육은 없다. 필자가 대학 졸업 때부터 많은 실리콘밸리의 회사를 다녔지만 교육을 시킨 회사는 하나도 없었다. 그 다음 날부터 일을 시키는 것이다. 문제해결 능력이 있는 사람을 뽑았다면 당연히 자기가 해결해야 할 문제를 발견하고 정의하고 해결할 수가 있어야 한다. 물론 그러기 위한 기본적인 기반시스템을 갖추고 있어야 하는 것은 회사의 책임이다. 국내 회사는 이런 기본적인 기반시스템도 갖추고 있지 않기 때문에 산 넘어 산이다. 또 다른 방대한 주제이

므로 여기서는 넘어간다. 그래서 국내 소프트웨어 개발자의 화려한 이력서가 아무런 의미가 없다. 사상누각인 것이다. 국내 개발자의 이력서에는 많은 프로그래밍 언어, 플랫폼, 방법론, UML 같은 도구를 자랑스럽게 적어 놓는다. 그러나 실리콘밸리 회사의 인터뷰 때는 그런 것을 별로 보지도 않는다. 이것은 보조적인 도구에 불과한 것뿐이지 소프트웨어 개발자로서의 역량과는 거의 상관관계가 없기 때문이다. 참고로 한국의 개발자가 구글에서 경험했다는 인터뷰 질문은 다음과 같으니 자신이 얼마나 깊이 많은 관점에서 대화할 수 있을까를 한번 시뮬레이션해보기 바란다. 그냥 정답을 내려고 하는 접근 방법으로는 아마 100% 불합격할 것이다.

˅ integer operation으로 log를 구현하려면 어떻게 하는가? 이 경우 총 연산의 수는?

˅ 두 개의 sort된 행렬을 merge하려면 어떻게 하는가? 이 경우 complexity는 어떻게 되는가?

˅ C++ class의 static variable은 어떤 의미가 있고 어떻게 쓰이는가?

인터뷰 질문에서 보듯이 문제의 깊이와 다양한 관점을 가지기에는 경험도 필요하다. 그런 이유로 실리콘밸리 회사에서는 젊은 개발자도 많지만 젊은 개발자가 쫓아갈 수 없는 백발이 성성한 개발자의 역량이 존재한다. 그래서 실리콘밸리에는 60세된 개발자가 흔하고 회사의 핵심역량이기도 하다. 실제 회사를 대표하는 기술 회의에 나가면 백발의 개발자가 나오는 경우가 많다.

문제해결 역량은 학교교육에서 기초를 배우고, 제대로 된 회사에서 협업하며 경험을 함으로써 쌓여가는 것이다. 혼자서 열심히 프로그래밍한다고 길러지는 역량이 아니다. 국내 교육기관도 변해야 하고 국내 기업문화도 빨리 답을 재촉하는 것보다 여러 관점에서 다양하게 생각할 기회를 주는 것이 결국은 좋은 품질의 제품을 가장 빨리 만드는 지름길이다. 이것이 바로 제1원인인 분석능력인 것이다.

25 오픈소스의 혜택은 무궁무진하다

IEEE Computer Society에서 Software Engineering에 대해 정리한 'SWEBOK(Guide to the Software Engineering Body of Knowledge, 소프트웨어 지식체계)'[2]라는 문서가 있다. 수백 명의 공식 검토자를 포함해서 전 세계의 많은 소프트웨어 전문가들이 검토하고 만든 문서이다. 2004년에 출시된 버전이 있고 2014년에는 V3.0이 출시되었다. 이 문서는 필자가 읽어본 어떤 책이나 문서보다 소프트웨어 개발에 대한 핵심을 잘 설명해주고 있다. 필자가 평생 소프트웨어에서 경험한 것을 회상하면서 이 문서를 읽은 것은 환희였고 감동이었다.

이 책이 실리콘밸리의 많은 개발자에게는 감동을 줄 수 있지만 약간은 추상적인 가이드 때문에 단편적인 기법을 배우려고 하는 사람에게는 전혀 도움

----

2 필자의 블로그(ikwisdom.com)에서 살펴볼 수 있다.

이 안 된다. 본질적인 'Why'와 'What'을 중시한 책이지 'How'를 가르쳐주는 문서는 아니기 때문에 추상적인 가이드가 될 수밖에 없다. 가이드를 적용하는 것은 각자 환경에 따라서 응용하는 일이다. 소크라테스가 "너 자신을 알라"라고 했을 때 "그래서 어떻게 하라는 겁니까?"라고 물어본다면 아직 질문조차도 이해한 것이 아니다. 필자가 느낀 감동과 그 내용을 곧 블로그(ikwisdom.com)를 운영하면서 적으려고 한다. 소수의 사람만이 혜택을 받더라도 필자에게는 시간을 들여서 해볼 만큼 보람이 있는 일이라고 생각한다.

불행히도 이 감명 깊은 문서를 만들고 검토한 수백 명 중에 우리나라 사람은 한 명도 없다. 미국이 대다수를 차지하긴 하지만 이스라엘, 중국, 일본, 홍콩, 브라질, 스페인, 태국, 이집트, 터키, 콜롬비아 등 전 세계에서 참여하지 않은 나라가 거의 없다. 우리가 IT 강국이라고 주장하면서 국제적인 협업으로 소프트웨어에 대한 의견을 나누는 자리에 한 명도 없었다는 것은 부끄러운 일이다. 2004년에도 없었고 2014년에도 없었다. 멤버십이 요구되는 것도 아니다. 자발적으로 참여하면 된다. IT 강국이라고 주장하기도 민망하다. 전 세계에서 소프트웨어 공학이라는 용어가 개발자 인구비례로 볼 때 아마 가장 많이 회자되고 있는 나라가 한국이라는 것을 고려하면 뭔가 많이 잘못되었다.

SWEBOK의 경우는 문서이지만 오픈소스는 소스코드다. 오픈소스는 여러 가지 측면에서 중요하다. 우리나라 개발자가 가장 빨리 역량 향상을 할 수 있는 방법이 오픈소스에 참여하는 것이다. 오픈소스에서 배우는 것이 너

무 많다. 마치 글로벌 기업에서 소프트웨어를 개발하는 방법의 축소판을 보는 것과 비슷하다. 오픈소스에 참여해서 기여까지 할 수 있다면 어떤 글로벌 회사에 가서도 취직할 수 있다. 오픈소스에 참여하면서 배울 수 있는 것을 몇 가지 살펴보자.

독재가 아닌 협업에 대한 것을 배운다

혼자서 비밀처럼 개발해 놓고 독불장군처럼 지내온 국내의 개발환경에 익숙해졌다면 자기 마음대로 되지 않는 오픈소스 커뮤니티에서는 좌절감을 느낄지 모른다. 하지만 자기 생각대로만 되는 곳에서보다 훨씬 더 많은 것을 배운다. 인생에서도 자기를 괴롭히는 사람이 자기에게 잘해주는 사람보다 훨씬 더 많은 가르침을 준다. "가장 많이 괴롭히는 사람이 가장 좋은 스승이다"라는 격언을 돌아보자.

글로벌 역량의 가장 기본 역량인 영어를 배운다

배운다기보다는 영어를 알아야 일단 참여할 수 있고 세련되어 간다. 직접 참여하게 되면 옆에서 구경만 하던 때와는 다르다는 것을 알 수 있다. 읽는 능력과 쓰는 능력은 다르다. 주석도 영어로 달아야 하고 내용도 영어로 써야 하기 때문에 저절로 배울 수밖에 없다.

보람을 느끼고 자부심을 가지게 된다

전 세계 사람들이 사용하는 것을 만들었을 때는 국내에서 한탕주의로 팔던 제품을 만들었던 것과는 비교하기 어려운 자긍심을 느낀다. 필자가 썬마이크로시스템즈에 있을 때 최초로 개발해 1992년 GNU에 오픈소스로 내놓은 것이 gettext라는 국제화 메세징 방법이다. 20여 년이 지나면서 최초의 UNIX 플랫폼뿐 아니라 모든 플랫폼에 이식되면서 전 세계의 개발자들이 기여하고 또 가장 많이 사용하고 있는 것을 보면 필자도 보람을 느낀다. 필자 혼자서는 상상도 할 수 없는 기발한 많은 기능이 추가된 것을 보고 배우는 기쁨도 크다.

세계적인 동향에 대해 미리 배울 수 있다

항상 완제품으로 나온 것을 사용하는 것은 이미 경쟁사들보다 한발 늦은 것이다. 또, 비록 결과물에 반영되지 않았더라도 결과물이 나오는 과정에서 축적된 많은 지식 중에는 미래에 기여할 것들도 많다. 국내 소프트웨어 회사의 특성이 생명주기가 짧은 제품을 주로 만든다. 그렇게 의도해서가 아니라 제품 자체가 허약하게 만들어지기 때문에 몇 년 지나면 골칫덩어리가 되는 경우가 많다. 대부분의 오픈소스는 국내 어떤 회사보다도 생명주기가 길다. 장기 전략도 있고 계속해서 쓸모 있는 버전을 만들어 낸다는 것이 고급 개발 역량이다. 생명주기가 긴 제품을 만드는 경험을 한다는 것은 한탕주의 전략이 판치는 국내에서는 거의 경험할 수 없는 귀중한 기회이다.

기반시스템에 관한 많은 것을 배운다

소스코드관리시스템과 이슈관리시스템을 어떻게 사용하는지에 대한 진정한 노하우를 배우게 된다. 공유와 협업의 깊이에 대한 느낌을 얻을 수 있다. 이 역시 국내 소프트웨어 회사에서는 경험하기 어려운 것이다. 그래서 어떻게 재택근무가 가능한지를 배울 수 있다. 더 나아가서 글로벌 회사에서 어떻게 전 세계에 흩어져 있는 개발 부서들이 협업해서 일할 수 있는지 배울 수 있다.

오픈소스는 경력에 많은 도움이 된다

유명한 오픈소스에서 열심히 활약하면 외국 회사의 스카웃 대상이 된다. 오픈소스 하둡의 창시자인 더그 커팅은 클라우데라에 스카웃되어 Chief Architect로 근무하면서 아파치 소프트웨어 협회의 이사회 멤버로도 활약하고 있다.

우리나라에는 오픈소스에 대한 오해가 만연해 있다. 백악관도 사용하는 RedHat을 '오픈소스라서 불안해서 사용하지 못하겠다'고 하는 정부와 기업이 있다. 이런 상황에서 오픈소스가 활성화되기는 힘들다. 오픈소스가 보안에 취약하다는 말은 보안의 기초도 모르면서 하는 말이다. 보안 분야에서 우리나라는 세상과 너무 멀리 떨어진 갈라파고스 섬으로 왔다. 소위 보안 업체들이 이익을 추구하느라 억지로 갔다 붙인 것들이 많다 보니 여기저기 얽혀

있어 지금은 정리하기도 어렵다. 앞으로 소프트웨어 업계 전체가 고생하면서 과거의 업보를 치러야 할 것이다. 보안에 대해 자세한 설명을 여기서 할 수는 없다. 단 하나, 확실한 것은 오픈소스라서 보안에 취약하다는 것은 전혀 사실이 아니라는 점이다.

오픈소스의 사기극도 많다. 구글은 무료로 code.google.com을 마련해 주면서 오픈소스를 개발하라고 하지만 개인 프로젝트의 공간으로 사용할 수도 있고 소수의 그룹 프로젝트로도 사용할 수도 있는, 누구에게나 오픈되기는 하지만 중요하지도 않은 남의 프로젝트를 시간을 낭비하면서 분석할 사람은 거의 없다. 커뮤니티도 없이 외롭게 활동한다면 오픈소스 저장소에 있다고 해도 오픈소스라고 할 수는 없다. 이런 프로젝트를 오픈소스라고 정부가 지원한다면 예산낭비가 된다.

오픈소스를 해야 하는 목표가 전 세계의 개발자들과 같이 협업하면서 배우는 것이 목표인데 한국 개발자들끼리만 커뮤니티를 형성한다면 배우는 가치가 절감된다. 사실 웬만한 국내 회사의 소스코드를 또 다른 오픈소스 저장소인 Github에 오픈소스로 올려 놓았다고 하더라도 외국에서 기여하는 사람은커녕 쳐다보는 사람도 거의 없을 것이다. 암호 같은 소스코드를 봐야 이해도 못 한다. 세계 선수권대회를 개최했는데 외국에서 한두 나라 참석한 꼴이다. 그런 것은 오픈소스 커뮤니티에 저장되어 있는 수많은 쓰레기 중의 하나이다. 필자가 소수의 그룹 프로젝트를 할 때 Google의 code.google.com을 사용하는데 그것을 오픈소스라고 부를 수는 없다.

우리나라 개발자가 주도하는 프로젝트는 현실적으로 성공하기가 어렵다. 그러므로 외국의 유명한 프로젝트에 참여하는 것이 가장 많이 배우는 방법이다. 활발하게 참여하고 기여하다 보면 오픈소스 커뮤니티에서 알려질 수도 있다. 그런 곳에서 남들과 같이 일하다 보면 자기보다 훌륭한 사람들이 많다는 것을 느끼고 겸손해지는 부수적인 혜택도 얻을 수 있다. 세상은 넓다. 우물 안에서 나와 세상을 접해 보는 가장 좋은 방법이다. 남이 만들어 놓은 것을 사용만 하는 것이 실익이 있어 보이지만 장기적으로 보면 자기 손해다. 다만, 대부분의 국내 개발자는 코딩 습관상 오픈소스 커뮤니티에서 불량배로 취급받을 확률이 크니 오픈소스에 참여하더라도 주의해야 한다. 운전도 한국에서 운전하던 습관대로 미국에 가서 운전하면 불량배로 찍힌다. 문화가 다르니 눈치껏 잘해야 한다.

오픈소스에서 얻는 혜택은 너무 많아서 나열할 수도 없다. SWEBOK과 같은 문서도 마찬가지다. 그러나 문서나 소스코드나 결과보다는 협업하면서 배우는 과정이 더 중요하다. 결과만 따먹는 것은 잡아 놓은 고기를 먹는 것이고 고기 잡는 법을 모르기 때문에 진정한 역량에서 차이가 난다. 문서는 참여할 기회 자체가 거의 없고 영어도 훨씬 더 많은 실력이 필요하기 때문에 글로벌 회사와 파트너로 같이 프로젝트를 하기 전에는 기회가 없다. SWEBOK과 같이 좋은 기회가 있었음에도 국내 소프트웨어 커뮤니티는 그 혜택을 받지 못했다. 정부가 해야 할 일이라면 엉터리 오픈소스 지원한다고 눈 먼 돈 뿌리지 말고 그런 곳에 참여하도록 지원하는 것이 더 효율적일 것이다. 오픈

소스는 여러 가지 면에서 소프트웨어 경쟁력을 높일 수 있는 가장 좋은 방법이다. 국내 어떤 기업에서도 배울 수 없는 것을 오픈소스에서 배울 수 있고 개인적으로도 많은 혜택을 받는다. 자기가 익숙한 분야가 있다면 그 분야의 오픈소스 프로젝트를 찾아 열심히 하면 꼭 보답을 받을 것이다.

26 개발자의 가치는 도메인이 아니라 소프트웨어에 있다

말콤 글래드웰이 쓴 『아웃라이어』에서 '일만 시간의 법칙'이 나온다. 한 분야에서 전문가가 되기 위해서는 일만 시간이 필요하다는 주장이다. 이는 다르게 해석하면 '한 명이 여러 분야에서 전문가가 되기가 어렵다'는 의미이기도 하다. 세계 정상급의 프로 스포츠 선수는 절대 두 개 종목에서 프로가 될 수 없다. 동호회에서나 축구도 잘하고 농구도 잘할 수 있지 프로의 세계에서는 불가능하다. 개발자도 마찬가지로 여러 분야에서 다 잘한다는 것은 스스로 프로가 아니라는 것을 증명하는 것이다.

개발자의 전문성과 도메인이라고 부르는 산업 분야의 전문성과는 다르다. 필자가 개발했었던 산업 분야에는 운영체제, 원자력발전소, CAD 소프트웨어, 인터넷메세징, 인공위성, 금융 소프트웨어, 치과용 장비 콘트롤 등이 있다. 이 많은 산업 분야를 돌아 다니면서 필자가 그 분야에서 전문가가 된 적은 없다. 원자력은 원자력 공학과 출신이 잘 아는 분야이고, 치과는 치과의사가 잘 아는 분야이다. 필자가 그 분야의 전문가가 될 수는 없다. 소프트웨

어 개발자는 그들의 전문 도메인 지식을 소프트웨어에 잘 적용하는 것이 실력이다. 심지어는 소프트웨어 분야 중의 하나라고 하는 운영체제나 관계형데이터베이스(RDBMS)마저도 그 전문 영역이 따로 있다. 오라클에서 근무했다고 관계형데이터베이스의 전문가는 아니다. 일부만이 관계형데이터베이스를 잘 알 뿐이다. 대부분의 개발자는 그냥 보통 사람보다 조금 더 많이 알 뿐이다.

SWEBOK V3.0에서 소프트웨어 전문가가 가져야 하는 15개의 지식영역을 명시했다.

ᐦ Software Requirements

ᐦ Software Design

ᐦ Software Construction

ᐦ Software Testing

ᐦ Software Maintenance

ᐦ Software Configuration Management

ᐦ Software Engineering Management

ᐦ Software Engineering Process

ᐦ Software Engineering Models and Methods

ᐦ Software Quality

ᐦ Software Engineering Professional Practice

　　　　　　　　　　　　　글로벌 소프트웨어를 말하다

∨ Software Engineering Economics

∨ Computing Foundations

∨ Mathematical Foundations

∨ Engineering Foundations

각 영역에 대한 자세한 내용은 SWEBOK에 잘 적혀 있다. 이 15개 영역을 제대로 배우기에도 많은 시간이 걸린다. 10년이 걸려도 어느 한 영역의 전문가라고 할 수 없는 분야도 있다. 소프트웨어의 전문가만 되려고 해도 어려운데 하물며 도메인까지 잘 알아야 한다는 것은 일단 시간적으로 어렵다.

필자가 개발자로서 경험한 도메인 몇 개를 이용해 아래에 필자의 지식 다이어그램을 그려 보았다. 원자력발전소에서 일했지만 극히 일부분의 원자력발전에 대한 지식만 가지고 있다. 인공위성도 마찬가지이다. 그나마 전산학

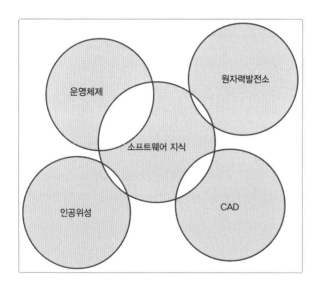

의 일부이었던 운영체제에 가장 많은 지식을 공유한다. CAD 분야의 지식은 그 중간쯤 된다. 순수한 소프트웨어 역량은 가운데 파먹히지 않은 짙은 회색 부분이다. 이 부분 때문에 실리콘밸리의 개발자는 구글에 취직할 수 있고 페이스북에 취직할 수 있고 새로운 벤처사업을 시작할 수도 있다. 선택의 폭이 넓다.

반면 대부분의 국내 개발자는 아래와 같은 지식 다이어그램을 가지고 있다. 소프트웨어 역량보다는 금융이나 치과와 같이 자신이 일했던 분야의 도메인 지식이 소프트웨어 영역을 많이 침범하고 있다. 소프트웨어 전문가가 아니고 금융권 전문가가 되어 버린다. 결국 금융권에서 개발자 생활을 오래 하면 금융권 외에는 이직할 곳이 없다. 금융권에서는 개발자도 하고 관리자도 하고 마케팅도 하고 다양한 일을 할 수 있다. 그러니 금융권에서 10년 일한 개발자를 치과 소프트웨어 회사에서 뽑아줄 리가 없다.

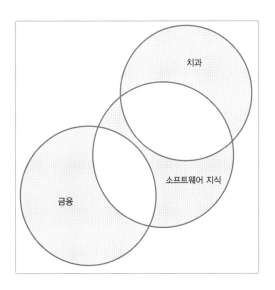

글로벌 소프트웨어를 말하다

실리콘밸리에서 직장을 옮기지 않고 한 분야에서 오래 근무를 하다 보면 대충 아래와 같은 형태를 띠게 된다. 왼쪽 그림은 경력이 적은 경우고 오른쪽 그림은 경력이 오래된 경우이다. 즉, 개발자는 소프트웨어 역량이 커지고 마케팅 전문가는 도메인 역량이 증가하지만 공통인 20%도 양적으로 커진다. 즉, 오래 있다 보니 개발자는 도메인에 대해서 더 알게 되고 마케팅 전문가는 소프트웨어에 대해서 더 잘 알게 되지만 그 비율은 계속 80대 20이다. 개발자는 소프트웨어 전문가로서 계속 발전해가야지 도메인의 비율이 커진다면 소프트웨어 전문가로서의 배움을 게을리하고 있는 것이다. 이 80%가 있으므로 해서 항상 어떤 도메인의 일도 할 수 있는 것이다.

소프트웨어와 도메인을 연결해주는 고리가 다이어그램에서 20%에 해당하는 부분이다. 바로 지식의 공유인데 그 유일한 방법이 문서이다. 통상적으로 'MRD(Marketing Requirement Document)'라고 불리는 기획 문서와 'SRS(Software Requirements Specification)'이다. 개발 조직 안으로 들

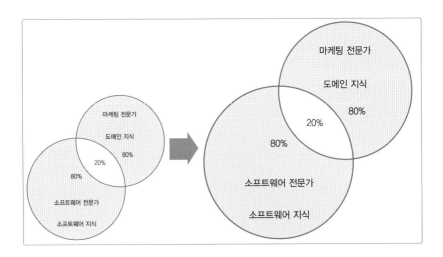

어와서는 설계 전문가와 신입 개발자를 연결해주는 것이 설계 문서이다. 이런 문서들이 없다면 연결고리가 끊어져서 '내가 아니면 아무것도 못 하는' 일인만능주의가 벌어진다.

그런 연결고리가 있기 때문에 개발자의 미래는 계속 개발자일 수가 있는 것이다. 그러다 보면 아키텍트도 되고 CTO도 된다. 국내의 개발자는 예외 없이 진정한 CTO가 되지 못한다. 도메인 업무를 많이 알게 되면서 말로만 개발을 잘 아는 상황이 된다. 더 열악한 것은 프로젝트를 맡아 프로젝트관리까지 한다는 점이다. 거기다가 조금 똑똑하다고 인정받으면 관리자로 승진되어 조직관리 업무까지 해야 한다. 아래 다이어그램에서 보듯이 소프트웨어 지식은 쪼그라 들어 더 이상 소프트웨어 전문가라고 할 수 없게 된다. 대부분의 국내 개발자가 가야 하는 슬픈 운명이다.

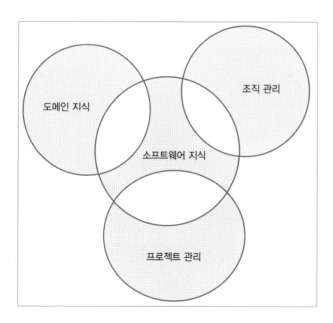

글로벌 소프트웨어를 말하다

실리콘밸리 회사에서 도메인 지식의 원천은 Product Marketing 부서이다. 국내의 기획부서와 비슷하게 보일지 모르지만 제품 이해의 깊이가 다르다. 그 안에서도 Technical Marketing(기술기획) 팀이 바로 개발자와 MRD를 통해 제품 내용을 공유하는 부서이다. 국내에서처럼 '개발팀이 알아서 제품 기획도 하고 개발해 달라'고 요청하는 것은 빌 게이츠에게 '컴퓨터 만들어 달라'고 하는 것처럼 관계가 없는 일이다. 만능 탤런트는 아마추어 세계에서나 존재하는 것이지 프로의 세계에서는 전문성이 중요하다. 축구에서도 공격수와 수비수가 따로 있듯이 자기 분야에서 조금이라도 더 남보다 잘하는 것이 중요하고, 자기가 잘하는 것에 많은 시간을 투자하는 것이 경제법칙이다.

전문성으로 움직이는 것이 실리콘밸리의 회사들이지만 간접비용이 든다. 지식 공유를 하기 위한 커뮤니케이션이 필요하다는 것이다. 반대로 일인만능주의의 유일한 장점은 혼자의 세계이므로 지식공유의 간접비용이 들지 않고 편하다는 것이다. 이 유혹 때문에 스스로 전문성을 없애기도 한다. 구멍가게 회사가 아니라면 여러 분야의 전문가가 시너지 효과를 가져야 하고 필수적으로 필요한 것이 지식의 공유이며 연결고리이다. 개발자의 전문성이 발휘되기 위해서는 이런 공유역량이 회사에 갖추어져 있어야 한다. 유일한 방법은 잘 쓰여진 문서 밖에 없다. 뭔가 쉬운 비법을 찾았던 사람에게는 실망스럽겠지만 결국은 원점으로 돌아온다.

쉬운 일보다는
어려운 일을
먼저 해라

27 글로벌 소프트웨어 회사의 필요조건과 특징

　글로벌 소프트웨어 회사가 가져야 하는 조건은 무엇일까? 많은 필요조건을 늘어놓을 수 있다. 하지만 충분조건은 아니다. 성공할 모든 필요조건을 명시할 수 있다면 좋겠지만 회사의 성공여부를 가장 잘 예측하는 벤처투자가들도 확률이 10%밖에 안된다. 하지만 그들은 안될 것 같은 회사는 금방 가려낼 수 있다. 필요조건 중의 하나만 모자라더라도 투자하지 않는다. 투자를 할 이유를 찾는 것은 어렵지만 투자를 하지 않아야 할 이유를 찾는 것은 쉽다.

　필자가 보는 관점은 영업, 재무, 기획역량이나 CEO의 비전 같은 것이 아니고 소프트웨어 회사의 심장인 개발역량의 관점에서만 본다. 개발역량이 없으면 나머지가 다 있더라도 성공할 수 없다. 마찬가지 논리로 여기 있는 개발역량 조건을 다 만족시킨다고 해서 충분조건은 아니기 때문에 글로벌 개발역량을 보장하는 것은 아니다. 하지만 필자가 생각할 때 여기 있는 것 정도면 역량이 매우 높은 회사인 것은 분명하고 충분조건에 매우 가깝다고 볼 수 있다. 이 중의 일부분은 국내 회사 중 단기간에 팔고 버리는 생명주기가 짧은 제품과 항상 최신 버전 하나만 유지해도 되는 포털서비스 같은 회사에는 해당되지 않을 수도 있으나 특수한 경우일 뿐이고 제품 생명주기가 길고 여러 버전을 유지해야 하는 경우가 일반적인 경우라고 할 수 있다. 여기서는 글로벌 회사가 될 수 없는 조건들을 늘어 놓는 방식으로 적는다. 이 중에 하나라도 해당되면 글로벌 회사의 역량은 없다고 보면 된다.

개발자가 재택근무를 할 수 없다

재택근무를 할 수 있다는 것은 많은 것이 준비되어 있다는 것을 의미한다. 개발자들이 재택근무를 한다고 시뮬레이션을 해보면 안되는 많은 이유를 발견할 수 있을 것이다. 그 안되는 것을 다 해결해야만 한다. 재택근무가 가능한 상태에서 회사가 어떤 근무정책을 선택하는가는 아예 재택근무를 할 수 없는 상황과는 다르다.

회의한다고 개발자를 계속 불러 댄다

관리자가 "개발 중인 개발자와 많은 얘기를 해야 한다"고 말하는 것은 계획이 없다는 것을 뜻한다. 계획이 없으니 개발자에게 심심하면 물어보아야 하고, 궁금하면 불러댄다. 관리자나 기획팀이 주요 원인이다. 위의 재택근무를 할 수 없는 이유 중의 하나이기도 하다. 열정적인 회의가 열심히 일하는 모습으로 비춰질지 모르나 이는 분석 단계와 같이 많은 협업이 필요한 개발의 초기에만 나타나야 하는 모습이다.

멘토가 가르쳐주지 않고는 신입사원이 일을 시작할 수 없다

사수가 가르쳐주어야 일을 시작할 수 있다면 진퇴양난이다. 바쁜 사수가 시간을 낼 수도 없고 그렇다고 신입사원들을 놀게 내버려둘 수도 없다. 이 역시 모든 문제를 한눈에 보여주는 확실한 증거이다. 글로벌 회사에서는 이런 경우를 본 적이 없다.

제품 릴리스를 일 년에 세 번 이상 한다

제품 릴리스를 자주 한다는 것을 '고객서비스를 잘하는 것'이라 착각하지 마라. 일 년에 세 번의 릴리스면 필자의 경험으로 볼 때 유지보수하느라 허덕대는 수준이다. 이 정도면 독약을 먹고 있는 것이다. 잦은 제품 릴리스는 상상도 할 수 없는 많은 문제를 가져온다. 초기에 조금이라도 많이 팔아야 생존해야 하는 회사가 빠져드는 달콤한 유혹이다. 장기적으로 살아남기 위해서는 고객에게 욕을 먹더라도 자주 릴리스를 하지 말아야 한다. 그래서 회사가 망한다면 일찍 망하고 다른 일을 찾는 것이 현명하다.

백발이 성성한 개발자가 한 명도 없다

소프트웨어 관련 외국 컨퍼런스를 가보면, 나이 지긋한 백발의 개발자를 만나는 것이 어렵지 않다. 지식은 경험을 통해 시간이 흐르면서 지혜와 통찰력으로 변화되어 간다. 이런 전문가가 없이 젊은 개발자들만을 데리고 일을 하겠다는 것은 젊은 군졸들이 전쟁을 하는 것과 같다. 전투는 하겠지만 전쟁에서 승리하기는 힘들다.

지금 없어지면 제품 유지보수에 큰일 나는 개발자가 있다

회사를 판단하는 방법 중의 하나가 '누가 중요한 개발자인가'이다. "담당자가 퇴사해서 문제가 생겼다"고 말하는 회사는 미래가 불안한 회사이다. 그

런 개발자가 한두 명이 아닐 테니 지뢰 속에서 살고 있는 것이다. '우리 회사는 개발자가 나가도 유지보수에는 아무 문제 없다'고 안심할 수 있어야 제대로 된 회사이다. 다만 직원이 나가면 미래의 역량은 감소한다.

시장에 나온 새로운 개발도구는 다 가지고 있다

돈 많은 대기업에서 주로 벌어지는 현상인데 도구 공부는 재미는 있지만 실력 향상과는 관계가 없다. 골프채를 많이 가지고 있는 사람이 골프를 잘치는 것은 아니다. 소위 '장비병'은 아마추어들에게만 나타나는 병이다. 설령 도구의 차이가 있더라도 편하고 싼 평범한 도구를 잘 사용하는 것이 좋다. 회사를 출퇴근하는 데 벤츠처럼 고급 승용차가 반드시 필요한 것은 아니다. 나머지는 실용성과는 관계없는 개발에 방해가 되는 과시용이다.

코드를 많이 복사해서 사용한다

스포츠로 말하면 가장 기본인 달리기 체력이 없는 것이다. 필자가 10년 전에 출간한 책에서도 "복사하지 말라"고 샘플코드를 적어 놓은 적이 있는데 아직도 변한 것이 없다. 10년 동안 변화가 없는 것을 보면 앞으로도 희망이 보이지 않는다. 코드를 복사하는 이유는 빨리 개발해야 한다는 이유에서이다. 복사하고 난 다음의 뒤치다꺼리는 생각하지도 못하는 근시안이다. 이 문제가 얼마나 심각한 것인지는 회사가 커지면 안다. 심각성을 막상 당하게 되면 지금 치르는 비용의 10배, 100배의 비용을 치르게 될 것이다.

코딩하면서 예외처리를 하지 않는다

위의 코드 복사 문제와 비슷하지만 복사보다는 미래의 예상 피해도는 작다. 하지만 꼭 지켜야 하는 기초 체력 중의 하나이다.

코딩을 각자 다 자기 스타일로 한다

코딩 스타일의 표준화는 '로마에 가면 로마법을 따라야' 하는 현지법이다. 내 법이 옳다고 현지 법을 지키지 않는다는 것은 관리가 안 되는 오합지졸이며 불량배이다. 가독성이 생길 수가 없다. 빈칸도 나중에는 못 고치는 게 잘되는 회사에서 미래에 벌어지는 현상임을 깨닫는다면 표준화된 코딩의 중요성을 추측할 수 있다.

어느 개발자가 마지막 일주일에 소스코드를 왜 몇 줄을 고쳤는지 모른다

소스코드관리시스템과 이슈관리시스템을 사용해야 하는 기본적인 목적이다. 열심히 일한다고 생각하는 개발자가 의외로 엉터리인 경우가 많다. '누가, 무엇을, 왜 하는지'를 서로 아는 것이 투명성이다. 이 투명성이 없는 회사는 일정관리나 리스크관리를 할 수 없다. 그냥 서로 믿고 가다가 봉변당하기 쉽다.

글로벌 소프트웨어를 말하다

착한 개발자가 피해를 입는다

깨끗한 물과 더러운 물이 섞이면 깨끗한 물이 피해를 입는다. 한 편이 약속한 대로 하지 않을 경우에 지저분한 쪽보다는 깨끗한 쪽에서 수정하는 게 더 쉽기 때문에 제대로 개발한 사람에게 일이 더 많아진다. 일이 훨씬 많더라도 지저분한 쪽을 고치게 해야 한다. 아니면 그나마 남아있던 깨끗한 쪽도 다 사라질 것이다.

보고하느라 시간을 많이 보낸다

"이게 뭐예요?"라고 물을 때 "이슈관리시스템에 가서 보세요"라고 말할 수 있다면 회사가 잘 돌아간다는 증거이다. 보고는 보고자의 주관적인 관점을 싣게 된다는 점과 보고자료를 예쁘게 만드느라 시간을 낭비한다는 문제가 있다. 아마도 전 세계 개발자 중에 파워포인트를 가장 많이 사용하는 개발자가 우리나라 개발자일 것이다. 개발자가 파워포인트를 만들 일이 없어야 한다. 보고라는 것은 정보가 공유가 되지 않았기 때문에 요구하는 것이다. 유비가 제갈량에게 보고하라고 하지 않는다. 항상 무슨 일을 하는지 알고 있기 때문이다. 보고해서 알게 된다면 사후약방문이다. 이슈관리시스템만 잘 사용해도 보고의 90%는 없어진다. 그리고 객관적인 정보를 여러 관점에서 항상 볼 수 있다.

개발자가 2주 휴가를 갔다 올 시간이 없다

"놀 수 없는 사람은 해고시킨다"라는 말이 있다. 어떤 사람이 중요한 것과 대체 가능한 것과는 다르다. 대체 가능하면서 중요한 개발자가 가장 중요한 개발자이다. 대체 가능하지 않고 중요한 사람은 회사에 엄청난 위험성을 주는 사람이다. 유비나 제갈량처럼 CEO나 CTO 수준에서는 대체가 불가능하지만 개발자 수준에서는 그렇게 되면 안 된다.

모든 결정에 ROI(투자대비효과)를 달라고 한다

회사에서 결정을 하는 두 가지 요소는 통찰력과 근거이다. 통찰력이 없이 근거만으로 움직이는 회사는 모든 일에 ROI를 가져오라고 한다. 통찰력 없는 CEO나 임원이 무지한 상태에서 책임을 피하려는 목적이 크다. 이런 회사는 개발자가 일하기 피곤하고 얼마든지 조작된 ROI를 만드는 부작용이 생긴다.

다음에 개발할 제품이 무엇인지 모른다

다음에 개발할 제품에 대한 정보가 없이 지금 제품을 개발하고 있다면 안개 속을 걷는 것과 같다. 아키텍처는 미래를 내다볼 수 있어야 가치가 있다. 미래를 내다볼 수 없는 아키텍처는 많은 재작업이 벌어지는 원인이 된다. 또한 자주 사양이나 구조가 바뀌는 짜증나는 상황이 벌어진다.

문서를 만들기는 하나 보지는 않는다

보지 않는 문서가 만들어지는 데는 여러 가지 원인이 있으나 어떤 원인이든지 회사가 엄청난 비용을 낭비하고 있고 개발 체계가 전혀 잡혀있지 않다는 것을 말해준다. 보지 않으려면 절대 만들지 않는 것이 좋다. 연습을 한다고 생각하면 큰 착각이다. 잘못된 연습은 잘못된 선입관과 잘못된 습관을 만들어 내니 아예 하지 않는 것이 잘못하는 것보다는 낫다.

물려줄 자산이 없다

물려줄 자산이 있다는 것은 부자란 얘기이다. 부자의 유일한 걱정은 상속이라고 한다. 상속을 걱정해보지 않은 사람은 금전적으로 부자가 아니라고 한다. 소프트웨어 회사의 자산은 튼튼한 소스코드이다. 대부분은 개발자 자신이 생성한 소스코드의 유지보수를 못하는 상태라 그 개발자가 회사를 떠나고 나면 남은 개발자가 재개발하는 상황이 부지기수다. 이는 다른 개발자에게 물려줄 자산이 없는 것이다. 부모의 상속 없이 자식이 새로 만들어서 자수성가한다는 것은 고생이다.

이런 많은 특징이 글로벌 회사에서는 벌어지지 않는다. 사실 모두가 독립적인 것은 아니고 인과관계와 상관관계가 있다. 그리고 회사의 종류에 따라 우선순위는 다를 수 있다. 필자는 회사에 들어가서 보기 전에도 강연을 함으로써 그 회사의 역량을 알 수 있다. 강연의 주선부터 시작해서 강연을 마치고

강연비 지급이 완료되는 것까지가 강연의 생명주기이다. 잘되어 있는 회사는 필자가 아무런 의문을 가질 필요도 없이 오직 강연준비만 잘하면 되게 만든다. 필자가 이동해야 하는 모든 동선을 포함해서 강연장의 준비 등 전혀 걱정할 필요 없이 미리 얘기해 준다. 머릿속으로 시뮬레이션을 완벽하게 한다. 반대로 혼란스러운 회사는 내가 물어 보면서 내 살 길을 찾아야 한다. 가르쳐주는 정보도 부실해 회사 안에서도 길을 헤매기도 한다. 강연의 내용에 집중할 시간에 다른 곳에 낭비하고 있으니 둘 다 피해이다.

좋은 식당과 나쁜 식당의 차이가 '고객이 어떻게 행동할지 모르는 식당'이라고 한다. 새우튀김에서 머리를 먹는지 안 먹는지 애매모호한 경우가 있다. 새우 크기에 따라 다르고 튀긴 정도에 따라 다르다. 손님이 알아서 먹어야 하는 식당은 고급식당이 아니다. 생각할 필요 없이 즐길 수 있게 만들어야 한다. 개발자도 개발에만 집중하고 나머지는 신경 쓸 필요 없게 만들어 주는 회사가 좋은 회사이다.

만약 여러분의 회사가 위에서 언급한 많은 실패의 특징 대부분을 안고 있다면 난감하다. 탈무드에서 두 개의 거짓말은 해도 된다고 했다. 이미 물건을 산 사람에게 "잘 샀다"고 얘기하는 것과 결혼한 남자에게 "부인이 아름다워서 행복하게 살 것"이라는 거짓말이다. 필자가 컨설팅을 하는 소프트웨어 회사가 이미 가능성이 없다면 얘기한다고 해도 도움이 안 되니 그냥 "잘한다"고 말해준다. 발전 가능성이 있는 회사에서는 이런저런 점을 개선해야 한다

고 말한다. 축구 동호회에 가서는 "축구 잘한다"고 칭찬하지만, 국가대표팀에 가서는 "그 따위로 축구해서 무슨 월드컵에 나가냐"고 얘기하는 것과 같다. 그러니 나중에라도 필자의 말을 믿지 말고 스스로 판단하기 바란다. 어떻게 고치는지에 대한 방법은 책 여러 권이 필요할 정도의 방대한 내용이니 먼저 의지가 생긴 다음에 생각해야 할 일이다.

28 CTO와 CEO의 좋은 만남과 나쁜 만남

중국의 삼국시대, 유비와 손권의 동맹군이 국가의 존망을 놓고 적벽대전에서 조조와 최후의 일전을 벌일 때 제갈량이 화공 전략을 세우고 절벽 위에서서 북서풍이 동남풍으로 방향이 바뀌기를 기다리고 있었다. 마침내 동남풍이 불어오는 순간 제갈량은 부채를 펼치면서 "여기까지가 내 몫입니다. 이제부터는 주유 도독의 몫입니다" 라고 말한다. 영화의 한 장면이기는 하지만 얼마나 멋진 장면인가? 소프트웨어 회사로 말하자면 제갈량이 CTO인 것이다.

대부분 이름만 CTO인 국내 CTO와는 다르게 실리콘밸리의 CTO는 하는 일이 매우 다르다. 일단 관리 일은 거의 하지 않는다. 백발이 성성한 개발자라는 말처럼 실무에 많은 시간을 보낸다. 음악감독이 아니라 백발이 성성한 지휘자라고 보면 된다. 국내 소프트웨어 회사는 과장 정도만 되면 연주에서는 손 떼고 감독만 한다. 가짜 CTO가 탄생하기 시작하는 것이다. 정치성

이 강한 국내 CTO와는 달리 실리콘밸리의 CTO는 정치에 휩쓸리지 않게 그를 잘 이해하고 신뢰하는 CEO가 항상 존재한다. 항상 서로 믿으면서 쌍으로 일한다.

삼국지에 나오는 여러 인물 중에 제갈량이나 주유가 바로 CTO와 비슷하다. 유비나 손권이 CEO이다. 제갈량과 유비의 관계를 보면 제갈량이 전쟁 전략을 결정하는 총 책임자이다. 누구한테도 물어볼 수 없다. 스스로 모든 것을 결정해야 한다. 국내 CTO들처럼 아래 사람이 만들어 온 보고서를 보고 결정하지 않는다. 그건 관리자이다. 제갈량의 결정에 왕이 권위를 부여하고 장수에게 명령을 내리는 것이다.

그런데 제갈량이 전쟁 전략을 잘한다고 유비 대신 왕이 되라고 하면 할 것 같은가? 절대 할 리도 없고 왕이 된다고 해도 CTO 역할을 수행할 시간이 없기 때문에 CTO는 공석이 된다. 왕이 할 일이 있고 CTO가 할 일이 있고 장수가 할 일이 따로 있다. 왕은 CEO이고 제갈량은 CTO이고 관우와 장비는 전략을 수행하는 Technical Leader인 셈이다.

필자는 빌 게이츠가 그만둔 다음의 마이크로소프트의 변화를 주시하고 있었는데 궁금하면서 한편으로는 걱정이 되었다. 빌 게이츠가 그만둘 당시 Chief Software Architect(CSA)를 레이 오지(Ray Ozzie)가 맡은 것까지는 당연한 결과였다. CSA는 일반적인 회사의 CTO와 같은 자리이다.

글로벌 소프트웨어를 말하다

CTO가 여러 명 있으니까 구별하기 위해 CSA라고 불렸지만 이름이 중요한 것은 아니다. 문제는 빌 게이츠가 없는 상태에서 '레이 오지가 CEO인 스티브 발머와 조화가 될까' 하는 것이었다. 모든 사람이 우려했던 대로 레이 오지가 CSA가 된 지 4년 만인 2010년도에 마이크로소프트를 떠났다. 알려져 있기로는 레이 오지가 마이크로소프트 내부의 정치적인 싸움을 이겨낼 수 없었고 각 부서가 자신들의 이익을 보호하려는 정책 때문에 대세인 네트워킹과 협업이 중심이 된 제품군을 만들자는 전략이 먹혀 들어가지 않았다고 한다. 필자가 보기에는 빌 게이츠가 있었다면 레이 오지도 떠나지 않았을 것이고 전략도 달라졌을 것이다. 지금처럼 구글, 애플, 페이스북에 주도권을 빼앗기지 않았을지 모른다. 필자의 경험상 레이 오지가 마이크로소프트를 떠난 것은 이미 예상했던 결과였다.

필자가 볼 때 스티브 발머와 레이 오지는 조화가 되지 않는다. 스티브 발머는 빌 게이츠만큼 기술에 대한 통찰력이 없었기 때문에 레이 오지로서는 빌 게이츠와 달리 대화도 안 되고 설명을 많이 해야 하고 설득이 잘 되지도 않고 하는 답답한 상황이 벌어졌을 것이다. 아는 사람이 모르는 사람을 설득시키기는 너무 어렵다는 '지식의 저주'가 된 것이다. 삐걱거리기 시작하는 것이다. CTO는 CEO와 말이 통하지 않으면 대부분 미련 없이 떠난다. 그런 환경에서 일하는 보람이 없기 때문이다. 레이 오지가 떠나고 마이크로소프트의 기술 경쟁력이 약화되면서 결국 스티브 발머도 책임을 지고 사직을 발표했지

만 이미 마이크로소프트는 경쟁력을 유지할 수 있는 기회를 잃어 버렸다. 그만큼 CTO가 중요한 것이다. 다행히도 새로운 CEO로 선임된 사티야 나델라는 기대할 만한 인물이다. 필자가 썬마이크로시스템즈에 있을 때 20대 중반의 젊은 소프트웨어 개발자로 일하고 있었는데 1992년도에 마이크로소프트로 옮겨 가서 꾸준히 인정을 받았다. 이제라도 기술 통찰력이 있는 CEO가 다시 들어왔으니 변화를 기대해 볼 수 있겠다. 그 당시는 썬마이크로시스템즈가 더 좋은 회사였기에 마이크로소프트나 애플 같은 회사는 거들떠 보지도 않았던 시기였다. 결과적으로 나델라는 좋은 선택을 한 것 같다. 나델라는 그래도 불안했던지 빌 게이츠를 기술 자문으로 다시 불러들였다.

회사의 역량을 평가할 때 여러 가지 관점이 있다. 필자가 보는 관점은 필자의 전문성 때문에 CTO가 누구인가를 본다. 실리콘밸리에서는 CEO가 바뀐다고 해서 CTO가 바뀌는 일은 거의 없다. CTO가 바뀌는 것이 아니고 CTO는 CEO가 마음에 안 들면 스스로 떠난다. 최악의 회사는 CEO와 CTO가 마음이 맞지 않으면서도 함께 있는 경우지만 현실적으로는 CTO가 떠나기 때문에 그런 환경은 오래 지속되지 않는다. CTO가 선택한 회사라면 일단 CEO와 조화를 이룬다고 봐야 하고 그만큼 희망이 있다고 본다. 스티브 워즈니악도 지금은 Fusion-IO의 Chief Scientist로 근무한다. 이 회사는 요새 유행인 빅데이터 분야에서 가장 잘나가는 10대 회사 중의 하나로 꼽힌다. 필자가 항상 추적하고 있는 하둡(Hadoop)의 최초 개발자인 더그 커팅(Doug Cutting)도 역시 빅데이터로 가장 잘나가는 회사인 클라우데라

(Cloudera)에서 Chief Architect로 기술을 책임지고 있다. 모두 다 60세 전후의 나이임에도 기술 전략가로서 회사의 핵심이다.

과거에는 한 국가의 존망을 위해서는 국민 복지나 인기 정책보다는 전쟁에서 이기는 것이 가장 중요한 것이었다. 때문에 그 나라에 '전쟁의 전략가가 누구인가' 하는 것이 가장 중요한 국력이었고 그래서 최고 전략가인 손무나 제갈량이 나타나면 적국은 일단 겁을 먹은 것이었다. 요새 회사는 영업도 잘해야 하고 돈 문제도 중요하니까 다양한 경영진이 모두 중요하지만 그래도 역시 소프트웨어 회사의 심장인 개발팀의 기술 전략가 CTO가 핵심이다. 영원히 회복할 수 없는 결정을 내리는 경우도 많이 봤다. 전쟁이었다면 나라가 망하듯이 한 번 잘못 결정하면 회사가 망할 수도 있다. 마이크로소프트도 그런 경우가 되지 않기를 바라지만 기술 전략에 뒤쳐지면서 불안감이 드는 것은 사실이다.

CTO에게 억지로 CEO를 하라고 한다면 진정한 CTO라면 퇴사하는 것이 옳다. CEO는 전생에 죄를 많이 지어서 고생을 하는 것이고 CTO는 전생에 복을 많이 지어서 행복한 삶을 사는 것이라고도 한다. CTO가 굳이 CEO가 되어서 자신이 가지고 있는 전문성을 다 버리면서까지 고생할 필요는 없다. 그래도 국내에서는 CTO가 CEO가 되기도 한다. 필자도 그런 질문을 많이 받은 적이 있다. 그러나 이것은 회사 운영과 기술 전략은 다르다는 것을 모르는 사람이 하는 얘기이다. 필자는 평생 CEO가 되고 싶은 생각이 없다. 손무나 제갈량에게 물어도 마찬가지 답을 줄 것이다.

CTO와 CEO의 관계는 회사의 하부 구조로 내려오면 아키텍트와 관리자의 관계와 같다. 항상 기술 전략을 책임지고 수행할 사람이 있다면 그를 보좌해야 할 관리자가 필요한 것이다. 그 둘 사이의 큰 차이점 중의 하나가 CEO는 매일 매일 관리를 해야 하는 반면에 CTO는 집중적인 생각을 하기 위해서 따로 있는 시간이 많다는 것이다. 제갈량이 전략을 연구하느라 며칠씩 없어졌다가 나타나는 것도 그런 일상적인 관리를 하지 않기 때문이다. 국내 소프트웨어 회사에서 매일 회의 하느라고 바쁘게 돌아다니면 CTO나 아키텍트가 아니라는 확실한 증거이다.

소프트웨어 회사가 CTO 없이 성공하겠다는 것은 허약한 심장으로 운동선수가 되겠다는 것과 같다. CTO가 역량을 발휘하기 위해서는 CEO와 CTO의 조화로운 조합이 전제조건이다. 레이 오지는 좋은 만남과 나쁜 만남을 한 회사에서 다 경험했다. 좋은 만남은 회사를 성공으로 이끌고 나쁜 만남은 회사를 실패로 이끈다. CTO를 보면 회사를 알 수 있다. 개발자가 일할 회사를 선택할 때도 CEO보다는 CTO를 보는 것이 장기적인 안목에서는 더 좋은 결정이다.

29 회사의 잘못과 학교의 잘못

"신입사원을 업무에 투입하려면 몇 년을 교육시켜야 한다."

소프트웨어 회사에서 가장 많이 하는 말이다. 앞서 필자가 말했듯이 실리콘밸리에서는 절대 이런 말을 하지 않는다. 누가 들어와도 금방 업무에 투입할 수 있다. 이 차이는 어디에서 왔을까? 누구의 책임일까?

소프트웨어 회사에 신입사원으로 취직해서 문서와 프로세스로 업무에 즉시 기여를 할 수 없는 한 대학 졸업생들의 취업난과 3D 업종과 비견되는 열악한 환경은 계속될 것이다. 소프트웨어 업계에서 신입사원보다 경력자를 뽑는 데 열심인 이유는 구조적으로 신입사원이 기여하기가 어렵기 때문이다. 심지어는 경력직원도 적응하는 데 많은 시간이 걸린다. 분야를 변경하는 것은 거의 불가능하다. 금융권 개발자는 금융권에서만 뽑는다. 다른 분야에 있는 사람은 뽑지도 못한다. 그런 상황에서 대학 졸업생을 뽑아서 업무에 투입한다는 것은 불가능하다.

사실 우리나라에서는 대학 졸업생뿐만 아니라 다른 분야의 경력자, 심지어는 동종 업계의 경력자도 이직했을 때 업무투입에 시간이 걸리는데 이는 학교는 잘못이 없다는 증거이기도 하다. 그렇다고 학교는 전혀 개선할 점이 없을까?

먼저 소프트웨어 회사에 들어가서 업무를 하기 위해 필요한 요소가 무엇인지 알아보자.

∨ 학문적인 지식: 운영체제, 데이터 구조, 그래픽스, 인공지능, 네트워크, 컴파일러 등

∨ 프로그래밍 언어: C++, Java, Ruby, Python, PHP 등

∨ OS 경험: Windows, Mac OS, Linux 등

∨ 기반시스템: 소스코드관리시스템, 이슈관리시스템 등

∨ 도구: 설계도구, 통합개발도구(IDE), RDBMS, 빌드도구 등

∨ Platform: Windows, Java, Android, QT, Apache Server, Hadoop 등

∨ 소프트웨어 공학: 프로세스, 스펙 적는 법, 설계하는 법 등

∨ 해당 분야에 따른 도메인 지식

학교에서 확실히 배울 수 있는 것은 첫 번째, '학문적인 지식'이다. 그리고 이외에는 학교에서 잘 가르칠 수 있는 것은 없다. '학문적인 지식'의 특징은 세 가지다. 장시간의 교육 필요, 일체성, 그리고 영속성이다.

첫 번째 '학문적인 지식'의 특징은 단기간에 배울 수 없는 것이다. 장기간에 여러 교과 과정을 순서적으로 들으면서 배워야 하는 것을 회사에서 배우는 것은 좋은 방법도 아니고 가능하지도 않다. 운영체제, 자료구조, 컴파일러를 이해하려면 한 학기를 배운다고 해야 초보가 알아야 하는 정도를 배운 것이다. 전문가가 되려면 박사학위를 받아야 하지만 한두 학기 정도로도 다양한 관점에서 소프트웨어를 볼 수 있는 안목 정도는 생긴다.

두 번째 '학문적인 지식'의 특징은 조금 안다고 써먹을 수 있는 것이 아니다. 그것을 일체성이라고 하는데 어느 정도는 완성해야 하나의 완성품으로

　　　　　　　　　　　글로벌 소프트웨어를 말하다

쓸모가 있지 반쯤 배우다가 그만두면 거의 쓸모가 없다. 써먹으려면 나머지 반을 언젠가는 배워야 한다. 자동차 부품 반만을 가지고는 자동차가 무엇인 지를 이해할 수 없다.

세 번째 '학문적인 지식'의 특징은 영속성이다. 학교에서 배워야 할 것은 시대가 변해도 영원히 알고 있어야 할 영속성이 있는 지식을 배워야 한다. 즉, 일시적인 유행을 타지 않는 것이다. C++이나 Java를 배우는 것과 객체 지향을 배우는 것은 다르다. 객체지향을 잘 이해하고 나면 모든 객체지향 언 어를 잘 사용할 수 있지만 C++로 오래 프로그래밍을 했다고 객체지향을 아 는 것은 아니다. 사실 대부분의 개발자가 객체지향을 진정으로 이해하고 있 지 못하다. 객체지향은 영속적이고 근원적인 지식이고, 프로그래밍 언어는 잠깐 존재하는 일시적인 기술에 불과하다.

결론적으로 일체성이 필요하니까 배우는 기간이 길어지고 그런 지식은 이론의 특성상 영속성이 있는 지식이기 때문에 다 밀접하게 연관되어 있다. 많은 시간이 걸릴 수밖에 없다. 그런데 학교에서 '학문적인 지식'을 가르치는 것을 게을리한다면 학교로서의 본분을 망각하고 있는 것이다. 정부나 회사가 그런 방향으로 잘못 밀어붙이고 있는 것 같아 불안하다.

반면 '학문적인 지식'을 제외한 나머지 것을 보자. 이런 것들은 일체성이 없는 것들이다. 영속성도 거의 없다. 대부분 몇 년이면 엄청나게 바뀌기 때 문에 과거에 경험한 지식이 거의 도움이 안 된다. 필자도 과거에 다양한 많은 것을 배웠지만 그래도 계속 써먹는 것은 학교에서 배운 지식이고 일하면서

배운 것은 다른 회사에 가면 또 다른 것을 배운다. HTML도 한때 열심히 했지만 몇 년 안 하면 다시 다 배워야 한다. 다시 배우는 데 시간도 별로 안 걸린다. 예를 들어 자신이 소유하고 있는 책을 보면 안다. 몇십 년 전에 학교에서 배운 자료구조 책은 지금도 쓸모가 있지만 안드로이드 프로그래밍 책은 1년만 지나면 버리고 새로 사야 한다. 자주 버리는 책이라면 학교에서 가르칠 가치가 없는 것이다. 그냥 유행에 따라 왔다 가는 일시적인 소모품에 불과하다. 그리고 일시적인 것은 조금 알면 조금 아는 대로 쓸모가 있고 많이 알면 많이 도움이 되는 것이다. 그리고 '학문적인 지식'과는 다르게 사용하기 위해 오랜 시간이 필요하지 않다. 어떤 것은 하루 혹은 학원에서 일주일 정도만 배우면 그 수준에 맞는 일을 할 수 있다. 혼자서 배울 수 있는 것도 많다. 반면에 '학문적인 지식'은 혼자 공부할 수 있는 것이 아니다.

필자는 신입사원을 채용할 때 당연히 '학문적인 지식'을 잘하는 사람을 뽑는다. '학문적인 지식'은 심오한 이론이기 때문에 집중해서 공부해야 이론이 정립되는 것이지 회사와 같은 동적인 환경에서는 가르쳐주기도, 배우기도 어렵다. '학문적인 지식'을 제외한 나머지 모든 것은 이런 일 저런 일을 하면서도 회사에서 배울 수 있다. 따로 시간 내서 교육을 시킬 필요 없이 일을 시키면서 가르쳐줄 수 있다. 그래서 '학문적인 지식'을 게을리하고 나머지를 학교에서 배웠다면 필자는 그런 학생을 채용하지 않을 것이다. 즉, 학교에서 주어진 한정된 시간에 '학문적인 지식'을 게을리 하고 소프트웨어 공학을 열심히

배웠다고 하면 필자는 채용하지 않는다. 대학 졸업생이 이력서에 소프트웨어 공학 과목을 배웠다고 적는 것은 실리콘밸리에서는 전혀 도움이 안 된다. 필자는 그렇게 적는 사람을 본 적도 없다. 이와 비슷한 말을 카네기멜론대학의 소프트웨어 공학 권위자 John Vu 교수가 했다고 필자의 이전 책에서 소개했다. 소프트웨어 공학 이론을 배우려면 경험이 풍부하게 쌓인 이후 체계적인 공부가 필요한 경우에만 배우면 된다. 그것도 특수한 필요가 있는 극히 소수의 경우이지 일반적인 경우에는 배울 필요가 없다.

그런데 학교에서 '학문적인 지식'을 가르치면서 나머지 것들을 간접적으로 가르치게 된다. 프로젝트를 하려면 프로그래밍 언어를 사용해야 하고 나머지 것들도 다 경험을 하게 되게 된다. 반대 방향으로는 안 된다. 컴파일러 이론을 가르치기 위해 Java를 사용할 수는 있지만 Java를 가르치면서 컴파일러 이론을 가르칠 수는 없다. 배보다 배꼽이 더 크기 때문에 안 된다.

결국 회사에서 주장하는 '기업에서 쓸만한 대학 졸업생을 교육시켜 달라'는 말이 얼마나 허황된 것인가를 알 수 있다. 우리나라 소프트웨어의 미래를 위해 매우 걱정되는 상황이다. 이 원인의 90%는 회사에게 있다. 하지만 학교도 개선해야 할 점이 있다. 미국 학교에서는 이론을 잘 가르치기 위해서 기반 시스템을 비롯해 학생들이 과목에 집중할 수 있게 많은 준비를 해 놓고 가르친다. 그러다 보면 간접적으로 소프트웨어 공학의 많은 부분을 저절로 배우게 된다. 소프트웨어 공학이라는 단어를 몰라도 실전을 서서히 몸으로 배우게 된다. 그러니까 기업에 가더라도 이미 많은 부분을 습득한 상태에서 간다.

주로 조교가 그렇게 준비를 하지만 근본적인 목적은 이론을 효율적으로 가르치기 위해서 준비를 하다 보니 생기는 부수적인 혜택이다. 결국 이론도 더 잘 배우고 겸사겸사 소프트웨어 공학도 잘 배우게 된다. 이런 학교의 개선점을 제외하고는 대학 졸업생의 근본적인 책임은 전적으로 회사에 있다.

회사가 진정한 인재를 원한다면 회사가 먼저 본분을 다해야 한다. 학교는 학교만이 할 수 있고 학교가 가장 잘할 수 있는 일을 해야 한다. 회사가 잘못하고 있는 것을 학교에 전가해서 학교의 본분을 제대로 하지 못한다면 그야말로 우리나라 소프트웨어 산업의 미래는 없다. 학교는 나름대로 이론을 효율적으로 가르치기 위해서 실전적인 시스템을 잘 이용하도록 해야 한다. 예를 들어 컴파일러 과목을 가르친다면 Java나 C++도 필요한 만큼 가르쳐야 하고, 필요한 라이브러리도 미리 만들어 두고, 이클립스 같은 개발도구도 소개해 주고, 소스코드관리시스템도 사용하게 하고, 이슈관리시스템도 사용하게 하는 것이 가장 효율적으로 가르칠 수 있는 방법이다. 이것이 필자가 본 미국의 학교와 우리나라 학교의 큰 차이이다.

30 국내 소프트웨어 회사의 6가지 불치병

춘추전국시대는 혼란스러운 시기였던 만큼 영웅이 많았다. 중국에서 가장 병을 잘 고쳤다는 명의 편작도 그 중의 한 명이었는데 "세상에 어떤 병이

라도 그 병을 제대로 아는 의사를 불러 조기에 치료하게 한다면 병을 고칠 수 있다"고 했다. 그렇지만 아무리 훌륭한 명의라도 도저히 고칠 수 없는 여섯 가지 불치병이 있다고 하였다.

하나, 교만, 방자하여 자신의 병은 자신이 안다고 주장하는 환자이다. 모든 병에는 원리가 있어 그 원리에 따라 치료해야 하는데, 주관적인 판단으로 의사의 진료와 처방을 따르지 않는 사람은 치료가 불가능하다.

둘, 재물이 아까워 자기 자신의 몸보다 우선시하여 치료하지 못하는 환자이다. 재물을 중시하여 몸을 혹사하거나 함부로 부리는 것이 불치병이라는 것이다. 건강을 잃으면 모든 것을 잃는 것임을 알아야 한다.

셋, 먹고 입는 것에 적절함을 잃으면 건강의 균형이 깨어진다. 옷은 추위를 견딜 정도면 적당하고, 음식은 배고픔을 채울 정도면 적당하다. 음식을 탐하고 편안한 것만을 추구하는 습관은 어떤 명의라도 고칠 수 없다.

넷, 음양의 평형이 깨어져 기가 불안정한 환자이다. 음양이 장기를 장악하여 혈맥의 소통이 단절되면 기가 불안정하게 되어 되돌릴 수 없는 상태로 진행하게 된다. 기력은 몸의 근간이 되는 것이므로 늘 일정하게 유지돼야 한다.

다섯, 어떤 명약이라도 그 약을 받아들일 만한 기초 체력이 없으면 고치기 힘든 병이 된다. 걸을 수 있고 약 먹을 힘만 있어도 살 수 있다.

여섯, 무당의 말을 신뢰하고 의사를 믿지 못하는 것이다.

소프트웨어를 잘 개발하기 위한 깨달음을 얻기 위해 실리콘밸리까지 갈 필요도 없다. 2,500년 전 편작도 잘 알고 있었고 소크라테스도 다 알고 있었다. 진리의 보편성이자 수렴성이다. 하나의 진리를 깨달으면 모든 진리를 깨닫는다. 그럼 편작이 말한 여섯 가지 불치병을 국내 소프트웨어 업계에 적용해서 살펴보자.

하나, 교만에 빠진 경우

필자가 컨설팅이 불가능한 회사로 꼽는 첫 번째가 '나도 다 안다'는 회사다. 인간은 자기가 아는 한도 내에서는 모든 것을 다 안다고 착각한다. 이런 자만감을 깨뜨려주는 좋은 운동이 필자가 가장 좋아하는 태극권이다. 태극권은 10년을 해도 "이제 조금 할 줄 아는군요"라는 말을 듣는다고 한다. 오묘하다고밖에 표현할 수 없는데 수련하면 할수록 '내게 모자라는 것이 점점 더 많아진다'는 것을 깨닫게 된다. 미래에도 그럴 것이라는 결론을 쉽게 내릴 수 있다. 그러니 몇 년 수련했다고 잘난척할 수 없는 것이 태극권이다. 필자가 소프트웨어 업계에서 30년을 있었지만 실리콘밸리에서의 과거 경험 때문에 안다는 자만감을 가질 수가 없다. 너무 뛰어난 개발자도 많았고 서로 배우는 즐거움을 회상해 보면 항상 모르는 것이 많았다는 생각을 없앨 수가 없다. 겨우 5년, 10년 경험한 개발자가 마치 모든 것을 깨달은 것처럼 확신을 하고 얘기할 때는 가르치는 것이 불가능하다.

둘, 재물을 몸보다 중요시하는 경우

눈 앞의 재물에 눈이 멀어 매출을 올리겠다고 잡화상처럼 이것저것 고객이 원하는 것을 다 만들어 주는 것이 국내 소프트웨어 회사의 성향이다. 당장 생존하기 위한 노력은 이해하지만 잠깐만 생존할 수 있는 극약 처방의 모델이다. 오랫동안 생존하기를 원한다면 단기적인 재물의 손실은 각오하고 장기적인 혜택을 중요시해야 한다.

셋, 음식과 옷의 편안함만을 추구하는 경우

일만 시간의 노력은 하기 싫고 편안한 비법을 찾는 경우이다. 수많은 비법을 찾아 현혹된다. 도구 만능주의와 템플릿과 샘플을 보여달라는 부류가 여기 속한다. 골프를 예로 든다면 좋은 동영상 보여달라고 하는 식이다. 프로 골퍼는 하루에 볼 천 개를 연습한다. 편하게 성공할 수 있는 것은 범죄로 들어가기 전에는 이 세상에 없다. 분석, 설계는 1~2년에 잘할 수 있는 것이 아니다. 10년, 20년을 배워가면서 서서히 느는 것이다. 누가 획기적인 도구나 비법을 주장한다면 100% 사기니까 믿지 말기 바란다.

넷, 평형이 깨진 주화입마의 상태인 경우

무술(특히 내가권), 동양의학, 또는 종교에서 많이 인용되는 '기(氣)'는 영어로는 'Internal Energy', 'Natural Energy' 혹은 'Vital Energy' 등으로 번역되는데 경험으로 느끼기 전에는 실체를 알 수 없는 추상적인 것이다. '주

화입마'는 몸속의 기를 잘못 운용하여 맥을 타고 온몸을 돌아야 할 기가 어느 한 곳에 뭉쳐서 순환되지 않는 부작용인데 불구가 될 수도 있다. 무협소설에 많이 나온다. 소프트웨어 회사도 프로세스와 같이 어떤 것을 무리하게 추진하게 되면 한 곳이 막혀 전체가 망가지는 불구가 될 수 있다. 다행스러운 점은 그런 무서운 주화입마는 조금 할 줄 안다는 상황에서 생기지 초보 회사에게는 생기지 않는다는 점이다.

소프트웨어 회사에서 기가 잘 순환되는 평형 상태는 소프트웨어 기반시스템, 기술, 조직, 프로세스, 문화가 조화롭게 이루어진 상태이다. 다음 세 그림을 비교해 보자.

첫 번째 그림이 평형이 잘 이루어진 완벽한 상태이다. 언제든지 일격필살이 나올 수 있는 준비된 상태인 것이다. 이런 상태에서는 필요시 폭발적인 힘을 낼 수 있다.

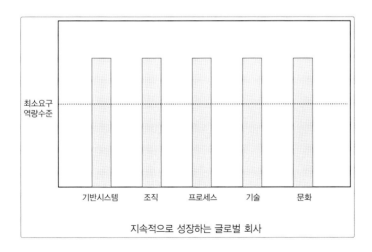

글로벌 소프트웨어를 말하다

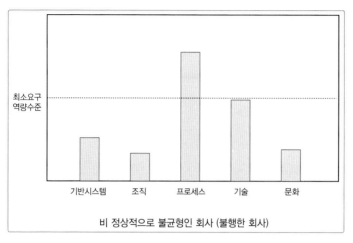

비 정상적으로 불균형인 회사 (불행한 회사)

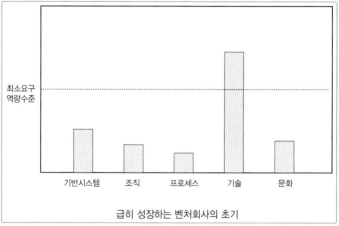

급히 성장하는 벤처회사의 초기

이소룡이 생전에 'One-inch Punch'라는 시범을 많이 보였는데 이런 순간적인 힘을 내기 위해서는 몸 전체가 언제든지 조화롭게 움직일 수 있어야 하고 그러기에는 오랜 수련이 필요하다. 글로벌 회사도 오랜 역사를 거치면서 이런 조화로운 능력을 갖추고 있다. 그런 상태에서 준비된 힘을 언제 어디에 쓸 것인가를 결정하는 것은 제품기획팀의 역할이다.

두 번째 그림과 세 번째 그림이 국내 소프트웨어 회사에서 가장 많이 보이는 유형인데 이런 상태에서는 힘을 낼 수가 없다. 평형이 되어 있지 않기 때문에 힘을 내려고 하면 뭔가 삐끗하는 부분이 있다. 그런데도 억지로 힘을 내려다가 망치는 경우가 바로 주화입마인 것이다. 열심히 하면 할수록 주화입마에 깊이 빠지므로 조심해야 한다. 성장하기 위해 잘못된 개혁을 시도할 때 문제가 생긴다. 주화입마는 열심히 하는 상급자에게 많이 발생하는 문제이다. 제대로 하면 최고가 될 수도 있고 잘못하면 몸을 망칠 수도 있는 기로에서 자신의 능력을 넘어서 무모하게 시도하다가 망가진 경우이다.

이미 고객도 어느 정도 있고 빠르게 성장하는 회사가 뭔가 해보려고 할 때가 주화입마에 빠지기 쉽다. 주화입마에 드는 대표적인 예를 몇 개만 들어보자.

√ 어설픈 선진 개발방법론 흉내 내기

√ 역량을 넘어선 과도한 프로세스

√ 문서도 만들지 않으면서 대규모 개발하기

√ 미래를 보지 못하는 상태에서 아키텍처 만들기

√ 일정에 쫓겨 급하게 하는 지저분한 코딩

능력 이상으로 무리하게 추진하다가는 지금 잘하고 있는 것도 망칠 수가 있다. 그리고 회복하는 데 많은 비용이 든다. 갑자기 제품 출시가 중단되기도 한다. 회사에서의 시행착오는 시장에 제시간에 응답하지 못하는 기회비용의

손실이라는 점에서 막대한 손실이다. 무술 세계나 소프트웨어 세계나 주화입마에 빠지지 않으려면 항상 옆에 자기 실력을 정확히 아는 스승의 가르침 아래 조화롭게 성장해 나가야 한다. 무협영화에서 주화입마에 빠진 제자를 위해 기를 불어 넣어주어 회복시키는 장면을 많이 보았을 것이다. 혼자서는 영원히 불구가 될 위험이 너무 크다.

다섯, 체력이 다 소진된 경우

치료의 가능성이 없는 환자를 보는 의사의 심정은 안타깝다. 필자도 컨설팅하다가 이런 회사를 많이 보았다. 주화입마처럼 조화가 망가진 상태를 넘어서 모든 것이 붕괴되기 직전인 상태이다. 시간 문제일 뿐 결국은 다 사라지고 만다. 이 상태가 되면 운명을 받아들이고 빨리 포기하는 것이 좋다. 이렇게 되기 전에 미리 의사에게 가서 조치를 취하는 것이 유일한 방법이다.

여섯, 무당의 말에 빠진 경우

의사와 무당을 구별하기가 쉽지는 않다. 건강식품과 같이 수많은 무당이 소프트웨어 업계에도 넘쳐난다. 달콤한 유혹, 편안한 방법, 획기적인 결과, 선진 방법론, 그럴듯한 이론 등이 그들이 사용하는 전략이다. 미신은 원시인의 전유물이 아니다. 지금은 더 많은 미신이 논리라는 이름으로 예쁘게 포장되어 돌아다닌다. 국내 소프트웨어 회사를 위해 할 일 중의 하나가 미신을 구별해 내는 것이다. 필자도 경험으로는 느끼지만 객관적이고 논리적인 반증은

시간상 어렵다. 브라질 버섯이 건강에 도움이 되지 않는다는 것을 증명할 시간과 방법이 없는 것처럼 말이다.

국내 소프트웨어 회사의 특징 중의 하나가 유행에 휩쓸려 너무 많은 것을 시도하려는 경향이다. 컨설팅할 때 가장 어려운 점이 하지 않아야 될 것을 하고 있을 때 못 하게 하는 것이다. 책임자의 엄청난 반발과 합리화에 대한 소모적인 논쟁을 피할 수가 없다. 특히 내부경쟁이 심한 대기업일수록 강하다. 진정으로 해야 하는 중요한 것은 다 장기적이고 일만 시간의 법칙이 필요한 것이다. 힘든 노력은 하지 않고 돈으로 재미있고 쉬운 것에 유혹될 때 못 하게 하는 것이 회사의 비용을 절약하고 주화입마에 빠질 위험성을 줄이는 것이다.

31 개발팀의 커뮤니케이션이란 무엇인가?

회사를 컨설팅하다 보면 가장 많이 듣는 소리가 "개발자는 커뮤니케이션을 못한다"는 얘기다. 경영자는 개발자의 커뮤니케이션을 향상시키기 위해 커뮤니케이션 전문 컨설팅을 받는다. 그러나 불행히도 그런 커뮤니케이션 스킬은 개발자를 목표로 한 것이 아니다. 실리콘밸리의 회사에 출근해서 하루 종일 자기 사무실에 앉아 한 번도 나오지 않고 일하는 개발자는 커뮤니케이션이 전혀 없는가? 재택근무를 하면서 일주일에 한 번만 회사에 나와서 잠깐 회의하고 가는 개발자는 커뮤니케이션을 충분히 하지 않는 것인가? 모두 틀렸다. 그들은 아주 커뮤니케이션을 잘하고 있다. 영업사원이 하는 종류의 커

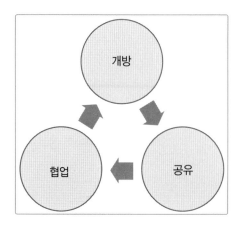

뮤니케이션을 하지 않고 있을 뿐이다.

개발자 커뮤니케이션의 목적은 무엇인가? 개방, 협업, 공유이다. 그럼 아무도 안 만나고 어떻게 개방, 협업, 공유를 한단 말인가? 만나서 하는 것은 개방, 협업, 공유가 아니라 개방, 협업, 공유를 하기 위한 준비작업을 하는 것이다.

개방, 협업, 공유가 효율적으로 일하는 가장 좋은 방법이며 자신의 스킬을 향상시키는 가장 좋은 방법이다. 선배한테만 배우는 것이 아니라 동료한테서도 배우고 후배한테서도 배우는 것이 있다. 이 세상에 혼자서 배워서 프로가 될 수 있는 것은 없다. 있다면 얘기해 주기 바란다. 천재 골퍼인 타이거 우즈도 스승이 없었던 적이 한 번도 없었고 천재 김연아도 항상 코치가 필요했다. 그런데 무슨 배짱으로 소프트웨어를 혼자 할 수 있다고 하는지 모르겠다.

개방, 협업, 공유를 하지 않음으로써 얻는 장점은 오직 한 가지이다. 자기만 아는 비밀로 얻는 직업의 안정성(Job Safety)이다. 영업사원이 소위

'Red Book'이라고 불리는 비밀 고객명부를 혼자만 가지고 있는 것이다. 개발자도 그런 안전장치인 비밀정보를 가질 수 있다면 일단 단기적인 안전성은 확보한다. 실제로 국내 소프트웨어 회사에서는 많은 개발자가 자신만의 비밀정보를 만들어 다른 사람이 쉽게 파악하지 못하는 안정권에 들어가는 데 성공했다. 실리콘밸리에서는 비밀정보가 되기 위한 경계를 넘기기가 불가능하다. 그러기 전에 아마 해고를 당할 것이다. 비밀임계치를 넘기지 못하도록 만드는 것이 회사의 책임이다.

그런 공유와 개방을 강제화하는 것이 바로 기반시스템과 프로세스다. 하지만 공유와 개방은 했지만 아직도 협업은 완성되지 않은 상태로 남아 있다. 개방과 공유를 해도 협업이 없으면 지식이 미완성된 상태로 남는다. 협업은 개인의 자발적인 노력이 받쳐주어야 한다. 회의에서 아무런 말도 하지 않고 다른 사람을 도와주려고 하는 마음이 없으면 협업은 되지 않는다. 그래서 아무리 강제로 개방과 공유를 해도 남과 협업해서 일을 하려고 하지 않으면 개방과 공유의 효과가 반감된다.

여기서는 개발자의 핵심역량인 개방과 공유를 하기 위한 커뮤니케이션이 무엇인지 알아보기 쉽도록 통상적으로 생각하는 커뮤니케이션 방법과 개발자의 커뮤니케이션 방법을 비교해 보자.

말을 잘한다 vs. 문서를 잘 만든다

개발자는 말을 잘할 필요가 없다. 말을 잘하는 것 대신에 조용히 문서를 잘 만들면 된다. 말은 오래 기억되지 않는다. 그리고 오해의 소지가 많다. 회의가 끝난 다음에 회의록을 적어보내면 틀렸다고 하는 경우가 많다. 개발하려는 제품의 사양을 말로 할 필요가 없다. 문서로 적고 다 검토하게 요청하면 된다. 개발자가 말을 하는 경우는 분석이나 설계에서의 검토회의나 코드리뷰를 할 때이다. 그 외에는 업무상 말로 할 이슈가 거의 없다.

협상을 잘한다 vs. 정확하게 명시한다

개발자는 일단 '무엇을, 왜, 언제, 어떻게' 하는지를 정확하게 명시하는 것이 핵심이고 그건 개발자가 가장 잘할 수 있는 것이다. 영업이나 고객 등 다른 부서와의 협상은 관리자나 소수의 분석가의 담당이다. 정확한 정보를 관리자와 분석가에게 입력하는 것이 개발자의 책임이다. 개발자가 직접 협상하러 나가면 대부분 싸우고 망친다. 개발자로서 협상의 기술까지 가지고 있으면 좋지만 기본이 자신만의 로직으로 작동하는 개발자의 특성상 모순에 가깝다.

사수가 가르친다 vs. 멘토가 가이드한다

둘 다 선배한테서 뭔가 배운다는 입장은 같은데 무엇이 차이인가? 국내 소프트웨어 회사에서는 사수한테 배운다고 하지만 사실은 모순투성이이다.

사수라고 하면 일단 고급 개발자인데 사수가 바쁘지 않다면 회사가 인력관리를 잘 못하는 것이고, 바쁘다면 가르쳐줄 시간이 없는 것이다. 대부분의 회사는 사수가 가르쳐줄 시간이 없어 말만 사수일 뿐 결국은 조수가 혼자서 고생하면서 겨우 배워 간다. 사실 사수도 조수한테 잘 가르쳐줘서 금방 자기를 따라잡으면 불안하기도 할 테고 시간도 없으니 많은 시간 내서 가르쳐줄 수도 없다. 결국 인간의 본능으로 보나 회사에서의 우선순위로 보나 사수가 조수를 제대로 가르쳐준다는 것은 기대하기 어렵다.

실리콘밸리에서는 새로운 회사에 들어가면 멘토가 정해진다. 멘토가 하는 일은 거의 없다. 어디에 어떤 정보가 있다는 것을 가르쳐주는 것이 멘토의 일이다. 그런 것을 가르쳐주는 데는 하루에 5분이면 된다. 이슈관리시스템의 IP 주소, 설계 문서의 위치는 소스코드관리시스템의 어느 디렉토리에 있는지, 이런 것들이다. 그 다음부터는 다 알아서 공부하고 일을 할 수가 있다. 이게 바로 멘토와 멘티의 커뮤니케이션인 것이다. 가내수공업처럼 사수가 가르쳐줄 때까지 노예처럼 살 필요가 없다. 이런 커뮤니케이션이 가능하게 된 것은 기반시스템과 문서가 이미 다 준비되어 있기 때문에 가능한 것이다. 이 두 가지가 준비되어 있지 않다면 국내처럼 사수만을 바라보며 기다리는 수밖에 없다. 사실 항상 사수가 더 실력이 좋다고 할 수는 없다. 가지고 있는 정보의 폐쇄성에 의해 단기간 가짜 실력의 우위를 누리기도 하지만 장기적으로는 별 것도 아닌 것으로 들통나기도 한다.

회의를 자주 한다 vs. 재택근무를 한다

국내 소프트웨어 회사와 실리콘밸리 회사를 비교할 때 개발자의 하루일과 중에 가장 다른 것이 이것이다. 국내 소프트웨어 회사에서는 과장 정도 되는 지위에만 오르면 회의하느라 하루 종일 뛰어다닌다. 과장이면 이제 조금 개발을 알 정도의 경험인데 개발은 물 건너가고 회의만 한다. 반면에 실리콘밸리에서는 회의는 일주일에 한 번이나 와서 잠깐 하는 것이고 집에서 일할 수도 있다. 집에서 일을 한다고 정보가 단절된 것이 아니다. 회의를 많이 하는 국내 소프트웨어 회사보다도 더 많은 정보를 기반시스템을 통해 공유한다. 그러니까 회의를 할 필요도 없이 모든 사람이 공유할 수 있는 지식인 것이다. 정보의 공유가 아니라 어떤 심각한 결정을 해야 하는 경우가 되어야 일주일에 한 번 회의하면 된다. 자잘한 결정은 이미 기반시스템을 통해 서로 다 대화하고 이미 다 결정했다. 만나서 하는 비효율적인 회의를 할 필요가 별로 없는 것이다. 반면 국내 소프트웨어 회사에는 회의실이 항상 모자란다. 그것도 낭비다. 회의실을 늘리면 늘리는 대로 모자란다. 아무리 늘려도 사용하고자 하는 사람은 끝이 없다. 처음부터 근본적으로 잘못된 것이다.

보고를 자주 한다 vs. 보고는 기반시스템을 본다

필자가 컨설팅을 하면서 가장 듣기 싫어하는 말이 바로 "보고하러 간다"는 말이다. 사람을 앞에 놓고 말을 들어보는 것이 중요한 경우가 가끔 있겠지만 시시때때로 보고하러 간다. 실리콘밸리에서는 주간회의를 빼 놓고는 거의

보고하러 갈 필요가 없는 경우가 많다. 그 이유는 보고해야 될 자료가 다 기반시스템이나 저장소에 있기 때문이다. 그것도 훨씬 더 보기 좋은 형태로 되어 있기 때문에 누구를 오라고 할 필요가 없다.

보고는 시간이 더 걸릴 뿐 아니라 보고하는 사람이 만들어온 자료는 그 사람의 관점밖에 보지 못한다. 다른 관점에서 보고 싶을 때는 다른 자료를 또 만들어서 다시 보고를 받아야 한다. 예를 들어 새 버전을 출시하기 위해서 버그를 고쳐야 하는데 지금 몇 개나 남아 있고, 누가 몇 개를 고쳤고, 지금 일이 밀려 있는 개발자가 누구이고, 어느 컴포넌트가 할 일이 제일 많은지 등등 물어볼 수 있는 관점이 수십 개 혹은 수백 개는 된다. 이슈관리시스템에서 누구나 보면 다 알 수 있는 정보인데 와서 보고하라고 하면 보고자가 자기의 관점에서 자료를 만들어 와서 보고한다. 그래서 필자는 컨설팅하면서 "상사에게 보고해야 한다"는 말을 들으면 "상사 컴퓨터에 가서 이슈관리시스템을 놓고 같이 보면서 질문에 따라 다 보여주라"고 한다. 보고서 만드느라 시간 들이고 종이를 낭비할 필요가 없다. 실리콘밸리에서는 보고를 요청하는 자신이 직접 훨씬 더 잘 볼 수 있기 때문에 아예 그런 보고를 요구하지 않는다. 그러나 필자가 국내 소프트웨어 회사에서 컨설팅을 하면서 사장님에게 "이슈관리시스템을 사용하는 것이 훨씬 더 많은 정보를 정확하게 볼 수 있습니다. 버튼 몇 번만 누르시면 됩니다"라고 얘기해도 듣지 않는다. 그래서 개발자가 각종 회의와 보고에 끌려다니다 보니 영원히 개발 실무에서 멀어지게 된다. 인재의 손실이다.

개발자의 커뮤니케이션을 일반 커뮤니케이션과 혼동하면 안 된다. 개발자에게는 기본적으로 정보의 공유가 커뮤니케이션의 핵심이기 때문에 기반 시스템을 얼마나 잘 사용하고 문서를 얼마나 정확히 적느냐가 중요하다. 인간관계로 영업을 할 때나 연봉협상을 유리하게 하려면 협상의 스킬이기 때문에 말을 잘해야 한다. 그래서 일반 커뮤니케이션도 잘하면 나쁘지는 않다. 그러나 기본적인 개발자 커뮤니케이션을 소홀히 하면 안 된다.

32 어려운 일과 쉬운 일, 왜 순서가 중요한가?

전쟁을 하든, 인생을 살든, 소프트웨어 개발을 하든, 모든 일에는 전략과 전투가 있다. 성공하기 위해서는 전략이 중요하고 다음으로 전투가 중요하다. 그런데 '조삼모사'처럼 인간의 본능상 대부분 전략보다는 전투를 중시한다. 전략을 중시하는 사람은 소수에 불과하며 그렇기에 그들을 '통찰력있는 리더'라고 한다. 같은 시점에 어려운 일과 쉬운 일이 동시에 있을 때 어떤 일을 먼저 할 것인가를 결정하는 것도 중요한 전략이다. 말이 쉽지 미래 전략을 생각한다는 것은 습관이 되지 않은 사람에게는 짜증나는 일이고 쓸모없는 일처럼 보인다. 모르는 중에 미래를 예측해야 하는 것은 보통 사람은 할 수 없는 것이다. 전략을 생각하는 것도 어렵지만 그래야 되는 이유도 이해하기 쉽지 않다.

전략이 있다는 것은 관리를 가능하게 만든다. 개발을 체계적으로 하기 위해서는 일정관리, 인력관리, 리스크관리, 자원관리, 외주관리 등 많은 계획을 세워야 하는데 다 전략이 있어야 가능하다. 쉬운 일을 먼저 하면 처음에는 일정대로 잘 나가지만 나중에 어려운 일에 부딪쳤을 때 해결할 시간이 없다. 즉, 리스크관리를 하지 않는 전투인 것이다. 쉬운 일은 이미 잘 정의되어 있고 눈에 보인다. 먼저 개발해도 전혀 문제가 없어 보인다. 어려운 일은 정의하기도 어렵고, 기술도 어렵고, 하기도 싫으니 접근하기가 싫다. 어려운 일은 미루었다가 마지막에 하는 것이 인간의 본능이다. 결국 모든 리스크는 복구할 시간도 없는 후반부로 몰아 넣는다. 그래서 마지막에 밤새는 모드로 가는 것은 운이 아니라 필연이다. 이것 역시 국내 소프트웨어 업계의 특징 중 하나이다. 실리콘밸리에서도 마지막 출시 전에는 긴장하는 것은 똑같지만 무식하게 밤새는 짓은 거의 없다. 국방부 프로젝트처럼 특성상 정교하고 여유있는 계획으로 움직이는 프로젝트는 끝날 무렵이면 할 일이 없어 개발자 테스트만 반복해서 하기도 한다.

위의 얘기는 모든 회사에 해당되는 '옳은 소리'다. 그러나 이제 할 얘기는 잘나가는 회사에서만 발생하는 문제이다. 마치 상속과 같다. 상속은 오랜 시간을 거쳐 준비하지 않으면 원하는 대로 되지 않는다. 전투가 아니라 장기 전략인 것이다. 그러니 잘나가는 회사에서 근무하는 것이 아니라면 읽지 않아도 된다.

잘나가는 회사에서는 소스코드 관점에서 볼 때 많은 브랜치가 존재하게 된다. 항상 새로운 제품 개발도 있고 고객유형이나 판매전략에 따라 많은 브

랜치가 생겨난다. 브랜치는 잘못 사용하면 회사가 위태로워질 만큼 중요하다. 그래서 브랜치 전략은 특히 잘나가는 회사에서 가장 심사숙고해서 결정해야 하는 이슈다. 책 한 권으로도 설명이 어려울 정도로 현실에서의 다양한 변수에 따라 결정된다. 이론으로는 절대 배울 수 없는 진정한 소프트웨어 공학의 영역이다.

브랜치를 되도록 줄이는 것이 최선이겠지만 회사가 잘 나가면 나갈수록 그럴 수가 없다. 잘나가는 회사의 필연적인 현상이다. 브랜치가 많아진다는 것은 다시 합쳐야 하는 머지(merge)도 많아진다는 것을 의미한다. 기술적인 설명에 대한 것은 필자의 이전 책에서 여러 번 자세히 설명했으니 여기서는 설명을 하지 않겠다. 머지는 두 군데서 수정된 동일한 소스코드를 다시 하나로 합쳐야 하는 것인데 그런 경우에 개발 초기 단계의 소스코드처럼 안정되지 않은 상태의 소스코드는 수정이 많기 때문에 머지하다가 충돌(Conflict)이 발생할 확률이 높다. 여기서 두 가지 예를 들어 보자. 똑같은 개발자가 같은 시간을 들여서 쉬운 프로그램 1,000줄을 고쳤을 때와 어려운 프로그램 100줄을 고쳤을 때 어떤 경우가 머지할 때 충돌의 위험성이 적은가? 당연히 100줄을 고친 경우이다. 안정되지 않은 초기의 소스코드에서는 더욱더 그렇다. 특히 국내 소프트웨어 업계는 분석과 설계의 정교함 없이 코딩에 뛰어드는 것이 관행이므로 변화무쌍하게 많은 양의 소스코드 추가와 삭제가 벌어진다. 그나마 후반에 가서 안정되면 많은 양의 코드를 변경하여도 충돌이 일어날 가능성이 상대적으로 적다. 결국 소프트웨어 실전에서의 전략 중에 가장 중요한 것이 브랜치와 머지 전략이다.

아래 두 개의 소스코드 예제의 차이를 말할 수 있는가? 나머지 코드는 다 생략하고 변수 a,b,c가 먼저 사용되다가 나중에 x, y가 추가된 경우이다.

〈홍길동의 코드〉

```
int a, b, c;
int x, y;
```

〈이순신의 코드〉

```
int a, b, c, x, y;
```

컴파일러의 입장이나 기능상으로는 똑같은 이 순진해 보이는 코드가 아마추어와 프로의 차이다. 홍길동의 코드가 옳은 방식이다. 머지를 할 때 충돌의 확률이 적기 때문이다. 글로벌 회사는 머지 시의 충돌을 피하기 위해 엄청나게 많은 사전 노력을 한다. 이런 사전 노력이 왜 필요한지를 이해하지 못하는 초급 개발자가 자기 멋대로 프로그래밍을 하고 나중에 심각한 문제를 일으킨다. 머지 시 충돌을 피하기 위해서는 개발 시작부터 디렉토리 구조와 코딩 스타일까지 포함하여 심각하게 고려하는 장기적인 전략이 필요하다. 자세한 설명은 기술적인 영역이기도 하면서 역시 방대한 주제이므로 여기서는 하지 않겠다.

상속세와 마찬가지로 이미 소스코드가 적히고 문제가 발생한 다음에는 해결할 방법이 없다. 소스코드를 적을 때부터 조심해야 한다. 소스코드가 변화무쌍한 초기에는 되도록 어렵고 적은 양의 코딩을 해야 한다. 그런데 회사가 잘될 것 같지도 않고 브랜치도 생기지 않는다면 코딩하는 순서에 차이는 없다. 하지만 글로벌 회사로 성장하고 싶다면 브랜치와 머지 전략도 중요하지만 일하는 순서도 중요하다.

결론은 항상 같다. "어려운 일을 먼저 하라"가 답이다. 그 결정을 내리기 위해서는 앞 단계에서 분석과 설계를 잘하는 방법 외에는 없다. 어려운 일을 해결하는 즐거움을 맛보고 쉬운 일은 아르바이트생에게 맡기기 바란다.

33 존경의 대상인가, 해고의 대상인가?

어느 회사를 컨설팅했을 때 벌어진 일이다. 여러 팀이 있었고 MySQL 설치 문제로 한 팀이 고생을 하고 있었다. 전체 부서회의에서 '그 팀에 문제가 있다'는 보고를 접한 다른 팀의 한 개발자가 "그 문제는 우리가 이미 알고 있는 것"이라면서 문제의 해결방법을 자랑스럽게 얘기했다. 여기서 생각해보자. 그 개발자가 존경의 대상일까? 아니다. 반대이다. 필자의 마음속에는 일단 해고 대상의 후보자로 올라간다. 그리고 연말 인사고과 평가 때 좋은 평가를 절대로 받을 수 없다.

다른 사람보다 많이 안다는 것은 자랑할 것이 아니다. 경력자라면 더 많이 아는 것이 당연한 것이고 설령 내가 머리가 좋거나 운이 좋아서 다른 사람보다 더 많이 안다고 해서 존경의 대상이 되는 것은 아니다. 실력이 좋다는 것 정도만 인정받는 것이다. 존경은 공유와 협업으로 사회에 도움이 되는 것으로 판단한다. 회사가 지속적으로 성공하기 위해서는 많은 기술이 필요하다. 운영체제, 데이터베이스, Java, C++, 개발도구, 웹, 네트워크, 그래픽스, 빅데이터, 국제화, 빌드, 기반시스템, 소프트웨어 공학 등 기술 분야만 해도 각각 책 한 권이 필요할 정도로 많은 전문 분야가 있다. 그런 기술을 공유하며 같이 성장하는 사람이 존경의 대상이다.

어느 회사에서 어느 한 사람이 모든 분야를 다른 사람보다 다 잘 알고 있다면 그 회사는 희망이 없다. 그 회사의 최대의 역량은 그 어느 한 사람의 역량이고 나머지는 벽돌공이기 때문이다. 썬마이크로시스템즈의 최고 아키텍트였던 빌 조이(Bill Joy)라고 해도 마찬가지이다. 빌 조이가 훌륭한 개발자임에는 틀림없지만 빌 조이의 역량이 그 회사 역량의 전부이고 나머지가 벽돌공이라면 희망이 없는 것은 마찬가지이다. 현실에서는 두 명만 모이면 서로 배울 것이 있는 것이 정상이다. 필자가 빌 조이보다 뛰어난 부분도 있다. 특히 국제화 부분에서 그는 필자에 비하면 초보자에 불과하다고 감히 말할 수 있다.

글로벌 소프트웨어를 말하다

필자가 한 회사를 대표하는 역량이라면 필자도 일하고 싶은 의욕이 없을 것이다. 회사의 성공도 불확실할 테지만 필자가 배우고 성장할 수 있는 가능성이 없기 때문이다. 어느 한 사람이 아무리 똑똑하다고 해도 많은 사람의 지식을 모은 것보다 더 똑똑할 수는 없다. 드물기는 하지만 필자가 가르쳐주면 얼마 안 있어 필자보다 더 잘하는 부분을 보이는 개발자도 있다. 그러면 서로 배우는 바람직한 상황이 된다. 필자가 항상 가르쳐주어야만 하는 상황이라면 희망이 없는 회사이다. 업무 중에는 한 사람이 책임자가 되어 수행하는 분석이나 설계 같은 일도 있지만 이런 일도 혼자하는 것이 아니고 그 과정에서 많은 사람과 회의를 하고 가장 좋은 선택을 해야 한다.

회사에는 지식이 많은 사람도 있고, 적은 사람도 있고, 경험이 많은 사람도 있고, 적은 사람도 있고 다양한 사람들이 존재한다. 운영체제를 잘 아는 사람도 있고, Java를 잘 아는 사람도 있고, 웹을 잘 아는 사람도 있고 데이터베이스를 잘 아는 사람도 있고, 그래픽스를 잘 아는 사람도 있고, 빌드를 잘 아는 사람도 있다. 전문성이 필요한 다양한 지식과 경험을 모두 필요로 하는 곳이 소프트웨어 회사다. 그리고 회사에서 일한다는 것은 서로 협업을 한다는 가정하에 여러 명이 일하는 것이다.

한 회사에서 한 번 발생했던 문제는 다시 똑같은 고생을 하면서 해결하면 절대 안 된다. 엄청난 낭비이다. 그런 일이 벌어지지 않기 위해서는 회사의 역할도 있어야 하고 모든 개발자의 노력도 있어야 한다. 이슈관리시스템에

당연히 그 내용이 등록되어 있어야 한다. 그걸 하지 않았다면 지식의 공유와 투명성이 없다는 뜻이다.

문제를 해결하려는 팀은 당연히 이슈관리시스템에서 정보를 검색해 보았어야 했다. 만약에 검색하지 않는 실수를 했다고 한 경우라면 첫 번째 팀이 가르쳐주는 방법은 "그 정보는 이슈번호 3456번에 설명되어 있어요"하고 알려주면 된다. 정보를 제공하는 자와 제공받는 자 모두 이슈관리시스템을 잘 이용할 수 있어야만 이런 시나리오가 가능하다. 가끔 정보 공유를 하겠다고 지식관리시스템을 설치하는 회사도 있지만 대부분의 소프트웨어 회사에는 필요가 없다. 잘못 벤치마킹했거나 지식관리라는 이름에 현혹된 것이다.

이것이 바로 지식관리이다. 거대한 논문만 지식관리 대상이 아니다. 내가 한 어떤 일이 나중에 다른 사람에게 도움이 될 것이라고 생각하면 무조건 공유를 해야 한다. 이 판단도 훌륭한 개발자의 역량이다. 그럼 내 지식을 다 알려주면 내 가치는 무엇인가? 그런 걱정은 할 필요 없다. 새로운 지식은 항상 생겨나기 때문이다. 자신이 지금까지 가지고 있는 지식은 앞으로 배울 지식의 작은 부분일 뿐이다. 배우면 배울수록 지식은 복합적으로 작용해서 시너지 효과가 나기 때문에 시간에 따른 선형함수가 아니라 기하급수적으로 늘어난다. 그런 개발자가 많으면 많을수록 또 상승작용을 하게 된다. 이게 바로 실리콘밸리의 문화이다. 똑같은 지능을 가진 사람이 일하더라도 국내 소프트웨어 업계에 비해 실리콘밸리는 같은 기간이 지난 후에 그룹이나 개인 역량은 훨씬 더 높아진다.

글로벌 소프트웨어를 말하다

필자는 우리나라에 오면서 역량이 정체되었다. 다른 사람에게서 배울 수 있는 방법이 없어졌기 때문이다. 혼자서 스스로 역량을 길러간다는 것은 거북이 걸음과 같다. 그건 필자만의 문제는 아니고 국내의 모든 개발자가 겪는 불행일지도 모른다. 실리콘밸리는 날아가는데 거북이 걸음을 하고 있으니 경쟁은 불가능하다.

실리콘밸리와 비교해보면 국내 소프트웨어 회사에는 많은 벙어리 개발자가 있다. 회의에서는 아무 소리도 안 하고 듣기만 하고 있다가 뒤에서 엉뚱한 일을 해놓고, 고치라고 하면 또 벙어리 모드로 들어가 망치는 최악의 개발자다. 이런 개발자는 회사나 동료 개발자에게 암과 같은 존재이다. 도움보다는 피해를 더 많이 주는 경우이다. 빌 게이츠나 워런 버핏은 거의 전 재산을 사회에 환원을 한다. 그런데 대부분의 미국인이 이들처럼 사회를 위해 기부는 많이 하지만 회사의 인사관리에서는 냉정하다. 그 이유는 사회에 도움이 안 되기 때문이다. 한 사람에게 자선을 베풀면서 여러 동료들과 회사에 피해를 입히는 것은 자선이 아니다. 자선이 아니라 모두의 불행이다. 벼가 잘 자라기를 바란다면 잡초에게 자선을 베풀 수 없다. 동물은 자손을 잘 번식시키기 위해 약한 새끼는 죽도록 내버려 두기까지 한다.

개발자, 회사를 위해서는 이런 변화를 해야 한다. 가장 위대한 경영자인 잭 웰치는 저서인『위대한 승리(Winning)』에서 "변화에 저항하는 사람들은 그들의 실적이 만족스럽다고 하더라도 색출하여 제거하라. 변화를 거부하는 사람들은 퇴출시키는 수밖에는 별다른 도리가 없다. 조직 내에 남겨두어야

누구에게도 도움이 되지 않는다. 이들은 저항세력을 키워서 변화를 지지하는 사람들의 사기를 떨어뜨린다"고 했다. 심지어는 숨어서 거부하는 사람을 색출하라고까지 할 정도로 강조했다. 그래서 잭 웰치는 세계적인 기업 GE에서도 매년 하위 10%의 인력을 내보냈다.

'과거에 내가 한 일이 나만의 가치가 되는 일'은 없애야 한다. 그런 가치를 인정해주는 회사라면 희망이 없는 회사니 빨리 이직을 하기 바란다. 과거의 정보는 모든 사람이 나누어 가지고 미래의 가치를 키우는 회사가 바로 개발자가 열정을 가지고 일할 가치가 있는 회사다. 아인슈타인 같은 천재가 아닌 이상 대부분의 개발자는 혼자서는 효율적인 개발을 할 수가 없다. 회사가 모든 기반시스템을 마련해주는 것이 변화의 시작이지만 결국 협업의 의지는 개발자에게 달려 있다. 자신과 회사와 사회를 위해 무엇이 옳은지 잘 판단하고 변화하기 바란다.

우리는 인도에
개발 외주를
줄 수 있을까?

34 인도에 개발 외주를 주는 방법

흔히, '실리콘밸리는 미국에 있으니, 백인이 많을 것'이라고 생각한다. 그러나 실리콘밸리에는 동양인이 백인보다 많다. 버클리대학에도 인종으로는 동양인이 가장 많다. IT 분야에는 중국 개발자와 인도 개발자가 전체 개발자의 반 정도 된다. 필자가 1980년 실리콘밸리에 도착했을 때도 중국식당이 가장 많았다. 미국의 전문인력 이민(H1B) 정책으로 전 세계 인재들이 몰려들면서 중국과 인도의 개발자가 대거 채용되었다. 이것도 연쇄작용이라 그렇게 온 이민자가 또 동료를 불러오고 하니까 점점 더 많아졌다. 인도는 영어권이라는 장점 때문에 미국 회사의 외주 프로젝트를 많이 수행하면서 소프트웨어 산업이 발전하고 강국이 되었다. 성공의 원인은 미국에서 배운 개발방식이고 그렇게 된 기초 원인은 단 두 가지, 싼 임금과 영어권이다. 특별히 머리가 좋아서도 아니고 원래 소프트웨어에 적당한 문화라서도 아니다. 솔직히 정직성이나 책임감은 중국, 인도보다는 상대적으로 한국 개발자가 더 좋다.

미국 회사는 영어가 잘 통하고 임금이 싸다는 장점으로 인도에 많은 소프트웨어 프로젝트를 주었다. 그래서 TCS, Infosys, Wipro, Sapient 같은 세계적인 거대 시스템통합 업체가 발전했다. 그러면서 미국의 소프트웨어 개발방식을 배워 강국이 되었다. 소프트웨어 개발을 맡길 때 정직성을 믿고 시스템 없이 맡기는 것과 모든 개발자를 믿을 수 없는 인간이라고 가정하고 시스템을 믿고 개발하는 것 중 어느 것이 좋을까? 즉, 국가를 통치할 때 인간을 '성선설'로 보는 것과 '성악설'로 보는 것 중 어떤 방법이 사회를 더 평화롭게

글로벌 소프트웨어를 말하다

만들 수 있을까? 근본적으로 미국의 소프트웨어 개발은 성악설에 기반한 개발문화이다. 누가 무슨 일을 하는지 명확하게 정의하고, 진행하는 과정에 대해서도 투명하게 돌아간다. 투명, 그 자체이다. 비밀스럽게 일하는 사람에게는 무척 거북한 시스템이다. 이런 방식은 인도와의 관계 때문이 아니고 미국 회사 내부에서도 똑같은 방식이 사용된다. 일 년 365일 내가 어느 날 몇 줄의 소스코드를 고쳤는지 누구나 항상 알 수 있다. 다시 말해 인도 때문에 개발방식이 바뀐 것은 없다. 그러면서도 창조성이 필요한 곳은 허용해준다. 창조도 투명하게 하는 것이지 몰래 하라고 내버려두는 무정부 상태가 창조성을 보장해주는 것이 아니다. 법과 질서를 잘 지키는 것은 창조성과는 아무런 관계가 없다. 참견하지 않는 것은 창조성이 아니라 무책임한 것이다.

국내 소프트웨어 회사에서 내부 프로젝트를 수행할 때나 외주를 줄 때 그 상대가 인도라고 가정해보자. 과연 계약서에 서명을 하고 인도에 프로젝트를 줄 수 있는가? 물론 영어는 문제가 아니라는 가정에서다.

필자가 보기에 인도에 프로젝트를 줄 수 있는 국내 소프트웨어 회사는 거의 없다. 국내 소프트웨어 회사는 대충 개발하는 데 너무 익숙해져 있어서 그렇게 사는 게 인생인 줄 안다. 그리고 합리화를 할 수 있는 무기는 많이 있다. 대충 몇 개만 나열해 보면 다음과 같다.

∨ 계약 시에는 그렇게 자세한 내용은 알 수가 없으니 진행하면서 정해가야 합니다.

∨ 새로운 제품이니 대충 화면이 나오면 사용자 평가를 받아보면서 조정해야 합니다.

∨ 시간이 없으니 대충 계약하고 일단 시작해야 합니다.

필자가 귀가 따갑도록 들은 앵무새 같은 소리다. 한국에 처음 왔을 때는 신기했지만 이제는 그런 소리를 들으면 안타까울 뿐이다. 새로운 혁신적인 프로젝트는 한국보다는 미국이 훨씬 더 많다. 그리고 자세한 것을 모르는 상태나 시간이 없는 상태는 전 세계 모든 소프트웨어 회사에 공통적으로 적용되는 사항이다. 이제는 착각에서 깨어날 때도 되었다.

인도와 외주 계약을 한다고 가정하면 계약금액이 있고 일정이 있고 사양이 있어야 한다. 계약이 성립하려면 발주자나 수주자나 개발 종료에 대한 확실한 기준이 있어야 한다. 대부분의 소프트웨어 방법론에서는 이를 '인수테스트(Acceptance Test Plan)'라고 한다. 국내 소프트웨어 업계의 방식에서는 수주자가 개발을 종료했다고 선언한 다음 발주자가 인수를 위한 검증을 수행하는 희한한 과정이 들어 있다. 전혀 잘못이 없어 보이는 이 과정은 발주자인 갑의 무소불위의 권리이자 최후의 방어선이기도 하다. 이 인수 검증이 바로 모든 문제의 원인이다. 이런 발주자의 주관적인 검증은 미국이나 인도 회사가 도저히 받아들일 수 없는 계약조건이다. 프로젝트 계약이 성립할 수 없는 근본 원인이다.

외주를 수주한 인도의 개발자도 스스로 제품에 하자가 있는지, 없는지를 개발이 끝나기 전에 알고 있어야 한다. 개발자도 모르는 상태에서 발주자의 주관적인 판단에 맡긴다는 것은 엄청난 리스크이다. 그런 상태에서라면 계약을 하지 않는다. 우리나라 발주자 같은 진상고객을 만나면 낭패다. 추가 비용만이 문제가 아니라 다음 프로젝트 일정도 망가지고 회사 계획이 엉망이 된다.

글로벌 소프트웨어를 말하다

결론은, 납품할 제품이 검증을 통과할지 안 할지를 개발자가 명확히 알 수 있는 내용이 있어야지만 계약이 성립된다. 그렇기 때문에 구체적으로 적힌 인수테스트를 통과하면 그냥 개발이 종료되는 것이다. 발주자가 이의를 제기할 수가 없다. 발주자의 검증은 개발자가 자체적으로 인수테스트를 수행할 때 옆에서 지켜보는 것으로 끝나기도 한다. 발주자가 인수테스트를 수행한다는 것은 똑같은 테스트를 두 번 하는 것이므로 시간 낭비이다. 그래서 개발자는 발주자와는 대화 한 번 없이도 약속한 날짜에 인수테스트를 통과한 제품을 납품함으로써 개발을 끝낸다. 발주자가 강심장이라면 납품일자까지 가만히 있다가 인수테스트를 통과했으면 그대로 끝내고, 통과하지 못했으면 소송해서 위약금을 받아내면 된다. 통상적으로는 리스크를 줄이기 위해 중간에 점검을 하지만 계약서가 바뀌는 것은 아니다.

이런 시나리오가 성립되려면 무엇이 필요할까? 이것은 방법의 문제이다. 이 책의 이 부분, 저 부분을 다 엮으면 방법이 나올 것이다. 이것이 바로 실리콘밸리 회사에서 개발이 진행되는 기본 원리이다. 먼저 이 원리를 확실히 이해하고 그 다음에 방법을 찾아가기 바란다. 방법까지 찾고 실행까지 할 수 있다면 개발역량만큼은 글로벌 회사 수준이다. 생각을 도와주기 위한 시나리오를 준다면 다음과 같다.

∨ 계약서에 사인을 하면 나중에 결과물을 인수받을 때까지 서로 간에 얘기할 필요가 없다.

∨ 그러려면 계약 시에 납품 통과 기준을 인수테스트 목록으로 명확히 알려주어야 한다.

√ 인수테스트 목록만 패스하면 그 외에 아무리 오류가 많아도 그대로 제품을 인수받아야 한다.

√ 개발자는 스스로 모든 인수테스트 목록이 통과할 때까지 개발을 계속한다.

√ 약속한 날짜에 제품과 인수테스트 결과보고서를 첨부해서 납품하면 끝이다.

√ 발주자가 검증한다는 것은 인수 여부를 위해서가 아니라 자기들이 미처 생각하지 못한 것이 있는지를 검증하는 것이다. 있다면 자기 잘못이다. 미리 계약 때 포함시켰어야 한다.

√ 납품받으면 끝이다. 그때 필요한 추가 기능이 생각나서 인간적으로 해달라고 빌어도 안 해준다. 잔금으로 협박하지 말고 깨끗이 추가 계약을 하는 수밖에 없다. 한국식으로는 했다가는 소송 걸려서 이자와 재판 비용까지 물어야 한다.

√ 그럼 인수테스트를 그렇게 잘 적으려면 무엇이 필요할까? SRS가 필요하다.

√ SRS에는 인수테스트를 위한 기능 목록은 기본이고 성능 사양, 비기능 사양 등 원하는 모든 것이 포함되어 있어야 한다.

√ 결국 SRS를 잘 적어야 한다. 보통 우리나라 회사에서 생각하는 것과는 상상을 초월할 만큼 양이 많다.

√ SRS를 잘 적기 위해서 누가 적으며 어떻게 해야 잘 적을까? 이게 문제이다. 또 다시 제1 원인에 도달했다.

여기까지는 쉽게 제1원인을 찾아서 올 수 있었으나 여기서부터가 문제다. 요약하자면 미국 회사는 SRS와 인수테스트를 잘 적고, 인도 회사는 내용이 충분한지 검토한 다음 계약을 한다는 것이다. 이 과정에서 인도 회사는 SRS를 읽고 개발을 해주는 역량부터 기르기 시작해서 SRS를 적을 수 있는

역량도 서서히 생겨난 것이다. 마치 "서당개 3년이면 풍월을 읊는다"는 것처럼. 이런 SRS를 국내 소프트웨어 개발자는 템플릿이나 샘플을 보고 적을 수 있다고 생각한다. 안타깝지만 망상이다. 이것이 바로 수많은 경험이 필요한, 소프트웨어 개발에서 가장 어렵다는 분석역량이다.

이 시나리오는 모든 소프트웨어 개발의 가장 기본 원리를 설명한 것이다. 방법론이나 프로젝트의 종류에 따라 응용에 차이가 있을지는 모르나 이것은 소프트웨어 회사라면 절대적으로 가져야 하는 역량이다. 이 역량이 없는 이상 영원히 소프트웨어 선진국이 될 수 없다. 예외 중의 하나는 연구 프로젝트이다. 연구 프로젝트는 어차피 결과에 대한 약속도 없다. 버리는 돈이라고 생각하고 서로 '상대방과 미래의 파트너가 될 수 있을까?' 하는 탐색전 정도이기 때문에 이 시나리오에 해당되지 않는다. 그런데 국내 소프트웨어 업계에서는 제품 프로젝트를 연구 프로젝트처럼 진행한다.

국내 소프트웨어 회사 중에 영어 문제가 없다고 가정하고 인도에 외주를 줄 수 있는 회사가 있을까? 필자는 "없다"고 말할 수 있다. 인도와 외주 계약을 할 수 있는 역량이 없다면 내부 프로젝트도 제대로 할 수 없다. 문서 양의 차이이지 생각하는 방식은 똑같아야 한다. 망쳐도 소송만 걸리지 않을 뿐 혼란과 일정연기, 사양변경, 품질저하는 필연적이다. 결국 국내 소프트웨어 회사는 이런 외주역량은 없으면서 한국말을 한다는 편리성과 약자인 을을 잔금이라는 치졸한 무기를 동원해서 마음대로 부릴 수 있다는 생각으로 엉터리

외주 혹은 내부 프로젝트를 진행한다. 미국과 인도의 계약에서는 갑도 없고 을도 없다. 계약서대로만 수행하면 되는 것이다.

위에서 말한 외주 방식을 'Turn-Key' 방식이라고 한다. 반면에 그냥 개발자 몇 명이 필요해서 임시직원처럼 사용하는 'Time-and-Material(시간제 임금)' 방식으로도 원격으로 인도 인력을 사용할 수는 있다. 필자가 선호하는 방식이다. 그러나 이런 경우에도 당연히 SRS는 있어야 하고 인사관리, 업무배분도 해야 한다. 프로젝트관리 능력이 있어야 한다. 인도에다 Turn-key로 모든 것을 맡기기에는 역량이 부족하고 불안하니 리스크를 조금 줄이는 방식이다.

앞에서 말한 대로 소프트웨어 개발방식은 어떤 특정한 문화나 어떤 민족성에 상관없이 최악의 상황에서도 개발할 수 있는 방식으로 진화되어 왔다. 인도나 중국이 전 세계 소프트웨어 업계에서 가장 많은 개발자를 가질 수 있는 것은 인종이 훌륭해서가 아니라 실리콘밸리의 개발방식 때문이다. 국내 소프트웨어 업계처럼 인정이 많고 인간적인 유대관계로 서로 믿고 개발하다가 소송하는 방식으로는 절대 선진국이 될 수 없다. 아는 사람한테 일을 맡긴다고 대충하려 한다면 하지 않는 것이 현명하다. 믿는 사람과 대충하는 것보다는 시스템으로 일을 할 수 있는 모르는 상대방이 훨씬 안전하다.

35 설계에 대한 자세

설계의 정의를 가장 간단하고 핵심적으로 표현한 것이 '컴포넌트와 인터페이스를 정의하는 것'이다. 설계를 잘한다는 것은 컴포넌트와 인터페이스를 잘 정의하는 것이다. 여기에 '잘'이라는 추상적인 단어가 나온다. 이 추상적인 용어가 나올 수밖에 없는 상황이 바로 설계에는 예술성과 창조성이 필요하다는 의미이다. 건물 설계를 잘한다는 말이 무엇일까? 세계 3대 건축가인 마리오 보타가 강남 교보빌딩을 20번 다시 디자인했다. 그렇게 어려운 것이 설계다. 시중에는 설계의 결과를 평가하는 기법도 있기는 하지만 다 허황된 것이다. 여기서 필자가 굳이 그런 기법의 이름들을 적지 않는 이유는 혹시라도 여러분이 그런 곳에 쓸데 없이 시간을 낭비하지 않도록 하기 위해서다. 조엘 스폴스키가 말했듯이 필자도 "그런 화성인은 지구에서 떠나라"고 하고 싶다. 피해만 입히는 화성인을 단순한 호기심을 충족시키기 위해서 소개시켜 주고 싶지는 않다.

좋은 설계의 판단 기준은 아름다움이다. 그림이나 음악의 아름다움을 정량적으로 판단하는 시스템이 존재하지 않듯이 설계가 아름다운지 아닌지를 판단할 수 있는 방법은 순수한 인간의 영역에 속한다. 이런 데서 도구를 들먹거린다는 것은 인간의 예술성을 모독하는 행위이다. 미국에 있는 어떤 회사가 노래를 시스템으로 분석해서 히트를 칠 것인지 아닌지를 판단한다고 하는데 그게 성공한다면 재벌이 될 것이다. 그들은 인간 세상이 아니고 로봇의 세

상으로 가정하고 있기에 성공할 가능성은 없다. 누가 설계의 수준을 기법이나 시스템으로 측정한다고 하면 필자는 이 회사 생각이 난다.

아무리 엉터리로 짠 프로그램이라고 하더라도 아키텍처가 있고 컴포넌트도 있고 인터페이스도 있다. 문제는 아름다움이다. 우측의 두 그림을 비교해 보자. 똑같은 자동차인데 하나는 예쁜 디자인이고 하나는 예쁘지 않은 디자인이다. 필자가 답을 말하지 않아도 이미 다 알고 있다. 인간이기 때문에 안다. 구차스럽게 설명을 할 필요도 없다. 아름다움은 인간이 본능적으로 판단할 줄 안다. 왜 이 디자인이 잘못됐는지 설명해 달라는 것은 아름다움의 관점에서 보는 것이 아니다. 근본적으로 설계에 대한 개념이 없는 것이다. 설계는 아름다움이 가장 중요한 요소이기 때문에 논리적인 설명은 핵심이 아니다. 왜 설계가 잘못되었는지를 물어보는 질문 자체가 잘못된 질문이다.

그래도 두 그림에서는 일단 판단할 수 있는 설계가 있기 때문에 좋은 설계, 나쁜 설계를 논할 수 있다는 점에서 긍정적이다. 설계가 존재하니까 의논도 할 수 있고 개선도 할 수 있다. 대부분의 국내 소프트웨어 회사는 설계를 판단할 수도 없는 상태에서 설계가 어떤지를 판단해 달라고 하는 경우가 많다. 설계를 판단하기 위해서는 예쁘든 추하든 일단 컴포넌트와 인터페이스가 정의되어 있어야 한다. 아예 정의된 것이 없다면 판단할 근거가 없는 것이다. 물론 이런 경우에는 계속 개발한다고 해도 좋은 설계가 될 가능성이 0%이다. 설계가 뭔지도 모르는데 좋은 설계를 한다는 것은 불가능하다.

　설계는 아름다움의 추구이기 때문에 수학처럼 최종 답은 없다. 정량적인 점수도 나올 수 없다. 노래를 들으면서 점수를 매기는 것은 노래방 기계밖에 없다. 더 아름다운 설계가 나올 수 있는 가능성은 항상 있다. 이게 바로 예술의 세계이며 창조의 세계이다. 노래방 기계에서 100점이 나온다고 좋은 노래가 아니다. 노래방 기계처럼 기법으로 판단하려는 생각은 설계를 전혀 이해하지 못한 것이다.

필자가 두 번째로 많이 듣는 질문 중의 하나가 "좋은 설계 샘플을 보여달라"고 하는 것인데 아무런 의미가 없다. 필자가 보여준 샘플 그대로 만들 것도 아니고, 개발하는 제품도 다르기 때문에 필자가 만든 아름다움을 베낄 수는 없다. 아름다움은 누구나 다 판단할 수 있는 개념이다. 만들기가 어려운 것이지 판단은 다 할 수 있다. 좋은 노래를 판단하는 것은 다 할 수 있다. 부르는 것이 어려운 것이다. 수많은 노래가 있다. 노래 샘플이 없어서 노래를 못 부르는 것은 아니다. 호기심의 발상은 이해하지만 더 이상 필자에게 샘플 보여달라고 하는 요청은 하지 않았으면 한다.

또 아름다움의 추구에 있어서 설계를 하는 도구나 연필이나 방법론이 중요하지 않다는 것을 깨닫기 바란다. 어떤 방법을 동원하더라도 아름다운 설계를 할 수도, 추한 설계를 할 수도 있다. 필자의 판단에는 설계에서 도구가 미치는 영향은 10% 미만이다. 나머지 90%는 머릿속에서 진행하는 것이고 마지막에 다른 사람과의 공유를 위해 쏟아내는 방법이 도구에 따라 조금 쉬울 수도 있고 어려울 수도 있다. 도구와 방법론을 팔아먹는 사람은 절대 동의하지 않겠지만 설계의 성과에 미치는 영향은 아무리 많아야 10%이다. 나머지 90%를 잘하는 것이 중요하다.

지구의 멸망은 시간의 문제이다. 태양의 수명이 100억 년이고 지금의 나이를 대충 45억 년 정도로 보니까 앞으로 50억 년 조금 더 남았다. 하지만 태양의 수명이 다하기 전에 지구는 뜨거워지면서 이미 사람이 살 수 없게 된다.

결국 우리의 후손들은 다른 행성을 찾거나 우주선 안에서 살아가야 한다. 우리의 후손들이 언젠가는 지구를 떠나기 위한 거대한 우주선을 만들어야 한다. 그런데 거대한 우주선을 지구에서는 만들 수가 없다. 지구에서 만들었다고 해도 너무 무거워 우주로 띄워 보낼 수가 없다. 결국 우주선 조립을 우주 공간에서 해야 한다. 많은 부품을 많은 나라에서 따로 만들어 내고 우주에서 조립하는 것이다. 지구 주위를 돌고 있는 우주정거장이 그런 미래의 전초전이다. 지구에서는 실전 테스트를 해볼 수 있는 기회가 없다. 한 번에 설계한 대로 레고블록처럼 붙여야 한다.

이것이 진정한 설계의 목표이다. 이렇게 하기 위해서는 부품 컴포넌트와 인터페이스를 완벽하게 설계해야 한다. 설계는 항상 이런 생각을 가지고 만들어야 한다. 만들어 가면서 어떻게 붙일지 나중에 정하는 방식은 결국 시행착오로 비용과 시간이 더 들어간다. 초보자들의 희망적인 생각일 뿐이다. 자

동차의 예를 생각해 보아도 잘못 설계해서 부품이 들어맞지 않으면 피해가 엄청나다는 것을 알 수 있다. 우주정거장이나 자동차와는 달리 보통 작은 소프트웨어 개발에서는 실수를 해도 치명적인 결과가 발생하지도 않고 아무도 모르게 슬쩍 넘어갈 수도 있다. 개 집 만들 때는 설계 없이도 만들어 낸다. 하지만 큰 플랫폼을 만들 경우에는 문제가 다르다. 작은 제품에서 통하던 시행착오가 여기서는 통하지 않는다. 우주정거장을 만들 수 있을 정도의 컴포넌트와 인터페이스를 설계할 수 있는 능력이 있다면 기획을 잘 붙였을 때 세계 무대를 넘볼 수 있다. 그러나 불행히도 국내 소프트웨어 회사는 대부분 빌딩은 어림도 없고 단독주택 하나도 설계를 못 하는 수준이다. 대충 만들 수는 있지만 완벽한 설계를 먼저 하는 것과 비교하면 비용과 시간적인 측면에서도 비효율적이다. 비효율성보다 더 심각한 문제는 만들어 낼 수 있는 제품의 규모에 한계가 온다는 것이다. 다시 말해 설계역량에 따라서 시행착오가 허용되는 한계가 다르고 개발할 수 있는 제품의 규모가 다르다.

그래도 설계를 평가하기 위해 유용한 도구라면 간단한 오픈소스 도구 Doxygen를 비롯해 컴포넌트 구조와 Call Graph, 결합도(Coupling) 등을 보여주는 좋은 도구가 많이 있다. 이런 도구를 사용하는 핵심은 시기에 있다. 코딩이 완성된 다음에 설계를 평가하는 것은 아무런 의미가 없다. 다 만들어 놓은 다음에 잘못되었다고 해봤자 마음만 아프지 난감하다. 다 만들어 놓은 빌딩을 평가해야 의미가 없다. 만들기 전에 다시 하고, 또 다시 하는 것이 설계의 핵심이다.

글로벌 소프트웨어를 말하다

설계 단계가 있는 이유는 잘못된 설계를 버리거나 변경하는 것을 반복할 수 있는 기회를 주기 위해서이다. 코딩 단계에서는 버리기보다는 고치는 경우가 많지만 설계 단계에서는 고치는 것이 아니라 버리는 것이다. 화가는 그림을 그리다가 잘못되면 처음부터 다시 그린다. 그리다 말고 고치거나 하지는 않는다. 마리오 보타도 20번을 다시 설계했지 기존 것을 수정하지 않았다. 설계가 잘못되었다는 것은 근본적인 사상이 잘못된 경우가 많기 때문에 일부분만 수정해서 해결되기 어려운 것이 설계의 본질이다. 그래서 코딩이 시작된 다음에 설계를 중간에 변경한다는 것은 심각한 상황이다. 건물도 일단 공사가 시작되면 설계는 고치기 어렵다.

설계는 작은 제품을 개발할 때도 큰 제품을 개발할 때도 우주공간에서 우주정거장을 조립한다는 생각으로 만들어야 한다. 마리오 보타는 100층 빌딩을 설계할 때도 3층 빌딩을 설계할 때도 완벽하게 한다. 그게 가장 효율적인 방법이기 때문이다. 소프트웨어도 마찬가지이다. 가장 효율적인 방법은 완벽한 컴포넌트와 인터페이스를 설계하는 것이다. 완벽하기 위해서는 단순해야 한다. 앞의 예에 있는 자동차의 나쁜 설계와 같이 복잡하면 오류가 생기기 쉽다. 아름다움은 완벽한 단순함에서 저절로 나온다. 이해할 수도 없이 복잡하게 만들어 놓은 설계는 100% 나쁜 설계이다. 왜 이 설계가 좋은 설계냐고 물어볼 필요가 없다. 인간이라면 아름다움은 스스로 판단할 줄 안다. 결국 아름다운 설계가 좋은 설계이다.

36 소프트웨어 공학, 프로세스, 문서화, 동료검토의 공통점

필자의 강연 중에 상품을 주는 넌센스 퀴즈가 있다. "소프트웨어 공학, 프로세스, 문서화, 동료검토의 공통점은 무엇인가?"라는 질문이다. 힌트도 준다. "자기 마음에서 솔직하게 느끼는 감정이 답이고 머리에서 인위적으로 생각해 내는 것은 답이 아니다." 이 힌트를 주면 누군가는 답을 맞힌다. 반면에 이 답은 실리콘밸리에서는 맞힐 수 없는 것이다. 답은 이 꼭지의 마지막 부분에 있다.

먼저 실체부터 하나씩 알아보자.

하나, 소프트웨어 공학은 무엇인가?

소프트웨어 공학은 현실에서 소프트웨어를 잘 개발하는 방법을 연구하는 학문이다. 이론이 현실을 논한다는 데서 모순이기도 하다. 먼저 소프트웨어 공학 자체가 너무 추상적인 단어이기 때문에 종교적인 신념과 같이 사람에 따라 받아들이는 정도가 다르다. 소프트웨어 공학 이론의 대가라고 할 수 있는 이바 야콥슨(Ivar Jacobson)조차 그의 저서에서 소프트웨어 공학의 문제점에 대해 다음과 같이 언급했다.

  ✓ 단기적인 유행(FAD)과 패션(Fashion)에 의한 흥행

  ✓ 검증되지 않은 미숙한 이론에 근거

  ✓ 비교할 수도 없는 너무 많은 방법론

∨ 평가할 수 있는 실험 결과의 부재

∨ 학계의 연구와 산업계의 실용성 차이

이 말은 소프트웨어 공학을 맹목적으로 믿고 따라하기보다는 생각할 만한 요소가 많다는 것을 말해준다. 이슈를 아주 간단히 요약하면 실전을 다루는 소프트웨어 공학을 이론적으로 접근했다는 것이 문제이다. 즉, 떨어지는 야구공을 잡기 위해 만류인력의 공식으로 접근하는 것과 같은 방식인 것이다. 소프트웨어 공학의 본질에 대한 이해가 충분하지 않은 상태에서 과거 소프트웨어 공학에서 언급했던 방법론과 도구들이 한때 융성했었지만 현실적인 혜택은 기대와 다르니 전 세계적으로 서서히 유행이 가라앉기 시작한 것으로 보인다. 하지만 기본 원칙과 개념은 훌륭한 것으로 소프트웨어 공학 자체가 실패한 것은 아니다. 과대광고와 선동으로 이득을 취해온 도구 업체와 컨설턴트가 지속적으로 흥행할 만큼 매력적이지 않다는 것이다. 다만 원칙을 잘 알고 선택적으로 적용한다면 충분한 가치가 있다. 선택의 정도에서 국내 소프트웨어 업계가 실리콘밸리에 비해 너무 과도하고 맹신적인 것이 문제이다.

둘, 프로세스는 어떤가?

프로세스는 소프트웨어 공학의 한 영역인데 프로세스 얘기를 하면 CMMI를 빼놓을 수 없다. CMMI에 관해서 나왔던 기사가 있다. 필자가 매우 공감하는 기사인데 일부분 영어 원문을 보자.

> Unfortunately, most organizations don't use CMMI correctly because what they are after isn't improvement, but it's marketing. SEI uses "best practices", which is a marketing term, not an engineering term. It admits that it is a marketing organization. Also, the best practice means "Unrealistic goal". No one can achieve the best solution.
> 대부분의 회사들은 CMMI를 역량 개선이 아닌 마케팅의 목적으로 잘못 사용한다. SEI도 이상적인 목표를 주장하는 마케팅 조직이다. 그렇기 때문에 그 목표는 이룰 수 없는 꿈이다.

혹시 모르는 독자를 위해 부연하자면 'SEI(Software Engineering Institute)'는 CMMI를 만든 카네기멜론대학의 소프트웨어 공학센터다. CMMI를 적용해서 개발팀의 개발역량이 증가했다고 한다면 필자는 그 사례를 보고 싶다. 위의 기사대로 개발역량과는 관계없이 홍보나 인증의 목적으로 유익하게 사용하는 경우는 종종 보았다. 하지만 주위에서 제대로 적용하면서 개발역량이 향상된 성공사례는 들어본 적이 없다. 그만큼 어려운 것이 프로세스이고 회사의 다른 여러 가지 역량과 수준이 맞아야 효과가 있지 프로세스 단독으로는 가치가 없을 뿐만 아니라 부정적인 영향이 더 크다. 아마도 이 책에서 말하는 모든 역량이 다 생긴 다음에 마지막으로 프로세스를 시도해야 옳은 순서라고 생각한다.

셋, 문서화를 보자

문서를 쓰기 좋아하는 개발자는 거의 없다. 하지만 문서 대신 말로 전달

하라고 하면 시간을 내기도 싫어한다. 문서나 말이 문제가 아니라 공유하려는 생각 자체가 없기 때문이다. 만약 필자가 가진 지식을 다른 사람과 공유해야 하는 절대적인 미션이 주어졌다면 필자는 아마 문서로 작성하는 것이 훨씬 편할 것이다. 말은 여러 명에게 반복해서 전달해야 하지만 문서는 한 번만 작성하면 끝이기 때문이다. 문서를 쓰기 싫다는 것은 말을 하는 것도 싫다는 것이고 결국 아무것도 하지 않겠다는 생각이다. 회사에서 지식공유 정책이 제대로 정립되어 있지 않기 때문에 생기는 문제인 것이다. 필자도 글을 쓸 필요가 없으면 절대 쓰지 않는다. 그리고 한 사람에게만 전해야 한다면 말로 하는 것이 편하다. 하지만 회사에서 일하는 이상 여러 명에게 지식전달을 해야 하고 그러기 위한 가장 편한 방법이 문서를 작성하는 것이다. 인생에서도 일을 해야 할 상황이기에 열심히 일을 하는 것이지 그렇지 않다면 일보다는 노는 것을 더 좋아한다. 지식전달도 어차피 해야 할 일이니까 가장 쉬운 방법인 문서화를 하는 것이지 실리콘밸리에서 문서 작성을 좋아서 하는 것은 아니다.

넷, 동료검토는 어떤가?

동료검토는 필자를 비롯해서 많은 사람들이 자주 언급하는 이슈이다. 소프트웨어 업계에서는 약방의 감초처럼 나오는 단어이다. 이것 역시 소프트웨어 공학가들의 단골메뉴인데 이론과 달리 현실에서 성공한 경우는 국내 소프트웨어 업계의 문화로 볼 때 발생하기 어렵다. 필자도 이전 책에서도 얘기했고 중복이니 더 이상 얘기하지 않겠다.

그럼 이제 국내에서 느끼는 소프트웨어 공학, 프로세스, 문서화, 동료검토의 공통점을 나열해 보자.

∨ 제대로 하기는 정말 어렵다.

∨ 위험한 양날의 칼이다.

∨ 짝퉁을 해봤다.

∨ 나도 해봤는데 별것 아니다.

네 개의 공통점은 다 연관이 있다. '모두 다 제대로 하기는 너무 어렵다. 그래서 잘못하면 피해가 크니 양날의 칼이다. 너무 어렵다 보니 비슷한 짝퉁으로 시도는 해봤다. 대부분 이론적인 컨설턴트들이 가르쳐서 해봤다. 선무당이 사람 잡는 격이다. 결국은 짝퉁도 해보고 이런 저런 기회에 해봤지만 혜택도 못 받았고 별것이 아니었다. 그래서 더 이상 하지 않는다.'

이것이 대기업을 포함한 우리나라 회사의 현상이다. 전혀 경험하지 않은 상황이라면 나중에 제대로 하면 되지만 지금은 이미 잘못된 경험으로 인한 나쁜 선입관이 많이 생겨 있기 때문에 나중에 제대로 할 기회가 와도 거부감이 많은 상황이 되어 버렸다. 지금부터라도 본질을 잘 이해하기 바란다.

처음의 넌센스 퀴즈의 답은 '짜증난다. 지겹다. 귀찮다'이다. 이것이 우리 마음에서 느끼는 솔직한 감정이다. 아닌 척해도 거짓말 탐지기로 조사해 보면 짜증난다는 느낌이 있음을 숨길 수 없다. 하지만 실리콘밸리에서는 다르다.

당연히 해야 할 일로 알고 또 늘 하고 있던 일이기 때문에 국내 개발자가 느끼는 이런 감정을 느끼지 않는다.

이런 단어들을 보면서도 전혀 거부감 없이 '당연히 해야 할 일'로 생각한다면 바로 그때가 글로벌 역량이 생겼다는 증거이다. 조그만 의심이라도 남아 있다면 아직은 글로벌 역량이 아닌 것이다. "마음을 바꾸면 인생이 바뀐다"는 말이 있다. 지금까지의 방법이 잘못된 것이었으니 믿음을 가지고 옳은 방법으로 꾸준히 노력해서 진정한 이해를 얻기 바란다.

37 화면 100개 중 50개를 만들었다. 몇 % 완성되었는가?

소프트웨어 프로젝트에서 개발시간에 따른 완성도를 표시해 보자. 먼저 다음 경우를 예로 들어 보자.

∨ 짜장면을 100그릇 만든다.

∨ 100층짜리 빌딩을 짓는다.

∨ 실리콘밸리 회사에서 화면 100개짜리 소프트웨어를 개발한다.

∨ 국내 소프트웨어 회사에서 화면 100개짜리 소프트웨어를 개발한다.

완성도에는 표면적인 완성도 즉, 눈에 띄는 완성도가 있고 진짜 완성도가 있다. 표면적인 완성도는 짜장면이라면 '몇 그릇이 나왔나'이고 빌딩이라면

'몇 층이 올라갔나'이다. 소프트웨어는 '화면이 몇 개 완성되었나'로 본다. 이 화면 단위를 '본'이라고 부른다. 필자가 한국에 왔을 때 가장 신기하게 생각한 용어가 이 '본'이다. "몇 본 완성되었다"고 하는 말을 많이 사용한다. 실리콘 밸리에서는 아무런 의미도 없는 단위가 한국에서는 큰 의미를 지니고 있다는 것을 나중에 알게 되었다. 알고 보니 국내 개발방식으로 인한 어처구니없는 이유였다. 표면적인 완성도를 이용해서 비교를 해보자.

첫째, 짜장면의 경우를 들어 보자. 지식 산업은 전혀 없고 노동집약 산업의 요소밖에 없는 경우다. 시간이 50%가 지났을 때 50%의 완성도가 나온다. 짜장면의 달인이라면 이 정도 시간을 못 맞출 리 없다. 이 경우는 표면적인 완성도로 보나 진짜 완성도로 보나 똑같다. 너무 단순한 경우이다. 그래프에서 선형직선인 (B)의 경우이다.

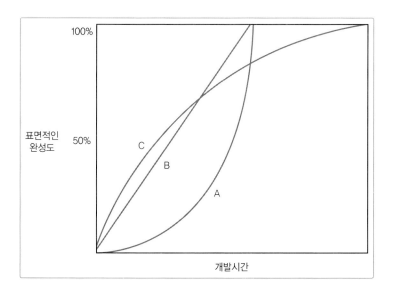

글로벌 소프트웨어를 말하다

둘째, 100층짜리 빌딩은 어떨까? 건설 산업은 노동 산업과 지식 산업이 섞여 있다. 전반부에는 지식 산업이고 후반부에는 노동 산업이다. 10층이 올라간 것을 봤다면 전체 공정에서 몇 퍼센트가 완성된 것인가? "10%"라고 답한다면 지금까지 걸린 시간의 9배가 남았다는 얘기다. 이 질문에 답하기 전에 반대의 관점에서 생각해 보자. 전체 개발시간의 50%가 지났을 때 몇 층이 올라갈까? "50층"이라고 답을 한다면 순수한 노동 산업으로 생각한 것이다. 전반부의 창조적인 건축디자인과 설계가 끝날 때까지는 1층도 못 올라간다. 지식 산업의 단계가 끝나고 노동 산업인 시공 단계에 들어간다고 해도 먼저 가설공사를 비롯해 많은 준비 공사를 한다. 다시 말해 전체 공정이 한참 지날 때까지 1층도 올라가지 못하고 50% 지날 때까지도 몇 층밖에 올라가지 못한다. 그러나 1층이 올라가기 시작하면서부터는 어느 순간 갑자기 쑥쑥 올라가는 것을 건설현장을 지켜본 사람은 알 것이다. 즉, 50층이 올라갔다면 거의 끝나가는 것이다. 결과적으로 보면 그래프 (A)의 형태이다.

셋째, 실리콘밸리에서 화면 100개짜리 소프트웨어를 개발한다고 하자. 그러면 분석, 설계에 많은 시간을 소비하고 또 모든 화면에서 공통으로 사용할 공통 모듈을 먼저 개발해 놓는다. 화면이 몇천 개 되는 큰 프로젝트라면 당연히 화면을 쉽게 만들 수 있는 빌더까지 개발할 것이다. 이런 모든 준비를 해놓기 위한 분석과 설계 과정에 적어도 50% 이상의 시간을 소비한다. 역량이 높은 회사라면 70%, 80%까지 소비할 수도 있다. 이것은 프로젝트가 종료할 시간이 얼마 남지 않았는데도 화면이 한 개도 나오지 않을 수 있다는 것을

의미한다. 하지만 이 프로젝트는 제시간에 끝난다. 마지막 순간에 화면을 순식간에 만들어 내서 미리 만들어 놓았던 컴포넌트와 레고 조립하듯이 붙이면 돌아간다. 이게 얼마나 잘 돌아가는지가 회사의 역량을 말해준다. 역시 빌딩 건축의 예와 같이 그래프 (A)의 경우이다. 이게 바로 소프트웨어나 하드웨어나 모든 지식 산업의 공통점이다. 이 예에서 보듯이 "몇 본 완성되었다"고 보고한다는 것이 아무런 의미가 없다는 것을 알 것이다.

　마지막으로 국내 소프트웨어 회사에서 화면 100개짜리 소프트웨어를 개발하는 경우를 보자. 먼저 완성도를 보고하는 방식이 거의 모두가 "몇 본 완성했습니다"이다. 그리고 실제로 그런 식의 보고가 국내 소프트웨어 업계에서는 완성도라는 의미를 가진다. 국내 개발방식을 보면 화면별로 개발자를 분담해서 할당한다. 공통 모듈이 있다고 해도 일단 화면으로 할당하고 나서 알아서 공통모듈을 만들게 된다. 분석이나 설계란 개념은 각자의 화면에 집중되어 전체 그림을 보지 못한다. 옆 사람이 다른 화면을 어떻게 개발하는지도 잘 모른다. 바빠서 알 시간도 없다. 이런 방식으로 개발해서 이상적이라면 50% 지났을 때 화면이 50개가 나와야 한다. 그 다음에 90%의 개발시간이 지나면 90개가 나와야 한다. 그런데 그때쯤 되면 문제가 나타나기 시작한다. 그래프 (C)의 형태를 띠면서 일정연기에 들어간다. 끝날 듯 끝날 듯하면서 밤새는 상황이 오래 계속된다. 불행한 개발자 인생의 대표적인 시나리오이다. 이런 현상은 큰 회사나 작은 회사나 규모만 다를 뿐 똑같이 벌어진다.

네 가지 경우를 비교해 보았지만 국내 소프트웨어 업계에서의 개발은 순수 노동 산업인 짜장면을 만드는 것만도 못한 방식으로 일을 하고 있다. 이를 지식 산업이라고 말하기조차 민망하다. 이렇게 된 데에는 두 가지 원인이 있다.

첫째, 쉬운 일을 먼저 하는 나쁜 버릇 때문이다. 개발자의 책임도 크지만 경영자의 책임이 더 크다. 이는 엄청난 리스크를 가장 후반부로 밀어 놓는다. 잘못이 발생해도 복구할 시간이 없다. 아마 '정해진 시간에 답을 써야하는 시험방식이 습관이 되어버린 교육이 원인이 아닌가' 추측해본다. 시험을 칠 때는 당연히 쉬운 문제를 먼저 푸는 전략으로 가야 한다. 시험이나 소프트웨어 개발이나 둘 다 시작하기 전에 먼저 난이도를 판단해서 전략을 세워야 하는 것은 같다. 그러나 시험은 쉬운 것부터 풀고, 소프트웨어는 어려운 일부터 해야 하는 것이 다른 점이다. 시간 없다고 전략도 없이 처음부터 순서대로 풀기 시작하는 것은 가장 나쁜 전략이다. 일정이 촉박하다고 눈에 보이는 코딩부터 뛰어드는 것과 똑같은 상황이다.

소프트웨어 개발은 가장 어려운 것부터 개발해야 한다. 어렵다는 것은 리스크를 동반하는 것이고 리스크는 초반에 해결해야만 한다. 세계적인 방법론을 가져와서 프로젝트관리를 한다면서 난이도 판단도 하지 않고, 쉬운 것부터 개발하고 있어도 모르고 있으면서 프로젝트관리를 한다고 하는 것은 민망한 일이다. 필자가 감리를 할 때 보는 핵심이 리스크관리인데 리스크관리를 제대로 하는 회사를 본 적이 없었던 것도 이상하지는 않다. 일전에 강연에서 "난이도를 판단해주면 어려운 것부터 개발할 의향이 있냐"고 개발자들에게

물어봤더니 그들은 그래도 "쉬운 것부터 하겠다"고 했다. 어차피 일정이 지연되어 혼이 날 것인데 나중에 한 번만 혼나면 될 것을 처음부터 어려운 것부터 하다가 늦어지면 실력도 의심받을 테니 나중에 한 번만 혼나겠다고 한 것이다. 결국 개발자를 이렇게 몰아 넣는 것은 경영자와 관리자의 무지다. 파레토의 법칙대로 마지막 20%를 완성하기 위해 전체 비용과 시간의 80%를 사용하는 시나리오로 간다.

둘째, 난이도를 구분하지 못한다. 난이도를 파악하기 위해서는 분석, 설계능력이 필요하다. 나중에도 레고식으로 조립이 가능하도록 공통 모듈을 만들어 병행개발을 가능하게 하고 리스크를 줄이는 것이 가장 어려운 역량이다. 이것이 잘 된다면 여기서부터는 어려운 일은 내부에서 하고, 쉬운 일은 외주를 주어도 된다. 언제 풀어도 풀 수 있는 시험문제를 많이 풀어본다고 실력이 향상되는 것이 아니다. 그냥 반복적인 숙련 노동일을 하는 것이다. 항상 '어려운 문제는 내가 하고, 쉬운 문제는 초보자에게 넘긴다'는 생각을 해야지 개발자 스스로의 역량도 향상된다. 회사에도 이렇게 경영을 할 수 있는 역량을 가진 경영진이 필수이다. 그러나 현실에서는 중간 버전이 빨리 나오면 일정 맞춘다고 좋아하는 어리석은 관리자가 대부분이다. 그런 관리자를 개발자가 속이기는 너무 쉽다. 하지만 그런 것이 자기 무덤도 같이 파는 것이라는 것을 알아야 한다.

개발자의 능력을 '빠른 시간에 많은 화면 수를 개발하는 것'으로 평가하는 것은 회사의 여러 가지 문제를 한 번에 보여주는 것이다. 여기서는 화면 개

발인 예를 들었지만 다른 종류의 개발도 원칙은 똑같다. 분석과 설계역량의 부족, 난이도의 평가 불가능, 경영자의 무지, 그로 인한 개발자의 나쁜 습관이 결국 국내 소프트웨어 산업을 기피 업종으로 만들어 버렸다. 그래서는 국내 소프트웨어 업계의 미래는 없다. 컴퓨터 앞에 앉아 있다고 지식 산업이 되는 것이 아니다. 지식 산업의 모습이 전혀 보이지 않는다. 가짜 CTO는 넘쳐나지만 진정한 CTO는 없고 통찰력 없는 관리자가 경영하는 국내 소프트웨어 업계의 문제이다. 실리콘밸리가 너무 멀어 느낌이 오지 않는다면 건설현장이 어떻게 진행되는지를 곰곰이 생각하고 소프트웨어에 응용을 하면 절대 손해 볼 일이 없다. 항상 어려운 일은 초반에 하고, 실수는 되도록 일찍 하는 것이 인생을 현명하게 사는 진리이다. 고생과 모험은 젊었을 때 해야 한다.

38 좋은 병행개발과 나쁜 병행개발

'여러 명이 동시에 개발한다'는 의미를 가지고 있는 병행개발은 두 얼굴을 가지고 있다. 병행개발은 하지 않으면 좋은데 하지 않을 수가 없다. 회사에서 제품을 만들 때는 두 개의 상충되는 목표인 '일정'과 '비용'이 있다. 가장 비용이 적게 드는 방법은 가장 똑똑한 개발자 한 명이 처음부터 끝까지 혼자서 만드는 방법이다. 그러면 다른 사람이 망칠 걱정도 없고 비용도 가장 적게 든다. 혼자서 학교 숙제하는 방식이다. 하지만 이 방식은 일정의 문제가 생긴다. 이런 식으로 개발한다면 100명이 1년 걸리는 일을 2배로 빨리 한다고 해

도 50년이 걸린다. 당연히 말이 안 된다. 그래서 비용이 두 배가 더 들더라도 병행개발을 해야 한다.

그런데 병행개발을 하려면 일을 나누어야 한다. 그래서 컴포넌트도 나누고, 모듈도 나누고, 함수도 나누어서 일을 한다. 결국 병행개발의 성공의 핵심은 일을 깨끗하게 나누는 데 있다. 자동차의 부품처럼 모든 일은 연관이 있으니 한 곳에서 잘못했다가는 다른 사람이 큰 피해를 입는다. 그래서 병행개발의 또 다른 핵심은 피해를 최소화하는 방법으로 방화벽을 이용하는 것이다. 자동차의 타이어 회사가 잘못 만들었을 경우 다른 부분을 고칠 필요는 없다. 깨끗한 인터페이스가 가장 훌륭한 방화벽이다.

일을 나누는 방법을 생각해 보자. 가장 많은 예가 화면이 있는 제품이다. 화면 1,000개를 개발해야 하는데 개발자가 100명이 있다. 그러면 대부분의 회사는 개발자당 10개 화면씩 나누어서 프로젝트관리를 한다. 화면과 화면 사이에 공통된 점이 있으면 구현하면서 개발자들 간에 알아서 공유한다. 이런 방식은 아키텍처가 전혀 고려되지 않은 가장 원시적인 나쁜 병행개발이다. 모든 사람이 자기가 맡은 화면당 UI, 비즈니스 로직, 데이터베이스를 다 구현해야 한다면 여기 저기서 많은 중복이 발생하게 된다.

일을 나누는 방법을 다르게 해야 한다. 통상 얘기하는 방식으로 비즈니스 로직, UI, 데이터베이스로 나눈다는 MVC 모델이 있다. 말이 쉽지 이게 소프트웨어 개발의 모든 역량이 집중되는 아키텍처이다. 화면만 개발하는 개발자, 비즈니스 로직만 개발하는 개발자, 데이터베이스만 개발하는 개발자가

따로 있게 설계를 했다면 훌륭한 설계라고 인정해 줄 수 있다. 그렇게 함으로써 화면, 비즈니스 로직, 데이터베이스의 각자 영역에서의 중복을 피하고 소스코드 공유율을 높일 수가 있다. 이것이 바로 좋은 병행개발이다. 좋은 병행개발을 하기 위해서는 깨끗한 컴포넌트와 인터페이스를 정의할 수 있는 역량이 필수이다. 창조성까지 필요한 종합예술이다.

　병행개발의 단점이 개발자가 많으면 많을수록 협업이 어려워지고 따라서 공유가 어려워진다는 것이다. 두세 명일 때와 열 명일 때가 다르고, 백 명일 때는 또 완전히 다르다. 병행개발에는 필연적으로 공통으로 수정해야 하는 파일이 생긴다. 두세 명인 경우라면 서로 약속을 하고 수정 일정을 협의할 수 있다. 작은 규모에서만 통하는 가내수공업적인 접근 방법이다. 또 두세 명일 때는 잘못해도 피해가 크지 않다. 공유가 안 돼서 중복이 일어나도 불과 소수의 중복일 뿐이다. 그런데 1,000명이 정교한 계획 없이 개발한다면 어떻게 될지 상상하기도 힘들다. 웬만한 글로벌 회사의 제품을 만들 때는 1,000명이 쉽게 넘어간다. 이 정도의 규모를 계획할 수 없다면 글로벌 제품을 만들기는 어렵다. 국내 소프트웨어 회사의 한계이기도 하다. 항상 크게 생각해야 한다. 크게 생각해서 방법이 생겨나면 그때 '우리 규모에서 어떻게 응용할 것인가'를 판단하면 된다. 크나 작으나 원칙은 같다. 큰 원칙을 작은 곳에 응용하는 것은 쉽지만 작은 원칙을 큰 곳에 응용하는 것은 역량의 한계상 불가능하다.
　두세 명으로 하던 방법을 사람이 늘어서 다섯 명이 되어도 똑같은 방법으로 한다. 또 개발자가 늘어서 열 명이 되어도 똑같은 방법으로 한다. 이제는

습관도 깊이 들었고 어느 정도 요령도 생겨서 할 수 있다고 생각한다. 그러나 이때가 바로 죽음의 행진이 시작되는 때다. 시간문제일 뿐 언젠가는 죽는다. 주먹구구식 방법이 역량의 한계를 넘어가는 순간 걷잡을 수 없이 망가지기 시작한다. 필자의 경험으로 보면 임계치가 열 명이다. 열 명이 넘어가면 죽음은 필연적이다. 여기서 필자는 세상의 법이 공정하지 않다고 생각하는 것이 있다. 회사는 죽는데 개발자는 죽지 않고 다른 회사 가서 큰 소리 치면서 똑같은 짓을 되풀이하는 것이다. 회사로서는 억울하다. 하지만 이런 현상은 제대로 된 CTO만 있으면 절대 벌어지지 않는 현상이다. 졸병을 탓할 것이 아니라 경영자가 잘못해서 생긴 결과이다.

병행개발의 가장 큰 오해는 혼자일 때는 병행개발이 일어나지 않는다고 착각하는 것이다. 모든 일을 순서대로 계획해서 할 수 있는, 화성에 있는 혼자만의 왕국에서의 개발이라면 병행개발이 발생하지 않는다. 하지만 현실에서는 그렇지가 않다. 전화통화를 하다가도 중요한 전화가 오면 잠깐 기다리게 하고 급한 통화를 먼저 해야 한다. 인터럽트다. 컴퓨터에서 메모리, CPU, 디스크, 캐시 등 모든 리소스관리의 핵심이 인터럽트를 어떻게 효율적으로 처리하는가에 있다. 마찬가지로 소프트웨어 개발에서도 혼자서 일을 하다가도 더 급한 일이 항상 발생하기 때문에 인터럽트가 발생한다. 그러면 하던 일을 멈추고 급한 일을 먼저 처리해야 한다. 하던 일이라는 것은 소스코드를 수정하다만 지저분한 상태다. 거기에 대고 급한 일을 처리할 수는 없기 때문에

글로벌 소프트웨어를 말하다

하던 일을 잠시 그대로 저장해두고 급한 일을 처리한 다음에 다시 저장된 상태를 꺼내어 일을 해야 한다. 결국 혼자서 개발해도 브랜치와 머지를 사용해야 하는 것이 현실이다.

결국 규모가 크든, 작든 아키텍처를 처음부터 제대로 만들어야 하고 브랜치와 머지를 이용한 병행개발도 처음부터 잘 계획해서 해야 한다. 두세 명으로 가능한 방법은 피해가 적어서 모르고 넘어가는 것일 뿐 피해는 확실히 발생한다. 단층 집은 어떤 방법으로 개발해도 큰 차이가 없지만 5층 빌딩만 해도 이미 불가능하다는 것을 알 것이다. 어떤 규모의 프로젝트이든 좋은 병행개발을 위해서는 컴포넌트와 인터페이스를 깨끗이 나눠야 한다. 이것이 설계의 핵심이다.

chapter **6**

'포기할 수 있는
단 한 번의
기회가 중요하다

39 외주의 역설, 쉬운 것과 어려운 것

소프트웨어 회사가 필요한 모든 기술과 인적 자원을 자체적으로 항상 가지고 있을 수는 없다. 항상 새로운 프로젝트가 생겼다, 없어졌다 하기 때문에 똑같은 인력자원으로 모든 것을 처리하기는 불가능하다. 그래서 외부의 도움을 받게 되는데 실리콘밸리 회사의 경우 인도에 외주를 많이 준다. 그럼 어떤 일을 외주를 주어야 할까? 보통 생각하기를 '자기 회사가 소유하고 있지 않은 기술이 필요할 때 그 기술을 가지고 있는 사람이나 회사에게 외주를 준다'고 생각한다.

내가 할 수 있는 것을 외주 줄 것인가? 내가 못하는 것을 외주 줄 것인가? 아이로니컬하게도 자신이 쉽게 할 수 있는 일을 외주 주는 것이 옳다. 즉, 아무나 할 수 있는 일은 외주를 주어도 전혀 문제가 없다. 잘못 개발되어 왔다고 해도 내가 잘 알고 있으니 시간만 조금 더 들 뿐 큰 문제가 없다. 자기가 잘 알고 있으니 중간에 잘못되는 것도 금방 안다. 반면에 모르는 일을 외주를 준다는 것은 엄청난 리스크다. 내가 잘할 수 있는 일은 여러 가지 선택의 여지가 있다. 내가 할 수도 있고, 비용을 줄이기 위해서 싼 인력에게 외주를 줄 수도 있고, 내 경력에 도움이 안 되는 일이니 아르바이트생을 써서 시킬 수도 있다. 그 시간을 아껴 나는 조금 더 어렵고 도전적인 일을 하는 것이 경력에 도움이 된다.

소프트웨어 공학에서 말하는 원칙 중의 하나가 있다.

"내가 하기 어렵다면 외주는 몇 배 더 어렵다."

내가 할 수 없는 것을 남에게 시킨다면 스스로 할 때보다 훨씬 더 많은 노력이 들어가야 한다. 나중에 유지보수를 고려해서 내가 다 이해할 수 있도록 만들어야 한다. 결국 개발 과정에서 모르는 것을 스스로 배우는 것이 유일한 방법이다. 그래서 모르는 일을 할 때의 가장 좋은 모델은 전문가를 컨설턴트로 고용해서 같이 일하면서 배우는 것이다. 모르는 일은 절대로 외주를 주어서는 안 된다. 사실 모르는 문제는 정확한 사양을 정하지도 못하기 때문에 외주를 줄 수도 없는데 국내 소프트웨어 업계는 엉성한 사양으로 용감하게 외주를 준다. 강심장들이다. 대충 적힌 제안요청서를 보내고, 대충 적힌 제안서를 받고, 그 중의 하나 골라서 계약을 하는 국내 소프트웨어 업계의 관행은 외국에서는 소송의 대상이 되기에 안성맞춤이다. 국내 소프트웨어 업계에서 사용하는 제안서는 개발을 할 수 있는 사양서도 아니고 계약액수를 흥정할 수 있는 충분한 내용도 들어 있지 않다는 것을 분명히 알아야 한다. 결국 나중에 양자 간의 필연적인 조율이 필요한데 조율이 안 되면 소송으로 간다. 왜 이런 관행이 아무런 의심 없이 계속 벌어지고 있는지 모르겠지만 그만큼 문제가 많이 벌어졌으면 경험을 통해 각성하고 빨리 변해야 옳다.

실리콘밸리에서는 외주를 줄 때 비용절감이 목적이라면 분석은 자체적으로 하고 설계와 코딩과 같은 쉬운 일을 외주로 준다. SRS를 작성하는 분석 작업이 가장 어려운 것이다. SRS를 잘 작성해서 설계와 코딩을 외주를 주면 크게 망칠 일이 없다. 소프트웨어 개발에서는 코딩이 가장 쉽고, 설계가 그

다음으로 쉽고, 가장 어려운 것이 분석이다. 스스로 분석할 역량이 없다면 전문가를 계약직 컨설턴트로 고용해서 같이 분석 작업을 한다. 그러면서 일이 끝날 즈음이면 외부 컨설턴트가 없어도 문제가 안 되도록 충분히 소화해서 리스크가 없는 상태로 만들어 놓는다. 프로세스, 기반시스템, 내부 인력을 이용해서 그렇게 만들어 놓는다.

필자가 법원에서 소프트웨어 전문조정위원으로 조정에 참여했던 사례를 보면 소송의 100%가 바로 계약의 부정확성에서 비롯된다. 개발해 달라고 부탁했는데 약속한 대로 안 해주어서 소송이 붙는 것이다. 필자가 보기에 모든 계약이 서로의 생각을 명확하게 이해하지 못한 채로 시작한다. 서로가 원하는 것을 추측만 했지 정확하게 모르는 상태에서 시작한다. 몇백 억씩 하는 큰 계약은 '대마불사'의 경험치에 따라 소송에 들어가기 전에 쌍방의 책임자끼리 어떻게든 협상을 하고 조율을 해서 그럭저럭 마무리한다. 피해액이 크기 때문에 시시비비를 가리면 쌍방의 누군가가 해고를 당하기까지 하는 큰 문제가 될 수 있기 때문이다. 사실 그렇게 넘어간들 속을 들여다 보면 부실 덩어리이다. 담당 임원은 알고도 모르는 척 넘어가기도 하고, 무지로 속기도 한다. 책임을 지지 않는 방법을 찾아서 적당히 넘어가는 것이다. 이런 환경에서 생존하기 위해서는 인간관계와 협상역량이 필수다.

갑과 을의 파워게임이 벌어지는 상황에서 프로젝트가 실패하면 누구의 피해가 더 큰가에 따라 계약 전과 계약 후에 파워게임의 양상이 번복되기도 하지만 결국 계약을 하고 나면 직접 관련된 모든 사람의 이해관계가 맞아 떨

어지는 양방향 인질관계가 성립된다. 그런 식으로 개발을 하다 보면 품질 좋은 결과물은 나오지 않고 상처를 봉합하는 방식으로 끝난다. 그 와중에 직접적인 피해는 가장 약자인 하청에 동원된 개발자에게 가고, 그 다음은 이런 일이 일어났다는 사실조차 모르는 회사의 주인인 주주에게 돌아간다. 그러나 개발에 관련했던 사람은 어떻게 되었든 몸값이 올라가는 어처구니없는 일이 벌어진다.

개발자의 가치는 인질범으로서의 몸값이 아니라 미래의 기여도로 평가해야 한다. 시스템이 투명하지 않고, 문서도 없고, 지식도 공유하지 않는 국내 소프트웨어 회사에서는 외주뿐 아니라 내부에서도 똑같은 인질극이 발생한다. 외주에서 이런 문제가 더 커질 뿐이다. 회사 내부에 인질범들이 많으면 장기적인 희망이 없다. 소위 프로그래밍 영웅이라는 사람이 바로 인질범이다. 프로그래밍 영웅이 빨리 없어져야 하는 이유이다.

이 모든 문제의 시작은 외주의 패러독스에서 시작되었다. 모르는 일은 시작을 하지 않는 것이 좋다. 꼭 해야 한다면 스스로 해결하라. 최대한 양보해서 전문가를 컨설턴트로 불러다가 일을 시키면서 계속 배우면 된다. '개발이 끝난 다음에 인수인계를 하겠다'고 생각하면 안 된다. 그런 식으로 인수인계해서 유지보수하는 회사를 본 적이 없다. 국내 소프트웨어 업계에서 가장 잘한다는 대형 SI 업체들 사이에도 어느 한 SI 업체가 개발한 프로젝트를 다른 SI 업체가 유지보수할 수 없다.

평생 한 회사에 인질로 잡혀서 꼼짝 못 하는 것이 국내 소프트웨어 업계의 상황이다. 한 회사가 개발한 일을 다른 회사가 유지보수할 수 있다면 이미 글로벌 수준이다. 회사 안에서도 같은 논리가 적용된다. 어느 한 개발자가 한 일을 그 개발자 없이 다른 개발자가 유지보수할 수 있으면 이미 글로벌 수준이다. 외주인 경우는 전문 컨설턴트를 옆에 과외선생처럼 놓아두고 상의하면서 내부 인력과 같이 개발하면 된다. 내부에서도 같은 방법으로 프로젝트를 진행하면 외부나 내부나 인질극은 없어진다. 회사의 전사자원관리(ERP) 구축 프로젝트는 전통적으로 그런 식으로 진행한다. 외부의 컨설턴트가 거의 같이 붙어서 가르쳐주고 실제 일은 내부 인력이 수행한다. 그리고 컨설턴트는 모두 떠난다. ERP 프로젝트에서 하듯이 외부 컨설턴트를 잘 사용하고 내재화하는 방법이 우리가 배울 점이다.

외부 전문가를 불러 놓고도 내부 인력이 수행할 역량이 없다면 그 사업은 포기하는 것이 좋다. 전문가에게 전적으로 일을 시키고 결과를 사용하겠다는 생각은 미래를 망치는 지름길이다. 그들은 외계인일 뿐이다. 운이 좋아서 외계인 전문가가 우리가 원하는 대로 잘 개발해주었다면 외계인에게 평생 인질을 잡히지 않고 살아가기는 불가능하다. 일이 끝난 다음에는 기술이전이 되지 않는다. 이미 끝난 와중에 외계인이 더 잘 가르쳐주기 위한 노력을 할 리 없다. 재미있는 일도 아니고 그냥 흉내만 낼 뿐이다. 이런 상황에 처하게 되면 모든 사람은 똑같이 편하고 이기적으로 행동할 것이다. 애초에 그런 상황을 만들지 말아야 한다.

글로벌 소프트웨어를 말하다

그러므로 외주는 내가 할 수 있는 쉬운 일을 주어야 한다. 그리고 그 시간을 이용해서 어려운 일은 스스로 공부하든지 전문가를 불러서 밀접하게 관리하고 배우면서 스스로 일을 수행해야 한다. 그래야 개발자 자신의 실력도 빨리 향상된다. 어려운 일은 외계인에게 맡기고 내가 쉬운 일을 처리하는 경우와 비교해 보면 안다. 어느 것이 내 역량 향상에 도움이 되고 회사에 리스크가 적은지를 판단해 보라. 인질극 상황이 되어버리면 인질범이나 인질이나 아주 피곤하다. 인질범이 유리해 보일지 모르지만 단기적일 뿐이지 인질범의 결과가 좋은 경우는 별로 없다. 모두의 인생을 망치는 지름길이다.

40 포기할 수 있는 단 한 번의 기회

"우물을 파도 한 우물을 파라"는 속담이 있다. 반대로 "길을 잘못 들었으면 빨리 되돌아오라"는 격언도 있다. 혼란스럽다. 모든 속담이나 격언에는 상반되는 것이 있다. 그래서 속담이나 격언은 재미나 비유로 들어야지 절대 증명의 도구로 사용해서는 안 된다. 비형식적 오류의 하나인 '엉뚱한 권위에 호소하기(Appeal to wrong authority)'이다. 하지만 인간의 감정을 움직여서 설득하는 데는 많은 도움이 되므로 사회생활에서는 많이 사용해도 된다.

소프트웨어 회사에는 많은 프로젝트가 있다. 사실 모든 일이 프로젝트다. 규모의 차이만 있을 뿐이다. 그런데 필자가 국내 소프트웨어 회사를 컨설팅

하면서 실리콘밸리와 느낀 차이는 '국내 소프트웨어 회사는 일을 시작하고 끝까지 진행하는 일정만 있지 중간에 그만두는 일정은 존재하지 않는다.'는 것이다. 다시 말해 한번 시작하면 절대로 그만둔다는 생각이 없다. 이는 브레이크 없는 질주와 같다. 성공하면 문제가 되지 않겠지만, 현실에서는 실패하거나 중지해야 하는 프로젝트가 훨씬 많다. 의지와 열정은 존중해줄 수 있지만 경영하는 입장에서는 실패할 프로젝트를 고집으로 진행하는 것처럼 어리석은 일은 없다. 여기에는 세 가지 이유가 있다. 투자한 돈이 아까운 매몰비용 효과, 자존심, 그리고 실패에 대한 책임이다. 이 세 가지 모두 비 논리적인 생각때문에 생긴다.

매몰비용은 다 알겠지만 과거의 일이며 이미 버린 것이다. 뷔페 식당에 들어갈 때 3만 원을 내고 들어가나 10만 원을 내고 들어가나 일단 들어간 다음에는 얼마를 지불했는지는 아무 상관이 없다. 이미 지불한 매몰비용이니 지금부터는 건강을 위해서 잘 먹으면 된다. 10만 원 내고 들어갔다고 배가 터지도록 먹는 것은 바보짓이다. 그럴 것 같으면 아예 가지를 말아야 한다. 하지만 매몰비용을 무시할 만큼 논리적인 사람은 보기 힘들다. 그래서 경영이 어려운 것이며 절대 이길 수 없는 도박에도 빠져드는 이유이다.

자존심이야말로 인간 행복의 최대 적인 자아의 문제이니 논리로 해결하기 어려운 인간의 본능이 더 큰 영향을 미친다. 의식학에서는 자아가 너무 강해도 비참한 생각에 우울증에 걸리고, 자아가 너무 없어도 인생의 의미가 없어 우울증에 걸린다고 한다. 자아를 낮추면 인생이 편해지는데 소프트웨어

개발보다 훨씬 어려운 마음수행을 해야 한다. 그러니 이 부분은 쉽게 개선할 수 있는 부분이 아니다.

마지막으로 실패에 대한 책임은 우리가 논리적으로 바꿀 수 있는 가능성이 높다. 프로젝트가 실패했을 때 누가 책임을 질 것인가? 국내 소프트웨어 회사에서는 대부분 책임자 혼자서 막중한 책임을 진다. 그런 이유는 프로젝트를 진행하는 프로세스가 실리콘밸리와 다르기 때문이다. 한번 시작하면 끝까지 가게 만드는 이유이기도 하다. 지금 이 순간에도 실리콘밸리에는 수많은 벤처회사가 생겼다 없어지고 있다. 투자가의 기본 원칙은 '망할 회사는 조금이라도 빨리 망하는 것이 좋다'는 것이다. 그 문화에서는 지킬 것만 지켰으면 실패한 것에 대한 책임은 지지 않는다. 결과보다는 프로세스가 중시되는 문화이기 때문이다. 자동차 사고의 경우에도 미국은 자기 잘못이 없으면 피해자가 사망하더라도 전혀 책임이 없다. 반대로 피해가 전혀 없어도 고의적인 파렴치범이면 형량이 크다. 자동차가 정상 주행하는데 행인이 뛰어들어 불가항력으로 행인이 사망하면 전혀 죄가 되지 않지만 장애인 주차장에 주차한 것은 벌금이 엄청나다. 미국에서는 장애인이나 소방전 주차공간에는 주차하지 말기 바란다.

그럼 실리콘밸리에서는 어떤 프로세스를 가지고 있기 때문에 프로젝트가 실패해도 책임을 지지 않을까? 이것에 대한 답도 결국 관점만 다를 뿐 결국 제1원인으로 돌아간다. 일단 어떤 일을 시작할 때에는 기획이 기반이 된다.

큰 프로젝트는 '제품기획서'라는 문서로 만들겠지만 작은 프로젝트는 개발자 개인의 머릿속에서 뭔가 해야겠다고 생각할 수도 있다. 3년짜리 프로젝트일 수도 있고 하루 걸리는 프로젝트일 수도 있다. 규모에 상관없이 프로젝트는 프로젝트이고 다 같은 원칙으로 진행된다. 시작을 하고 끝까지 간다는 생각이 아니다.

시작할 당시의 기획은 너무 추상적이기 때문에 진행하다가 수많은 이유로 현실과 맞지 않을 수 있다. 그러면 중지하는 것이 합리적이다. 시작했기 때문에 끝까지 책임지고 가야 한다는 것은 회사에 엄청난 피해를 줄 수 있다. 하루짜리 프로젝트라면 몰래 하다가 실패하면 모른 척하고 성공하면 프로젝트를 끝냈다고 그때 큰소리친다. 필자가 볼 때는 해고 대상이다. 국내 소프트웨어 업계에는 이렇게 몰래 진행하는 개발자가 매우 많다.

그러면 3년짜리 프로젝트를 한다면 언제 포기할 기회가 있는가? 보통 시간적으로는 1/4이나 1/3쯤 진행된 시점이고, 단계로 보면 분석 작업이 끝난 시점이다. 이때 전체적으로 이 프로젝트의 실효성에 대해 관련자 모두 모여 심사숙고해본다. 'Project Review Board(PRB, 프로젝트 검토 위원회)'라고 부르기도 한다. 보통은 CEO, CTO, CFO, 마케팅, 영업, PM 등 개발팀의 책임자들이 참석해서 끝까지 진행했을 때 투자해야 하는 비용과 얻는 이익은 물론이고, 개발일정, 발생 가능한 리스크, 비즈니스 전략의 신빙성 등을 따져서 결정한다. 이때 포기하기로 결정하면 아무의 책임도 없이 프로젝트는 중지된다. 물론 다들 섭섭하기는 하다. 하지만 누구에게 책임을 물을 수는 없다.

그럼 왜 처음부터 이렇게 할 수 없었을까? 처음에는 그런 결정을 할 수 있는 근거가 너무 없기 때문이다. 그래서 실현성과 수익성에 대한 예상이 가능한 가시권 안에 들어올 때까지 기다리는 것이다. 이것을 판단하기 위한 가장 명확한 근거가 바로 분석의 결과 산출물인 SRS라는 문서인 것이다. 그러니까 SRS를 기능 목록 정도로 생각하는 것이 얼마나 큰 착각인지를 알 수 있다. 이게 바로 결정을 내리기 위한 근거를 공유하는 투명성인 것이다.

그럼 이 시점을 넘겨서 계속 가면 어떻게 될까? 이때부터는 어떤 이유로든지 중지하게 되면 누군가가 큰 책임을 져야 한다. 개발팀이 개발을 잘못할 수도 있고 마케팅팀이 잘못 생각해서 예상했던 시장이 없어질 수도 있다. 즉, 이 한 번의 기회를 놓치면 그 다음부터는 심각한 결과를 초래하게 된다. 외주의 경우는 내부의 문제보다 훨씬 더 큰 피해가 된다. 국내 소프트웨어 업계의 관행이 기획 수준 정도의 내용을 가지고 계약하기 때문에 중간에 우아하게 포기할 기회가 없다. 삼수갑산을 가더라도 끝까지 간다. 소송하면 했지 포기는 없다. 그래서 외주를 제대로 사용하기 위해서는 분석 전과 분석 후의 두 단계의 계약이 필요한 것이다. 이 주제는 또 다른 많은 관점이 있으므로 여기서는 설명을 그만 하겠다.

이런 국내 소프트웨어 업계의 관행으로 인해 할 필요가 없는 프로젝트를 끝까지 진행함으로써 벌어지는 가장 큰 피해는 기회비용을 잃어버리는 것이다. 회사는 다른 성공할 제품을 개발할 시간을 놓칠 수도 있다. 개발자는 하

다가 중지해도 배우는 것이 있다고 생각할지 모르지만 연습게임만 한다고 실력이 늘지는 않는다. 진정한 실력은 소프트웨어의 전체 라이프사이클을 경험해 보아야만 깨달을 수 있는 것이 있다. 백 번을 만들다가 중지한다고 해도 전혀 배울 수 없는 것들이 있다. 학교 숙제를 백 번 한다고 해야 연습게임에 불과한 것이고 기초를 가르쳐주는 정도일 뿐 현실하고는 거리가 멀다. 학교에서 현실을 가르쳐줄 수 없는 이유이다.

결론적으로 이 브레이크 없는 프로젝트의 원인은 두 가지다. 첫째, 우리나라의 잘못된 관행에서는 프로세스상 중지할 수 있는 기회가 없다는 것이다. 과거에 누군가가 잘못 시작한 관행을 서로 보고 베끼고 선진방법론이라는 이름으로 흉내만 내면서 자아도취에 빠져 똑같은 실패를 거듭하면서도 고칠 줄을 모른다. 여기에는 둘째 원인이 같이 작용하는데 관행을 바꾸어 PRB 단계를 가지겠다고 마음 먹었다고 해도 그 회의에서 결정에 도움이 될 만한 충분한 근거 자료를 주지 못한다. 현재 국내 개발 관행에서는 처음 기획했을 시점에 비해 더 추가되는 정보도 별로 없다. 분석, 설계도 대충한 상태에서 이미 적어 놓은 소스코드는 있을지 모르지만 이 결정에는 도움이 되는 자료가 아니다. 결국 이 문제의 해결을 위해서는 태초의 시작인 제1원인부터 해결해야 한다. 여기서 또 "모든 진리는 한 곳에서 만난다"는 진리를 깨달아 보자. 단 한 번의 귀중한 기회를 놓치지 않기를 바란다.

41 2년의 프로젝트가 하루의 오차도 없이 끝나다

필자가 국내 온라인 #1증권사인 키움증권의 원장 차세대 프로젝트를 수행하는 D사를 자문했었다. 2년간의 차세대 프로젝트를 하루의 오차도 없이 완료하고 2013년 9월에 오픈했다. 2년 전에 세운 원래 일정 그대로였다. 그렇다고 일정을 맞추기 위해 편법으로 기능을 축소하거나 인력을 대거 투입한 것은 물론 아니다. 일정, 기능, 비용이 2년 전에 설정한 그대로 한 치의 오차 없이 수행되었다. 그렇다고 품질이 희생된 것은 더욱 아니었다. 국내 대규모 프로젝트에서는 드물게 오픈 후에도 아무런 장애도 발생하지 않았다. 너무 조용하게 넘어가니까 외부에서는 그런 일이 있었는지도 모른다. 소프트웨어 업계의 사람들은 이런 경우가 예외적이라서 뭔가 수상하다고 의심하기 바쁘지 진실을 믿으려 하지도 않는다. 극히 정상적인 경우가 비정상적인 경우처럼 취급받는 것이 국내 소프트웨어 업계의 현실이다.

국내 프로젝트에서 장애나 소송으로 인해 기사가 나옴으로써 누가 어떤 프로젝트를 하는지 잘 노출시키는 마케팅 전략을 '네거티브 마케팅'이라고 한다. 정치인이나 연예인처럼 '악명이 침묵보다는 좋다'는 전략의 측면에서 보면 화젯거리를 만드는 것도 좋을지 모른다. 그런 면에서 키움증권은 너무 조용히 진행되는 바람에 동종업계 외에는 차세대 프로젝트를 했다는 사실조차 모른다. 이 성공사례는 통상적인 잘못된 국내 개발 관행을 거부한 경영진의 소신 있고 현명한 결정과 개발자의 역량이 있었기 때문에 가능했다. 실패하

는 모델을 되풀이하지 않고 한국의 개발방식의 미래에 대한 가능성과 롤 모델을 보여준 것이다.

소프트웨어 회사에는 수많은 프로젝트가 수행된다. 하루 걸리는 소규모 프로젝트부터 수년씩 걸리는 대형 프로젝트까지 많은 종류의 프로젝트가 있다. 프로젝트를 수행하기 위한 전략은 규모에 관계없이 기본 원칙은 동일하고 실패했을 때 나타나는 피해 규모와 노출되는 정도에서 차이가 난다. 소프트웨어 공학에서 항상 비교하는 '개 집 만들기와 빌딩 짓기'의 예를 들면 개집을 만들다가 실패하면 별로 문제가 안 된다. 최악의 경우 부수고 다시 만들어도 다른 사람에게 전혀 노출이 안 되게 몰래 만들 수도 있고 피해액도 크지 않으므로 아무도 모르게 넘어갈 수 있다. 하지만 빌딩의 경우는 다르다. 반쯤 지어 놓았는데 문제가 있다고 다시 만들 수도 없다. 그래서 빌딩 건축에는 그런 일이 벌어지지 않도록 정교한 사전 계획을 비롯해 많은 안전장치가 있다. 그러나 개 집이라고 안전장치가 필요없는 것이 아니다. 피해가 적기 때문에 그렇게 해도 큰 문제가 되지 않는 것이다. 하지만 개 집도 정교한 계획을 하고 만드는 것이 효율적이다.

큰 프로젝트를 진행하는 방식에는 네 가지가 있다. 대규모 프로젝트에는 다양한 지식과 경험을 필요로 한다. 그런 지식과 경험을 자체적으로 모두 소유하고 있기는 어렵다. 자체 능력을 갖추었다고 해도 실제 수행하기 위한 전

글로벌 소프트웨어를 말하다

문인력이 모자라게 된다. 결국 누군가의 도움을 받아야 하는데 그 방식에 따라 다음과 같은 네 가지로 나누어진다.

첫 번째, 회사의 역량이 충분하고 스스로 수행한다(실리콘밸리 모델)

글로벌 회사가 사용하는 방식이다. 자신이 할 수 있는 역량이 있고 필요로 하는 전문가만 외부에서 구해서 자체적으로 수행하는 방식이다. 모든 프로젝트관리는 스스로 한다. 외부 전문가는 회사의 지시하에 시키는 일만 한다. 회사에는 전문가를 적절히 활용하기 위한 역량이 절대적으로 필요하고 그것이 회사 역량의 핵심이다. 오케스트라의 지휘는 회사가 하고 부족한 연주자는 구해서 하는 방식이다. 오케스트라가 하프 연주자를 항상 소유하고 있지 않듯이 필요 시에 잠깐 사용하는 방식이다. 모든 성공과 실패의 책임은 전적으로 프로젝트를 수행한 회사에 있다. 지극히 정상적인 경우인데 말처럼 쉽지 않다. 그래서 국내 소프트웨어 업계에서는 궁여지책으로 다른 모델이 생겨난다.

두 번째, 회사의 역량이 충분하고 IT 서비스회사가 수행한다

매우 드문 경우이지만 경영진의 잘못된 판단에 의해 벌어진 경우이다. 첫 번째 모델과 같이 스스로 수행할 수 있는 역량이 있음에도 불구하고 실패 시 책임의 회피를 위해 브랜드 있는 IT 서비스회사에 부탁한다. 프로젝트관리의 책임을 IT 서비스회사에 맡기는 것이다. 회사의 직원은 IT 서비스회사가 주

도하는 방식을 따라간다. 소위 말하는 개발방법론을 팔아먹는 것이다. 당연히 비용이 올라가고 효율성은 저하된다. 단 하나의 장점은 책임에 대한 많은 부분을 IT 서비스회사가 떠맡는다. 직원의 역량에 대한 정확한 평가나 신뢰가 없다면 차라리 IT 서비스회사에 맡기는 것이 안전하다는 무사안일주의 경영진의 결과이다.

세 번째, 회사의 역량이 부족하고 IT 서비스회사가 수행한다

회사 자체로 프로젝트를 수행할 수 있는 역량이 부족한 경우 IT 서비스회사가 책임지고 개발해주는 국내의 통상적인 경우이다. 실리콘밸리의 모델과는 다르게 국내의 특수 환경에서 탄생한 갈라파고스 모델이다. 방법론과 프로젝트관리는 IT 서비스회사에서 주관한다. 실제 전문가는 대부분 하청으로 해결한다. 회사가 자체 역량이 없다면 이 방식이 재앙을 피하고 책임을 분산시키기 위해 나름대로 좋은 방식이다. 'IBM도 못하는데 우리의 실패는 당연하다'는 과거 실리콘밸리에서의 대표적인 책임회피 논리다. 지금은 IBM 대신에 구글이나 애플로 대체하면 될 것이다. 대부분의 국내 프로젝트가 이 부류에 속하고 많은 분쟁의 원인이 된다. 하지만 뭐든 덩치만 키워 놓으면 해결책이 있다는 로마황제 시이저의 전략처럼 잘못될 경우 책임이 크다 보니 적당히 타협해서 넘어가는 형태를 취한다. 대기업이 말하는 '우리가 망하면 나라가 망하니까 우리를 살려야 한다'는 인질론이 바로 시이저의 전략인 것이다. 그렇다고 자체 역량이 없는 상태에서 프로젝트를 수행해야 한다면 유

일한 방법이니 국내의 특수한 상황논리에 의해 생존하는 임시 모델이다. 상황논리의 인질에서 벗어나기 위해서는 회사가 빨리 자체 역량을 키워가는 것이 핵심이다.

네 번째, 회사의 역량이 부족하고 자체적으로 수행한다

　역량도 모자라면서 스스로 하는 경우이다. 대부분 자신의 능력에 대한 착각과 무모한 용맹함이 합쳐진 돈키호테 신드롬이다. 이는 회사에 최악의 실패를 안겨준다. 회사의 생존까지도 위협한다. 이런 프로젝트일수록 정교한 계획 없이 열정만으로 진행하기 때문에 개발과정이 매우 혼란스럽고 일정연기와 비용추가는 거의 필연적이다. 밤새우기가 이런 프로젝트의 특징이다. 진짜 문제는 이런 과정 속에서 나오는 제품은 품질이 나쁘다는 것이다. 매몰비용이 아까우니 중단하기도 어렵고, 프로젝트 실패에 대한 책임도 져야 하니 삼수갑산을 가더라도 끝까지 가서 버리기도 어렵게 만드는 것이 책임자로서는 살아남기 위한 최선의 전략이다. 이런 프로젝트의 공통점은 문서도 잘 안 되어 있고 공유도 안 했으니 이 프로젝트에 참여한 사람이 계속 중요한 사람으로 남는다는 것이다. 최악의 프로젝트를 수행하고도 계속 생존이 가능한 모델인 것이다. 그러니까 개발자는 이런 모델을 가장 선호한다. 하지만 개발자가 살아가야 할 숙주인 회사가 살아있어야 하는 단점이 있다. 이는 지속 가능한 모델이 아니기 때문에 이런 회사는 장기적으로 거의 실패한다. 이 최악의 실패 모델을 피하기 위한 핵심은 자기 스스로의 역량을 정확히 아는 것인

데 이게 많은 경험이 필요한 지혜의 영역이다. 소크라테스의 말처럼 '나를 아는 것이 얼마나 어려운가?' 필립 그린스펀은 "대부분의 개발자는 자기의 역량을 과대평가하며 비행기를 조종하다 추락하여 죽는다"고 했다. 이 모델은 회사의 생존을 위협하는 모델이므로 첫 번째 모델과 절대 착각하지 않도록 경영진의 현명한 결정이 필요하다.

대부분의 프로젝트가 첫 번째 모델로 진행되는 실리콘밸리와 달리 국내의 대규모 프로젝트는 세 번째 모델이 대부분이고 네 번째 모델도 심심찮게 벌어지고 있다. 세 번째 모델로 국내 시장을 형성해 놓은 국내 IT 서비스회사들은 매출시장 측면에서 보았을 때 고객회사의 역량이 커져서 첫 번째 모델로 이동하는 것을 바라지 않을 것이다. 우산 장사는 홍수가 나더라도 일단 비가 오는 것을 바라기 마련이다. 여기서는 대규모 프로젝트로 설명을 했지만 회사 안의 작은 규모 프로젝트라 하더라도 비슷한 상황이 벌어진다. 그리고 한 회사 안에서도 부서에 따라 여러 모델이 산재하기도 한다.

국내에 첫 번째 모델이 주류를 이루고 있을 때가 바로 글로벌 역량이 온 것이다. 회사의 역량은 문화, 기술, 기반시스템, 프로세스 등 많은 요소의 복합체이다. 잘못된 모델을 만연된 관행으로 되풀이하지 않고 옳은 방향을 향해 나아가는 것이 우선 할 일이다.

42 귤화위지, 투명성이 주는 경쟁력

사실의 왜곡은 모든 커뮤니케이션 채널에서 벌어진다. 바다를 건너면서도 벌어지고 옆 동료와의 사이에서도 벌어진다. 왜곡을 줄이는 것이 시행착오를 줄이는 것이고 그게 바로 투명성의 목적이다. 투명성은 모든 사람이 자기가 알아야 할 모든 것을 다 알 수 있는 상황을 말한다. 개발자라면 소스코드, 문서, 회의록, 기술토론의 내용 등 개발에서 진행되는 모든 내용을 말한다. 이렇게 말하면 "연봉도 투명성이 있어야 하느냐"고 물어보는 사람이 있는데 물론 아니다. 유능한 직원의 첫 번째 역량이 판단력이다. 투명성에는 인사나 재무 같은 내용은 상식적으로 들어가지 않는다. 국민의 알 권리라는 이름으로 국가의 모든 기밀을 다 알 권리가 있다는 착각을 하지 말아야 한다. 투명성의 대상이 무엇인지를 판단하는 것은 상식적인 이슈이다.

'귤화위지'라는 중국의 속담이 있다. 중국 춘추시대 제나라에 명재상 안자라는 이가 있었다. 그는 단신에 왜소한 체구였는데 검약의 실천과 강직한 성품으로 존경을 받았다. 이 말이 널리 퍼지자 이웃 초나라 왕이 안자의 기를 꺾고자 초청했는데 그가 나타나자 "제나라에는 그렇게 사람이 없소. 하필이면 당신과 같은 사람을 보내다니" 하고 왜소한 그를 비웃었다. 그러자 안자는 "우리나라는 사신을 보낼 때 상대방 나라에 맞게 사람을 골라서 보내는 관례가 있습니다. 즉, 작은 나라에는 작은 사람을 보내고, 큰 나라에는 큰 사람을 보내는데 신은 그 중에서도 가장 작은 편에 속하기 때문에 초나라로 오게 된

것입니다"라고 했다. 또 초나라 왕이 제나라 사람에게 도둑질한 죄를 덮어씌우고 인자 앞으로 끌고와 망신을 주려고 했다. 인자는 이렇게 말했다. "같은 귤나무라도 회남[1]에다 심으면 귤이 열리지만, 회북[2]에다 심으면 탱자가 열립니다. 그 까닭은 물과 땅이 다르기 때문입니다. 제나라에서 태어나 그곳에서 어른이 된 백성은 도적질을 하지 않습니다. 하지만 제나라 백성으로서 초나라에 들어온 사람은 이처럼 도적질을 하지요. 이것은 초나라의 물과 땅이 도적질을 잘 하도록 만들기 때문입니다" 귤이 회수를 건너면 탱자가 된다는 '귤화위지'는 사람도 환경이 바뀌면 품성이 바뀐다는 말이다.

실리콘밸리의 방법론, 프로세스가 한국으로 건너오면서 제대로 효과를 발휘하지 못하는 이유이다. 강을 건너도 탱자가 되는데 태평양을 건너왔으니 탱자만 되어도 다행일 것이다. 귤을 모르는 사람들은 탱자가 귤인줄 알고 먹는다. 태평양을 건너가서 귤이 뭔지 확인하기도 쉽지 않다. 실리콘밸리에 대한 투명성 없이 한국으로 들여와 응용하다 보니 탱자가 되지 않는다면 이상하다. '미국 선진방법론이 좋다더라, 프로세스가 좋다더라, 구글은 이렇게 일한다더라' 등 기사나 책도 많이 나온다. 다 탱자가 될 것들이다. 외국에서 태권도를 책으로 배우는 것과 비슷하다. 왜 탱자로 변했는지를 자세히 설명하기 위해서는 양쪽의 풍토를 자세히 알아야 하기 때문에 많은 관점에서 분석해야 하는 방대하고 어려운 문제이다. 여기서 얘기할 수 있는 것은 '맹목적인 적용은 탱자가 된다는 것을 인식하고 있는 것이 최선'이라는 정도다. 반대로

----

1 중국의 회하(淮河)강 이남을 뜻한다.
2 중국의 회하(淮河)강 이북을 뜻한다.

탱자가 귤이 된 경우도 있다. TGI와 같은 패밀리 레스토랑과 베트남 식당이 한국에 와서 고급식당이 된 경우이다.

태평양을 건너오는 경우보다 지역을 좁혀서 한 회사 안에서 벌어지는 문제를 보자. 잭 웰치가 『위대한 승리(Winning)』에서 'Whispering game(속삭이기 게임)'의 문제점을 다음과 같이 말했다.

"관리 계층이 많아지면서 파워포인트 보고서가 많아진다. 그리고 사실이 왜곡된다. 속삭이기 게임같이 내용이 그대로 전달되기가 어렵다. 많은 보고 경로가 그렇게 만든다. 전할 때마다 옆으로 돌리고 나름대로 해석하고 멋진 말을 추가한다."

TV에서도 그런 오락 게임을 볼 수 있는데 이런 일이 회사에서 일어난다면 이는 웃고 즐길 일이 아니다. 잭 웰치는 거대 기업 GE를 경영하는 측면에서 얘기했지만 이런 투명성의 문제가 몇십 명밖에 안 되는 조그만 소프트웨어 회사에서도 벌어진다는 것은 심각한 일이다. 개발자가 팀장에게 보고하고, 팀장이 부서장에게 보고하고, 부서장이 사장에게 보고하다 보면 탱자가 된다. 그 와중에 파워포인트로 보고서 만드느라 많은 시간을 낭비한다. 관리 계층의 수와 관계없이 투명성을 보장할 수 있는 방법이 바로 기반시스템이다. 소프트웨어 회사에서는 이슈관리시스템이 그 중심에 있다. 모든 사람이 언제든지 똑같은 것을 들여다 볼 수 있는 이슈관리시스템은 보고 과정이 하나인 시스템이다. 속삭이기 게임이 끼어들 여지가 없다. 물론 보고서 만드는

시간도 필요 없다. 이 시스템이 동작하기 위해서는 CEO부터 개발자까지 모든 사람이 사용할 수 있어야 한다. 사용 방법은 개나 소나 다 할 수 있는 난이도이기 때문에 의지의 문제이지 역량의 문제는 아니다. 주로 대기업에서 벌어지는 너무 많은 시스템은 도리어 투명성에 방해가 되니 조심하기 바란다. 많은 시스템도 태평양을 건너온 탱자이다.

불투명의 예를 들어 보자. 회의를 하고 일주일 동안 서로 일을 하기로 하고 헤어져 일주일 동안 블랙박스 모드로 들어간다. 그리고 일주일 후에 만나면 서로 난감한 상황이 벌어진다. 서로 '저 사람은 일을 약속한 대로 안 해. 믿을 수가 없어'라고 생각한다. "사람을 믿지 않으면 쓰지를 말라"는 격언이 있다. 그런데 이런 상황은 믿음의 문제가 아니라 투명성의 문제이다. 믿음직스러운 사람이 정확한 의사전달을 위한 충분조건이 아니다. 믿음과 투명성은 다른 것이다. 둘 중의 하나를 고르라고 한다면 나는 믿음보다는 투명성을 선택할 것이다. 믿는 사람이 엉터리로 하는 것과 믿지 못하는 사람이 무엇을 하고 있는지 투명성이 있다면 필자는 후자를 택한다. 하지만 투명성만으로 일하기에는 너무 피곤하므로 믿음과 투명성 둘 다 있어야 한다. 믿음은 일을 시작하기 위해서 필요한 조건이고 투명성은 일을 진행하면서 필요한 조건이다. 투명성은 문서와 누구나 접근할 수 있는 시스템에서 온다.

필자는 하는 일에 대해서 모든 책임을 질 용의가 있다. 단, 필자가 모르게 몰래 진행된 이슈는 책임을 지지 않는다. 법을 지키지 않고, 시키는 대로 하지도 않고, 몰래 일을 망쳐 놓는다면 책임을 질 수가 없다. 그런 사람을 고용

　글로벌 소프트웨어를 말하다

한 사람이 책임을 져야 한다. 하지만 필자가 들었는데도 해결하지 못했다면 필자 책임이다.

지신이 책임을 덜 지고 싶다면 모든 것을 투명하게 알려주면 된다. 자기가 더 일을 잘하고 싶다면 그래도 역시 모든 것을 알려주면 된다. 옛날 시각 장애인이 등불을 들고 다녔던 이유는 다른 사람이 그걸 보고 피해가게 만들어 그도 안전하고 다른 사람도 안전하게 하기 위해서이다. 세상을 밝게 해놓으면 문제가 없다. 이게 바로 투명성이 중요한 이유이다.

물론 투명성을 싫어하는 어둠의 세계도 있다. 2000년도 초에 기업 간 포털에서 거래를 하자는 'B2B E-Marketplace' 비즈니스 모델이 전 세계에서 인기를 끌었었다. 기업 간의 쇼핑몰이라고 생각하면 된다. 외국도 실패했지만 국내에서는 더 처참하게 실패했다. 왜 실패했는지는 추측이 갈 것이다. 어둠의 세계를 과소평가했기 때문이다. 투명하면 안 되는 이유가 있다. 구매부에서 일하기를 선호하는 이유는 비리가 가능하기 때문이다. 그래서 투명성이 모든 사람에게 좋은 것은 아니다. 소프트웨어 회사에서도 투명하면 안 되는 사람이 있다. 실력이 밝혀지는 두려움이 가장 큰 이유이다. 투명성이 가져다 주는 공유의 혜택보다는 비밀스러운 신비주의가 자기 안위에 더 좋다고 생각한다.

인간의 본능상 자발적으로는 투명성을 추구하기 어렵다. 어느 정도 강제적인 시스템이 필수이다. 사람이 착해서 실리콘밸리에 투명성이 생긴 것이 아니다. 우리나라 개발자가 실리콘밸리에 가면 굴이 되고 실리콘밸리의 개발자가 우리나라에 오면 탱자가 된다. 실리콘밸리 개발자의 반이 중국인과 인

도인인데 그들도 실리콘밸리에서는 굴로 잘 활동하고 있다. 국민성이나 인간성보다는 토양이 더 중요하다는 것을 보여준다. 회사를 경영하는 경영자라면 찾을 수도 없는 인재를 찾아 헤매는 것보다는 누구나 인재가 될 수 있는 토양을 만드는 것이 더 중요하다.

투명성이 주는 경쟁력은 상상을 초월한다. 필자가 생각할 때 실리콘밸리와 국내 소프트웨어 회사와의 경쟁력 차이가 일어나는 가장 큰 원인이 바로 투명성이다. 하지만 투명하다는 것은 양날의 칼이다. 누구나 많은 지식을 소유할 수 있다는 것을 의미한다. 그런 지식을 외부 유출과 같이 범죄에 사용할 수 있다. 실리콘밸리에서는 개인이나 기업이나 지식 도둑에 대한 처벌이 크기 때문에 인생을 망치면서까지 그럴 생각을 못 한다. 투명성을 제고시키기 위해서는 법적으로 엄격하게 처벌해야 한다. 그리고 회사도 다른 회사의 소스코드를 가져와서 사용하는 개발자는 법적이나 도덕적으로 절대 고용하면 안 된다. 그런 개발자가 활개치고 다니기 때문에 회사에서는 투명하게 공유하지 못하고 보안에 시간과 비용을 들이게 된다. 그런 문화가 되다 보니 독소적인 영웅 개발자가 자연적으로 생겨나고 회사는 점점 더 위험성이 커진다. 시한폭탄은 언젠가 터지게 되어 있다. 정부가 이런 법적 규제만 해주어도 국내 소프트웨어 회사는 많은 지식을 공유할 수 있고 회사와 개발자는 훨씬 더 빨리 성장할 수 있다.

43 테스트는 소프트웨어 품질 향상에 도움이 안 된다

어떤 목적을 이루기 위해서는 여러 가지 책략이 있다. 가장 좋은 것이 상책, 중간이 중책, 가장 어리석은 것이 하책이다. '오월동주'나 '와신상담'과 같은 고사성어를 남긴 중국 춘추전국시대의 오나라와 월나라는 인접국가이면서 원수국가였다. 오나라 왕조 중 가장 부흥했다가 멸망하면서 마지막 왕이 된 오왕 부차는 월나라와 전쟁을 했는데 그때 세 가지의 선택이 있었다.

전쟁을 하지 않고 평화롭게 지내는 것이 손무가 주장한 상책이었고, 전쟁에 승리하고 월왕 구천을 죽여서 월나라를 완전하게 멸망시키는 것이 중책, 포로로 잡은 월왕 구천을 살려보내고 신하국으로 두는 것이 하책이었다. 손무의 말을 듣지 않고 전쟁을 일으키고, 승리는 했지만 백비라는 희대의 간신의 모략에 빠져 오자서와 같은 충신을 죽이면서까지 구천을 살려준 부차는 결국 구천의 손에 죽임을 당한다. 그때 중국 4대 미녀 중의 한 명인 서시를 미인계로 쓴 것도 구천이었다. 부차는 상책도 마다하고, 중책도 마다하고, 하책으로 갔다가 결국 가장 부흥했던 오나라의 왕이 오나라의 마지막 왕이 되었다.

소프트웨어 개발에서 상책은 버그가 없는 품질 좋은 소프트웨어를 만드는 것이다. 중책은 품질이 나쁘면 모든 노력을 들여서 끝까지 버그를 없애기 전에는 제품을 출시하지 않는 것이다. 가장 나쁜 하책이 버그가 있음에도 고객이 원한다고 출시하고 유지보수하면서 고생하는 것이다.

애초에 버그와의 전쟁을 하지 않도록 하는 것이 상책인데 대부분 역량의 부족으로 상책은 실행하지 못한다. 대부분의 국내 소프트웨어 회사는 중책과 하책 중 선택의 기로에 서는데 그나마 중책도 사용 못 하고 "지금 출시하지 않으면 큰일 난다"고 협박하는 간신 영업팀의 모략에 빠져 버그가 있는데도 일단 출시하고 보는 하책으로 간다. 이런 시나리오로 평생을 살아가면서 '이런 것이 개발자의 인생인가 보다'고 하면서 유지보수의 늪에 빠져 '밤새워 급한 불끄기'가 국내 개발의 관행이 되어왔다. 잘못된 관행 때문에 '이런 것이 개발자의 인생'이라고 포기하지 말자. 미국에서 가장 선호하는 직종이 개발자라는 것을 다시 기억하기 바란다.

소프트웨어가 품질이 나쁘면 품질관리를 해야 한다고 생각하는 것은 당연하다. 그래서 테스트를 강화해야 한다고 주장한다. 너무 그럴듯한 주장이긴 하지만 여기서 하드웨어와 소프트웨어가 다른 점이 생긴다.

글로벌 소프트웨어를 말하다

품질관리의 특성을 살펴보자. 하드웨어는 많은 수의 동일한 개체를 생산하고 그 중에서 불량품을 골라내어 버리는 것이 테스트다. 소프트웨어는 하드웨어와 같은 많은 개체가 있는 것이 아니고 단 하나밖에 없다. 버릴 수가 없다. 하나 있는 데서 고쳐야 한다. 하드웨어 중에서도 버릴 수 없는 것이 있긴 하다. 비행기 같은 것은 소프트웨어와 비슷한 성질을 가졌다. 비행기를 버릴 수는 없고 고쳐서 사용해야 한다. 하지만 비행기를 만드는 수많은 부품은 역시 '불량품 버리기'가 품질관리의 핵심이다. 그러므로 하드웨어는 결국 불량품 버리기를 잘하는 것이 품질을 올리는 방법이다. 그런 측면에서 식스 시그마가 나왔고 GE의 회장인 잭 웰치가 식스 시그마의 옹호자였다. 하지만 그도 식스 시그마를 아무 데나 사용하면 안 된다고 경고했었다. 그게 바로 소프트웨어다. 소프트웨어도 비행기와 같이 컴포넌트를 깨끗하게 만들었다면 '불량품 버리기'가 가능하다. 하지만 그런 역량이 있었다면 이미 문제는 상책으로 해결되었을 것이다.

불행히도 소프트웨어의 품질은 이미 초기에 결정된다. 테스트가 할 수 있는 일은 이미 전쟁이 벌어진 상태에서 이기기 위해서 수많은 군인이 죽어 나가는 하책의 상황과 같다. 결국 품질관리 활동은 불량품이 나오지 않는 행위에 모든 노력을 기울이는 것이 상책이다. '앞쪽에서 투자하는 노력이 한 단계 지나갈 때마다 10배의 노력이 든다'는 소프트웨어 공학의 '1, 10, 100의 법칙'이다. 코딩 후 테스트 단계에서 발견된 오류가 SRS에서 발견한 오류를 고치는 것보다 100배의 노력이 든다.

그래서 가장 효율적인 품질관리 활동은 SRS를 검증하는 것이다. 이것을 테스트라고 부르기에는 부자연스럽고 그렇게 부르지도 않는다. 그냥 'SRS Review'라고 한다. 소프트웨어 개발 전체 생명주기에서 가장 중요한 품질관리 활동이다. 그 다음에 설계 검토가 두 번째로 중요한 품질관리 활동이다. 그 다음에 이런 저런 프로세스니 프로젝트관리 등등 많은 것들을 검사할 수 있으나 핵심은 아니다. 엉뚱한 데 노력을 들이고 왜 품질이 향상되지 않을까 의아해하는 회사가 많다.

테스트의 본질이 무엇인지를 생각해 보자. 테스트는 오류를 발견해 내는 행위이다. 핵심은 발견된 오류를 버리거나 고쳐야 한다. 하드웨어처럼 버리는 것은 비용이 들어서 문제이지 아주 쉽다. 반도체도 불량품을 제외한 비율을 수율이라고 해서 수율이 높으면 이익이 많아지는 것일 뿐 통과한 것의 품질은 같다. 반대로 소프트웨어나 빌딩과 같이 버릴 수 없는 것들은 고쳐야만

한다. 그런데 이미 만들어진 건물, 이미 코딩이 완료된 소프트웨어를 보면 어떻게 할까? 책의 초반부에서 말했듯이 다른 산업은 좋은 품질을 위해 초반에 많은 노력을 들였기 때문에 소프트웨어 같은 열악한 상황은 벌어지지 않는다. 이것은 절대로 소프트웨어 업체가 따라 해야 하고 그러기 위한 역량도 길러야 한다.

세계 최고의 테스트 업체가 와서 국내 소프트웨어의 모든 오류를 찾아냈다고 하자. 어떻게 할 것인가? 모든 소프트웨어에는 오류가 존재한다. 아이로니컬하게도 품질이 좋은 글로벌 업체는 오류가 많다는 가정하에 오류를 쉽게 고칠 수 있도록 설계를 깨끗하게 해놓고 미리 디버그 코드를 추가해 놓는 등 오류에 대한 만반의 준비를 해놓는다. 반대로 오류가 많은 국내 소프트웨어 회사의 소스코드를 보면 마치 자신들이 완벽한 코딩을 한다고 착각하고 예외처리도 거의 하지 않는다. 물론 다른 사람은 이해하기도 어려운 코드를 적어놓는다. 그러므로 테스트가 아무리 잘 잡아낸다고 해도 오류를 쉽게 고칠 수 없게 되어 있다. 하나를 고치면 다른 데서 또 문제가 생기는 것도 흔히 경험하는 문제이다. 유지보수의 늪에 빠지는 것이다. 테스트가 품질에 기여할 수 있는 한계인 것이다.

품질관리 활동은 소프트웨어 개발의 전체 공정에서 벌어져야 한다. 하지만 특히 초반부가 핵심이다. 초반부에서 게을리하면 대부분 하책으로 간다. 코딩 후에 오류를 찾아주는 테스트 활동은 소프트웨어의 품질을 높이는 데는 아주 미미한 효과밖에 없다. 품질은 개발 초기의 분석 단계에서 이미 결정된

다는 것을 명심해야 한다. 테스트에 쓰는 비용의 일부만 앞 단계에서 사용하면 테스트가 거의 필요 없을 가능성도 있다. 테스트팀이 회사에서 아주 중요한 부분이 되었다면 그 회사의 미래가 밝아 보이지는 않는다. 진정으로 잘나가는 소프트웨어 회사에서의 테스트팀의 역할은 생각보다 작다.

에필로그_ "지혜의 세계로 출발하자"

이 책을 읽고서 생각해 보면 글로벌 역량을 가지기 위한 핵심이 몇 가지 없다는 것을 느낄 것이다. 그 몇 가지 핵심을 여러 관점에서 관찰함으로써 중요성을 강조하고자 하였다. 필자가 이 책을 집필한 목적은 '지식보다는 지혜를 주기 위해서'다.

필자는 실리콘밸리와 우리나라에서 30년 이상 소프트웨어를 개발해왔지만 실리콘밸리에서는 '필요한 지혜가 무엇인가?'를 생각할 필요조차 없었다. 필자도 모르는 사이에 그 문화 속에서 저절로 지혜를 습득했기 때문이다. 그런데 우리나라에 돌아와 보니 국내의 현실은 너무 달랐다. 모두들 열심히 하지만 무엇이 핵심인지를 깨닫지 못하는 경우가 많았다. 지식과 체력은 있으나 지혜가 없으니 엉뚱한 방향으로 가는 것이다. 그동안 정부, 회사, 학계가 오랫동안 노력해 왔는데도 결실이 없다면 뭔가 근본적으로 잘못되지 않았나를 생각해 봐야 한다. 이 책을 읽은 여러분은 지금껏 당연하게 생각했던 것이

필자의 관점과 많은 차이가 있음을 느꼈을 것이다. 반대로 필자의 눈에는 너무 당연한 것인데 우리나라에서는 국내 문화에 익숙해 잘 보이지 않는 경우도 많다. 이제 심각하게 그런 차이에 대해 생각할 때도 되었다.

국내 소프트웨어 업계는 너무 많은 정책에서 갈라파고스로 진화해 왔다. 전 세계 소프트웨어 업계에서 가장 이상하게 진화한 나라가 한국이라고 해도 과언이 아니다. '그냥 관행에 따라 인생이 그런 것인가 보다'하며 살기에는 개발자나 소프트웨어 업계, 국가적으로 피해가 너무 크다. 그동안의 수많은 노력이 결실을 맺지 못한 데에는 필연적인 원인이 있다. 하지만 원인을 모른 상태에서 지금까지는 표면적인 증상치료에 많은 노력을 들였다. 마치 학교에서 문제아가 있으면 학교를 없애면 된다는 단순 무지한 정책이 많았다. 예를 들어 아키텍트가 중요하니까 아키텍트를 양성한다는 식의 발상이다.

소프트웨어의 가장 핵심인 지식 산업적인 요소가 전혀 없는 상태에서 우리나라의 소프트웨어 산업이 생존해 왔다는 것은 기적이다. 그러나 필자의 관점에서는 애국심 마케팅과 국내 내수에 의한 생존이었지 국제 경쟁력으로는 전혀 성공했다고 볼 수 없다. 반대로 한국에서만 실패한 글로벌 회사의 얘기도 많다. 자랑이라기보다는 갈라파고스 섬에서 승리한 국내 소프트웨어의 또 다른 형태의 실패에 불과하다. 진정한 소프트웨어 산업의 발전을 위해서는 국내에서의 기득권을 어느 정도 내려 놓고 관점을 넓혀 변화를 해야 한다.

가장 좋은 해결책은 먼저 정확한 통찰력을 가지고 진실을 이해해야 한다. 그래야 옳은 실행력이 따라온다. 그것이 지혜이고 필자가 이 책을 통해 원하는 것이다.

국내 소프트웨어 산업이 문제가 많은 것처럼 보이지만 사실은 제1원인을 비롯해서 몇 가지 핵심이 부족한 데에서 일어났다. 그 지혜를 깨닫는다면 실행은 어렵지 않다. 그래서 이 책에서는 여러 가지 관점에서 통찰력을 키워주고 확신시켜주기 위한 노력을 했다. 많은 독자 여러분이 필자가 전달하려고 하는 바를 조금이라도 깨달았으면 하는 바람이다.

국내 소프트웨어 산업에서 필자의 책이 '지혜가 전파되기 시작하는 발화점'이 된다면 더할 나위 없는 보람을 느낄 것이다. 소프트웨어가 국가 경쟁력에서 점점 더 많은 비중을 차지해 가고 있다. 미래에는 소프트웨어 산업이 우리나라 국제 경쟁력에 중요한 위치를 차지할 것을 기대해 본다.

프로그래밍 면접, 이렇게 준비한다 (3판)

존 몽건, 에릭 기게리, 노아 수요야넨 킨들러 지음 | 서환수 옮김 | 2014년 02월 | 25,000원 | 496페이지

이 책은 프로그래밍이란 이름을 지우고 봐도 무방하다. 다양한 분야에서의 문제를 해결하는 데 필요한 '문제 접근법과 논리' 그것이 이 책의 핵심이다. 그중에서도 가장 중요한 목차를 하나 선정한다면 나는 〈chapter 03. 프로그래밍 문제 접근법〉을 고르고 싶다. 여기에는 문제 풀이법만 있는 것이 아니다. 문제를 접하고 직접 풀어보는 과정에서 직면할 수 있는 상황과 설명, 그리고 그 상황에서의 대처법과 생각 논리에 대해 간결하면서도 명확하게 설명하고 있다. 물론 기본기가 충실한 사람들에게는 해당 내용이 너무나 당연한 말일 수 있겠지만, 사실 알면서도 놓치기 쉬운 부분이 이런 문제해결 능력이다.

– 꿈꾸는 Architect, 블로거 (http://revolutionist-inbum.tistory.com)

읽기 좋은 코드가 좋은 코드다 : The Art of Readable Code

더스틴 보즈웰, 트레버 파우커 지음 | 임백준 옮김 | 2012년 04월 | 18,000원 | 252페이지

이 책을 읽지 않아도 좋은, 원래부터 간결하고 효율적인 코드를 작성하는 능력을 가진 프로그래머는 열에 하나에 불과하다. 자신이 그 하나에 속한다는 확신이 없으면, 이 책을 꼭 읽어보기 바란다. 우연한 계기로 이 책을 번역하게 되었는데, 내가 평소에 생각해왔던 부분들이 이렇게 정리되어 나왔다는 사실에 안도와 함께 고마움을 느낀다.

– 임백준, 소프트웨어 개발자 & IT 라이터

드림팀의 악몽, 애자일로 뒤엎기
: 산으로 가는 팀 프로젝트를 바로잡는 애자일 코칭법

포샤 텅 지음 | 김광호 옮김 | 2014년 05월 | 25,000원 | 364페이지

"그래, 결심했어!"

90년대 MBC 일밤의 코너 중 하나였던 〈인생극장〉을 기억하는가?

이 책은 마치 〈인생극장〉을 연상시킨다. 1인칭 시점의 주인공 '나'는 애자일 코치가 되어 애자일 프로젝트를 수행한다. 매 상황마다 두 가지 선택의 기로에 놓이게 되고 각 선택에 따라 해당 페이지로 이동하면 서로 다른 결과를 맞게 된다. 선택에 따라 프로젝트가 성공하기도 하고, 실패로 끝나기도 한다. 프로젝트의 성공은 물론, 실패 경험까지 체험해보는 '살아 있는' 애자일 이야기, 당신은 어떤 선택을 할 것인가? 당신은 산으로 가는 팀 프로젝트를 바로잡을 수 있을까?

폴리글랏 프로그래밍 : 새로운 자바 언어를 기다리는 히치하이커를 위한 안내서

임백준 지음 | 2014년 03월 | 17,800원 | 256페이지

우리가 모든 개발 언어를 다 알 필요는 없다. 그러나 이것이 어떤 하나의 언어와 평생을 함께해도 좋다는 뜻은 아니다. 좋은 프로그래머가 되려면 기본적으로 능숙하게 다루는 언어가 두세 개 정도는 되어야 한다. 그 밖에 다른 언어들에 대해서도 개략적인 흐름 정도는 의식하고 있어야 한다. 자기가 다루는 언어 하나만으로 평생을 '우려먹으려는' 생각을 가지고 있는 사람은 언젠가 도태될 수밖에 없다. 예컨대 C 언어나 자바를 쓰는 프로그래머 중에서 자기 것 이외에 다른 언어는 알아볼 생각조차 하지 않는 사람이 적지 않다. 어떤 의미에서 이 책은 그러한 사람들에게 새로운 인식의 지평을 제공하기 위하여 쓰였다고 봐도 좋을 것이다.

– 임백준, 소프트웨어 개발자 & IT 라이터

프로그래머로 사는 법 : 프로그래머의 길을 걸어가는 당신을 위한 안내서

샘 라이트스톤 지음 | 서환수 옮김 | 2012년 10월 | 25,000원 | 608페이지

프로그래머를 위한 멘토 같은 책입니다. 특히 저는 학교에서 선배들과의 교류가 없었기 때문에 이 책의 실용적인 조언들에 굉장히 많은 도움을 받았습니다. 새내기 프로그래머에게는 길잡이 역할을 해주고, 중견 프로그래머에게는 마음을 다잡을 수 있는 자기계발서로, 저같이 이도저도 아닌 아마추어 프로그래머에게는 채찍질을 해주는 조언자의 역할을 합니다. 아직 학생이라 한정된 시선으로밖에 느끼지는 못했지만 분명 프로그래머의 길을 걷고 있는 모든 분에게는 책상 위의 멘토로 권할 만한 책이라고 생각합니다.

– Jai guru deva om, 블로거 (http://blog.naver.com/hihio0o)

메이커 운동 선언 : 테크숍 CEO가 말하는 미래를 지배할 혁신의 원칙

마크 해치 지음 | 정향 옮김 | 2014년 05월 | 14,000원 | 216페이지

혁명이 일어나고 있다. 그러나 이것은 오랜 벽을 무너뜨리는 혁명이 아니라, 건설하고 만드는 혁명이며, 아이디어에 관한 혁명이다. '메이커 운동'이라는 이름의 이 혁명은 세상을 변화시키고 있다. 마크 해치는 메이커 운동의 시작부터 그 최전선에 있었다. 최초이자 최대 규모이며 가장 인기가 많은 메이커스페이스인 테크숍의 공동 설립자인 해치는 그 모든 것을 직접 보았다. 메이커 운동은 차세대 발명과 혁신의 원동력이다. 그리고 여러분도 여기에 참여할 수 있다. 『메이커 운동 선언』은 여러분을 이 운동의 심장부로 안내한다. 상상력에 불을 지피고, 메이커 운동 선언문을 읽고, 뭔가 만들기를 시작하자!

글로벌 소프트웨어를 꿈꾸다

김익환 지음

2010년 09월 | 15,000원 | 248페이지

"이직하게 되었어요"

"드디어 IT에서 탈출하는 구나! 축하한다고 해야 할 텐데, 당장 빈자리 채울 일이 문제네"

내가 이전 직장에서 이직한다고 말했을 때 나눈 이야기이다. 사무실의 다른 동료들에게도 다른 업종의 회사로 이직한다고 말했을 때 "탈출을 축하한다"는 얘기가 대부분이었다. 하다못해 남편과도 같은 이야기를 나눈 기억이 있다(남편은 현재도 IT개발회사 소속이다).

내가 처음으로 공식적인 서평에 도전하게 된 책이라고 남편에게 소개했을 때 남편은 책의 저자를 보고 낯이 익다고 했다. 저자의 저서를 찾아보고 "아, 『대한민국엔 소프트웨어가 없다』는 책을 쓴 사람이구나, 그 책 괜찮았는데, 어디 있지?"하고 찾았다. 남편이 구입했던 책인데 나는 읽지 않았다. 어디 갔냐고? 모 고등학교 도서관에서 도서 기증을 받는다고 해서 그때 같이 보내버렸잖아~.

뒤늦게 책을 읽지 않고 기증한 것에 대한 아쉬움이 생겼다. 읽고 기증할걸.

읽지 못한 전작에 대한 아쉬움이 생길 정도로 이 책 『글로벌 소프트웨어를 꿈꾸다』는 읽을만했다.

삼성 같은 글로벌 기업은 있으면서 마이크로소프트의 윈도우, 오라클의 데이터베이스, SAP 같은 글로벌 소프트웨어를 만들지 못하는 우리의 현실을 극명히 보여주고 있다. 책을 읽는 내내 2000년부터 8년 간의 나의 IT회사 시절이 주마등처럼 스치고 지나갔다. 이직하기 직전 유명 컨설팅 회사와 같이 진행한 SAP 프로젝트에서조차 문서를 위한 문서를 만들었을 뿐이라는 생각이 책을 읽는 내내 떠나지 않아 마음이 아팠다. 좀 더 나은 개발문화를 위해 개발자라면 반드시 이 책을 읽어보라고 권하고 싶다.

– 까칠한 워킹맘, 블로거 (http://blog.naver.com/nyyii)

KB078942